폭력의 얼굴들

몸문화연구총서 No. 5

폭력의 얼굴들

몸문화연구소 편

쿠북

몸문화연구총서 No. 5

폭력의 얼굴들

1판 1쇄 찍은날 2013년 3월 25일
1판 1쇄 펴낸날 2013년 4월 1일
지은이 김종갑 외
펴낸이 송희영
펴낸곳 **쿠북** (건국대학교출판부의 패밀리 브랜드입니다.)
등록 / 제4-3 호(1971. 6. 21)
주소 / 143-701, 서울시 광진구 능동로 120 건국대학교 출판부
전화 / (02)450-3891~3
팩스 / (02)457-7202
홈페이지 / http://press.konkuk.ac.kr
e-mail / press@konkuk.ac.kr

책임편집 박명희
찍은곳 네오프린텍(주)

정가 17,000 원

ISBN 978-89-7107-561-6 94110
ISBN 978-89-7107-544-9 (세트)

머리말

폭력을 권하는 사회

I

인간이 있는 곳에 폭력이 있다고 말할 수 있을 정도로 폭력은 항시 우리의 곁에 있다. 지금처럼 생활과 인간관계가 복잡하지 않았던 원시시대에도 폭력은 있었으며, 모든 것이 시각화되고 통계화되는 현대에도 자료에 잡히지 않는 폭력들이 여전히 난무하고 있다. 폭력이 인간의 본성인지 아니면 사회적 · 제도적 불평등과 부정의의 산물인지에 대한 논란도 여전히 계속되고 있다. 폭력에 대한 논의에서 빼놓을 수 없는 프로이트는 인간에게는 파괴적 본성(죽음 충동)이 있다고 주장하였다. 그러나 희생양 개념을 가지고 폭력을 설명했던 르네 지라르는 본성으로서 폭력의 존재를 거부한다. 최근에는 진화생물학 · 뇌과학 · 신경과학 등이 실험과 데이터, 통계 등을 가지고 보다 객관적으로 폭력과 인간의 관계를 밝히기 위해서 노력을 하고 있다. 그러나 필자는 폭력이 인간의 본성인지 아닌지를 논의하는 것은 불필요한 지적 낭비라고 생각을 한다. 중요한 것은 사회적 현상으로서 폭력이기 때문이다. 폭력은 직장이거나 가정, 학교 등의 무대에서 신체적 · 정서적 · 언어적인 형식으로 표출되는데, 특히 우리가 주목해야 하는 것은 우리나라의 폭력이다.

우선 통계 자료를 살펴보기로 하자. 여성가족부가 전국 3800가구를 대상으로 2010년 5월부터 12월까지 수행한 가정폭력 실태조사 결과에 따르면 65세 미만 부부의 경우에 신체적 폭력이 약 17%로, 6쌍의 부부 가운데 1쌍이 1년에 한 번 이상 배우자로부터 신체적인 폭력을 당했다고 한다. 여기에 정서적 · 성적 폭력이 더해지면 약 54%로 폭력의 비율이 증가한다. 이러한 부부의 폭력은 양자의 관계로만 끝나지 않는다. 자녀로 확대되고 자녀를 통해 재생산되는 악순환의 고리를 만들기 때문이다. 며칠 전에는 어머니를 학대하는 아버지를 아들이 살해했다는 뉴스가 있었다. 위의 자료에 의하면 조사 기간 동안 자녀들은 신체적 폭력을 39%, 정서적 · 언어적 폭력을 60%, 방임을 14% 경험하였다. 전자가 '하지 말아야 할 것을 하는' 적극적 폭력이라면 후자는 '해야 하는 것을 하지 않는' 소극적 폭력이다. 최근 학교폭력 실태조사에 따르면 학생 10명 중 약 2명이 학교에서 폭력을 당한 경험이 있었다. 짐작할 수 있겠지만 여기 상당수의 가해자 학생들이 상습적으로 가정에서 폭력을 겪고 있었다. 폭력도 보고 배우는 것이다.

폭력에는 두 종류가 있다. 반사신경적인 폭력이 하나라면, 계산된 폭력이 다른 하나이다. 지하철에서 누군가가 발을 밟으면 바로 그 순간 나도 모르게 튀어나오는 욕설, 한 대 맞으면 나도 모르게 손이 날아가는 폭력이 반사신경적 폭력, 본인의 의도와는 무관한 폭력이다. 그러나 학교에서 유행하는 왕따와 같은 현상은 계산된 의도적 폭력이다. 생각에 의해서 강화되거나 변형되는 폭력이라 할 수 있다. 이 두 종류의 폭력과 달리 항구적인 폭력도 있을 수도 있다. 작년에 ≪조선일보≫가 특집으로 내보냈던 주폭酒暴처럼 폭력을 자주 행사하다보니 몸에 밴 폭력, 즉 포악한 성격의 인간이 그것이다. 다른 사람에게는 아무것도 아닌 사소한 것을 가지고 성마른 사람은 화를 내면서 욕설을 퍼붓거나 폭력을 행사하곤 한다. 배고픈 짐승처럼 언제나 화를 낼 준비가 되어 있는 것이다.

한 사회에 위와 같이 참을성이 없고 쉽게 화내고 폭력을 행사하는 사람의 비중이 커지면 성마른 사회가 된다. 모두가 사소한 것에도 화를 내는 사회에서는 불이익을 당하지 않기 위해서 너도나도 앞을 다투어 화를 내기 시작한다. 화를 내지 않으면 일이 잘 풀리지 않는다는 생각이 구성원들의 마음에 자리를 잡게 되는 것이다. 우리나라에는 "화를 내지 않으면 안 돌아간다."는 말이 처세술이었던 시절이 있었다. 10년 전까지만 하더라도 접촉사고가 발생한 현장에서 운전자들이 차문을 발로 차고 뛰어나와서 삿대질을 하며 상대의 잘못을 나무라는 장면을 심심치 않게 볼 수 있었다. 싸움도 불사하겠다는 태도로 욕을 함으로써 기선을 제압하지 않으면 자기가 손해를 본다는 정서가 깔려 있었다. 죽이든 살리든 마음대로 하라면서 화를 내는 게 남는 장사였던 시절이었다. 그런데 요즈음에는 그와 같이 성마른 운전자를 찾아보기 어렵게 되었다. 운전자가 화를 내야 하는 일을 경찰과 보험회사 직원이 나서서 대신 해결해 주기 때문이다. 접촉사고를 처리하는 방식에서 우리나라는 이제 성마른 사회가 아니라 점잖은 사회, 여유 있는 사회가 되었다고 할 수 있다. 그러나 전체적으로 우리나라는 아직 너무나 화를 잘 내는 사회이다. 울컥 부아가 치미는 사람들이 도처에 깔려 있다. 지하철에서 뒤의 승객이 실수로 자신의 발을 밟는 사소한 일을 가지고 욕설이 난무하는 싸움으로 발전하기도 한다. 가정에서는 아내나 아이의 대수롭지 않은 실수를 가지고 벌컥 화를 내면서 폭력을 행사하는 가장들이 적지 않다. 길가에서 우연히 눈이 마주쳤는데 눈을 내리깔라면서 시비를 거는 청소년들도 있다. 대부분 학교에서 발생하는 폭력도 사소한 것이 도화선이 되어서 생긴다. 성마른 사람의 눈에는 다른 사람의 눈에 있는 티가 대들보처럼 크게 보이는 것이다. "조용히 해"라는 말에 발끈한 중학생이 여교사를 발로 차서 상해를 입힌 사건도 있었다. 또 부부 싸움을 하던 가장이 홧김에 몸에 휘발유를 붓고 분신자살했는가 하면 홧김에 아내를 살해한 사건도 있었다.

그러나 정부와 교육기관이 뒷짐을 지고 방치하기 때문에 폭력적 사건이 빈발하는 것은 아니다. 가정폭력 전담경찰관, 가정폭력상담소, 가정폭력보호기관, 「성폭력범죄의 처벌 등에 관한 특례법」, 성폭력예방 교육, 자살예방 5개년 계획, 생명존중캠페인, 학교폭력 근절 종합대책 등 무수히 많은 정책이 발표되고 관련 기관과 시설이 확충되었다. 그럼에도 불구하고 앞선 통계자료가 말해 주듯이 폭력은 근절되는 대신에 증가일로에 있다. 이것은 폭력이 단시일에 해결될 수 있는 문제가 아니라는 사실을 의미한다. 폭력은 문화와 불가분의 관계를 갖고 있기 때문이다.

다른 나라와 비교할 때 우리나라 사람은 성미가 급하고 사소한 일에도 화를 잘 낸다고 한다. 나는 이것이 빠른 속도로 선진국에 진입한 역동적인 사회의 특징이라고 생각한다. 발 빠르게 성장을 했기 때문에 느린 것을 참지 못하는 것이다. 막 문이 닫히는 지하철을 타기 위해서 계단을 달려가는 승객들을 생각해 보라. 고장이 난 버스에서 느긋하게 기다리는 대신에 빨리 목적지에 도착하도록 소리 높여 닦달하는 승객들을 생각해 보라. 우리가 외국 사람들에 비해서 원래 성격이 조급하기 때문이 아니다. 우리의 기대치와 눈높이가 '고속성장'에 맞춰져 있기 때문에 발생하는 현상들이다. 늦게 가면 뒤처진다는 관념이 몸에 스며들어 있기 때문에 발생하는 현상인 것이다. 그래서 생각대로 일이 풀리지 않으면 발을 동동 구르고 화를 내며 욕설을 퍼붓게 된다. 느긋하게 지켜보거나 관망할 수 있는 마음의 여유가 없는 것이다.

마음의 여유가 없으면 사소한 일도 크게 보이고 감정적으로 격한 반응을 보이며, 쉽사리 폭력으로 치닫는다. 그리고 폭력은 일회적으로 끝나는 것이 아니라 또 다른 폭력을 야기한다. 양방의 힘이 엇비슷한 경우에 서로 폭력 상대에 지지 않기 위해서 더 큰 폭력으로 대응해야 한다. 폭력도 경쟁이 되는 것이다. 그러면서 되로 주고 말로 받는 '한술 더 뜨기' 식의 악순환이 시작된다.

마음의 여유는 개인적인 미덕에서 비롯되기도 하지만 제도와 문화가 주는 혜택이다. 앞서 접촉사고의 경우 사건의 당사자가 멱살을 잡지 않고 태평하게 기다릴 수 있는 이유는 그들이 자제력이 강하기 때문이 아니라 교통경찰이 사건을 해결해 주리라는 믿음 때문이다. 경찰이 개입하는 순간에 — 예를 들어 — 김씨와 최씨의 이자二者 관계는 삼자 관계로 바뀐다. 중간에 경찰이 개입하면서 김과 최는 사건의 당사자가 아니라 관조자가 되는 것이다. 달리 말해 김과 최는 자신의 일임에도 불구하고 자신의 일이 아닌 듯이 태연하게 바라볼 수가 있다. 심리적인 거리를 유지할 수 있게 되는 것이다. 이 심리적인 거리가 여유이다. 반면에 경찰은 자신의 사고가 아님에도 불구하고 마치 자신의 일이라는 듯이 발 벗고 나서서 일을 해결해야 한다. 폭행이나 상해와 같은 사건의 피해자인 경우에도 마찬가지다. 물론 화가 나고 억울하겠지만 내가 나서서 가해자를 처벌할 필요가 없다. 경찰과 검찰이 나 대신에 처벌해 주기 때문이다. 이때 당사자는 복수의 칼날을 갈지 않아도 된다. 경찰과 검찰이라는 제도가 나 대신 칼날을 갈아 주기 때문이다.

성숙한 사회는 분노하고 폭력을 행사하는 개인이 자신의 분노와 폭력을 다른 제도적 대리인에게 양도하고 위임하는 사회이다. 만약 사회가 그와 같이 위임된 대리인의 역할을 훌륭하게 수행한다면 개인들은 화를 내거나 폭력에 의지해야 할 필요를 느끼지 않는다. 이것이

성숙한 문화이다.

Ⅱ

이 총서는 몸문화연구소의 연구원들이 일 년 동안 폭력이라는 주제로 매달 콜로키움을 개최하고 두 번의 학술대회를 거치면서 무르익은 생각들을 모아놓은 것이다. 우리는 한나 아렌트를 비롯해서 발터 벤야민, 르네 지라르, 지젝 등의 기본적인 텍스트를 독회하고 토론하는 가운데 나름대로의 연구 분야에서 폭력을 다룰 수 있는 주제를 찾을 수 있었다. 독자의 편의를 위해 각 글의 내용을 간단히 소개하겠다.

〈폭력과 희생양 — 르네 지라르의 폭력론〉에서 김종갑은 최근의 폭력에 대한 논의에서 희생양의 개념을 가지고 폭력을 설명한 르네 지라르Rene Girard가 무시되고 있다는 사실에 주목한다. 아감벤이나 지젝, 데리다는 그를 언급한 적이 없으며 국내의 연구도 이들을 중심으로 이루어지고 있는 실정이다. 그의 이론에는 비상사태나 계엄령과 같은 국가적 폭력이나 법적 폭력에 대한 비판적 성찰이 부재하기 때문에 진보적 지식인에게는 환영 받지 못하는 듯이 보인다. 그러나 그는 폭력의 성격과 역할, 심리에 대해서 독자적인 견해를 제시하였으며, 그것은 폭력의 경제학으로 불릴 수 있는 성질의 것이다.

〈불통과 폭력, 그리고 소통 프로젝트 — 프리모 레비의 증언 프로젝트를 중심으로〉에서 서길완은 폭력의 원인으로 소통의 부재를 꼽는다. 소통이 결핍된 상황에서 인간의 인간됨과 삶이 파괴되는 대표적인 예를 그는 아우슈비츠에서 찾는다. 아우슈비츠는 폭력이 일상화된 끔찍한 공간이다. 그러나 이것은 비단 아우슈비츠만의 문제가 아니다. 소통과 폭력의 문제에 시달리지 않는 사회는 존재하지 않는다. 특히 최근에 한국 사회의 화두로 등장한 자살과 잔인한 폭력의 급등은 바로 이러한 소통의 문제를 해결할 것을 촉구하고 있다고 할 수 있다.

언어는 이성의 산물이고 폭력은 물리적이라는 것이 일반적인 생각이다. 그러나 〈언어폭력—언어의 잉여물들〉에서 정지은은 언어가 폭력의 수단으로 변질되는 순간을 포착한다. 말의 표현적이고 수행적 측면은 언어의 물질성을 보여주며 이것은 문법적이고 규범적 언어를 넘어서는 언어의 과잉적 특징이기 때문이다. 들뢰즈는 언어의 화행성을 강조하면서 언어가 힘의 관계를 표현한다고 보았으며 메를로-퐁티 역시 신체와 몸짓에 의한 언어의 표현성을 강조하고 지각된 말들 간의 연합을 나와 타인의 일차적인 관계로 본다. 언어의 틀은 그 언어를 사용하는 사회구조의 틀과 밀접하게 연관된다. 따라서 상징적인 질서 안에서의 언어의 잉여적·폭력적 특징은 사회를 비춰 주는 거울이다.

〈'행복한 가족' 신화와 폭력〉에서 최은주는 가족이 해체되고 있는 현실에 초점을 맞추고 있다. 그는 21세기에도 여전히 수그러들지 않는 가족 이데올로기를 진단하고, 거기에 따르는 의무·배려·애정 등의 이름으로 행해진 폭력을 점검하였다. 예를 들어 '결혼해서 행복하게 살았다'의 동화적 결말은 결혼 후에도 계속되어야 하는 삶, 가족의 이름으로 사랑이 착취되는 사실을 간과하고 있다. 가족은 사물화와 동일성의 독재의 실현 장소이면서, 타자의 자유에 대한 증오로서의 사랑의 실현 장소로, 루이 알튀세르가 말한 바 '가장 끔찍한 이데올로기적 국가기구'의 얼굴을 하고 있다.

가정폭력이 무엇에 관한 문제인가는 지속적이고도 구체적인 정치적 과제로 인식되어야 하며, 따라서 가정폭력 제도화는 이미 완료된 과제가 아닌 끊임없는 사회적 이해와 법적 해석, 이론적 분석과 정치적 투쟁의 방향과 목적을 구축해야 하는 주요한 장場으로 인식될 필요가 있다. 〈가정폭력 담론의 재구축—가정폭력 피해자 담론과 역량강화 연속선〉

에서 허민숙은 역량강화 연속선 개념을 통해 가정폭력 피해자의 역량강화가 일시적이고 임시적인 수준에서가 아닌 연속적인 수준에서 이루어져야 하고, 그로부터 가정폭력의 본질에 대한 본격적 탐구가 시작되어야 함을 주장한다.

〈엄마의 폭력〉에서 최하영은 그간 가정폭력의 피해자, 혹은 자녀들에 대한 폭력의 방관자 혹은 동조자로 주로 인식되어 온 엄마의 폭력에 대해 고찰한다. 엄마의 폭력은 정상에서 벗어난 예외적이고 비정상적인 행태로 간주되었다. 그리고 그 원인을 유년시절에 잘못 형성된 애착이나 비뚤어진 성장환경 등 개인적 원인으로 설명되기 일쑤였다. 그러나 유례없이 평등한 양육과 교육을 받고 사회에 진출한 요즘의 엄마들은 '엄마' 역할에 대해 양가적 감정을 가지고 있다. 그리고 그러한 감정이 억압되면서 일상에서의 '잔소리, 신경질, 히스테리, 극성'으로 표현된다. 엄마의 폭력에 대해서는 여성의 사회참여와 육아에 대한 시선의 변화와 두 영역의 경계를 머물고자 하는 사회적 차원의 해결이 필요하다.

〈청소년 폭력의 뿌리〉에서 이근세는 청소년 폭력의 근원을 자학 성향과 정체성의 관계에서 찾고 청소년 폭력에 대한 근본적 해결을 모색한다. 청소년기는 몸의 급격한 변형 및 부모에 대한 수동성과 자율성의 추구 사이에 충돌이 발생하는 시기이다. 자학은 자아의 붕괴를 막기 위하여 수동성에 맞서 정체성을 유지하려는 시도이다. 그러나 실제로 자학은 자기 파괴를 초래하는 정체성의 왜곡이다. 이 글은 청소년들의 자학 성향을 규명하고 통과 의례의 현대적 부활에서 청소년 폭력에 대한 구체적 해결점을 찾고자 한다.

〈소녀들의 폭력, 왕따—소녀들의 '관계' 폭력의 구조와 문학적 성장교육〉에서 임지연은 학교폭력 담론이 남학생 중심의 물리적 · 신체적 폭력에만 관심을 기울임으로써 심리적 · 정서적 폭력에 제대로 대처 못하는 상황을 비판적으로 검토하였다. 소녀들의 왕따 폭력은 소녀 특유의 관계사회에서 관계를 무기화하여 집단이 개인을 관계망에서 고립화하여 죽음에 이를 정도의 괴로움을 주는 행위이며, 폭력의 구조는 '관계'의 친밀성에서 비롯되고, 그 특성상 폭력의 상처는 성인이 되어서까지 지속된다. 최근 소녀 왕따 폭력이 초등학교에서 두드러지고 있다. 어린이문학에 나타난 소녀 왕따 폭력의 특징은 관계의 무기화, 집단화와 동일시, 권력화, 은폐화, 방관과 침묵의 서사를 통해 검토하고 그 대안을 포착하여 문화교육 차원에서 예방할 필요를 강조하였다.

〈폭력과 교육—학교폭력에 대한 법정책의 의미와 한계〉에서 서윤호는 2011년 12월 대구와 광주에서 학교폭력의 고통으로 중학생이 자살하는 비극적인 사건을 소개하고, 학교폭력 근절을 위한 강도 높은 정책과 학교폭력에 대한 교육과학기술부의 실태조사 등 정부의 다각적인 노력을 살펴본 다음에, 학교폭력의 실태와 그에 대한 다양한 법정책의 전개과정으로 논의의 방향을 바꾸어, 그러한 법정책의 의미와 한계가 무엇인지 폭력과 교육의 관계 속에서 살펴보았다.

〈폭력의 방관자들—"누가 내 이웃입니까?"〉에서 이은정은 최근에 보도된 '인도 버스 성폭행 사건'을 말머리 삼아, '이웃'에 관한 물음을 던진다. 우리는 이 질문에 관한 답을 '선한 사마리아인'의 얘기 속에서 얻는다. 내 이웃은 누구인가? 그것을 규정하는 일은 이 글을 읽고 이 질문을 자신의 것으로 삼는 독자의 몫이다. 이 글의 첫 장에서 이은정은 이웃을 이웃으로 만드는 것이 무엇인지, 이웃의 본질을 밝히고자 하였다. 그리고 두 번째 장에서는 누가 내 이웃인지 안 지금, 기독교 율법(또는 지역적으로 내려오는 격언)에서 명하듯, 나는 내 이웃을 나 자신같이 사랑할 수 있는지, 그러한 계율 또는 격언의 의미에 관해 생각해 보고자 하였다.

〈폭력과 저항, 콜트 · 콜텍 예술 행동〉에서 김주현은 시민 문화 운동의 위기에도 불구하고 일상의 이질적 다중들 속에서 건강하게 꽃피는 미적 행동주의를 논하고 있다. 경제적 폭력에 대한 불복종 운동으로 시작된 콜트 · 콜텍 예술행동은 포스트예술 시대의 미학과 예술적 실천의 전환을 되돌아볼 긍정적 계기를 마련하였으며, 일반 사람들에게 상호 참조와 협력의 형식을 가르쳐 주며 성찰, 즐거움, 해방, 책임의 경험을 인도했다. 여기에서 중요한 것은 스쾃, 페스티쉬와 하이브리드, 권리와 책임, 우연성과 역사성, 즉흥성과 진정성, 통섭과 연대 등의 새로운 미적 움직임이다.

Ⅲ

이 책은 몸문화연구소에서 다섯 번째로 펴내는 총서이다. 몸문화연구소는 매년 주제를 정하고 모든 연구원들이 함께 참여해서 연구를 하고 그 결과를 총서로 출간하고 있다. 총서 이외에도 연구소는 특별한 주제를 살려서 기획서도 꾸준히 펴내고 있다. 특히 청소년을 위한 몸의 인문학 ≪내 몸을 찾습니다≫는 중 · 고등학교에서 교양도서로 많이 읽히고 있다. 좋은 책을 쓰고 일반 독자들과 소통하기 위해 연구원들은 땀과 노력과 시간을 아끼지 않고 있다. 여기에 실린 글을 쓰느라 고생하신 연구원들에게 감사를 드린다. 특히 연구원이 아님에도 불구하고 글을 써 주신 허민숙 선생님에게 깊은 감사의 마음을 전하고 싶다. 그리고 책임편집을 맡았던 최하영 선생님의 노고가 없었다면 이 책은 완성될 수 없었을 것이다. 마지막으로 우리의 연구가 현재와 같은 모습으로 출간될 수 있도록 도움을 주신 건국대학교출판부의 박명희 선생님에게도 감사의 말을 전한다.

몸문화연구소

소장 김종갑

차 례

머리말: 폭력을 권하는 사회 5

후 주 287

찾아보기 310

1부 천천히 들여다 보기

폭력과 희생양 — 르네 지라르의 폭력론 _ 김종갑 21

르네 지라르와 폭력의 문제 24

폭력의 원인으로서 경쟁적 욕망 28

희생양이 아니라 사랑, 그리고 차별화의 제도 33

왕따와 결론 37

불통과 폭력, 그리고 소통 프로젝트 — 프리모 레비의 증언 프로젝트를 중심으로 _ 서길완 43

라거의 기호체계와 현대적 바벨탑 46

'알고 있지만 믿지 못하는 희생자'에서 '알고 있는 생존자'로의 변형 51

레비의 자살 — 소통의 실패, 혹은 또 다른 메시지? 63

언어폭력
— 언어의 잉여물들 _ 정지은 65

언어 표현 — 이성의 소통인가, 폭력의 발현인가? 65
파롤 — 랑그 — 세계 68
언어와 공동체, 그리고 잉여 76
파롤들의 연맹과 의미의 제도화 82
언어적 현실은 사회적 현실의 거울 87

2부
가족의 얼굴을 한 폭력

'행복한 가족' 신화와 폭력 _ 최은주 93

되는 집은 가족이 뭉친다? 95
가족 내러티브의 폭력 — "넌 항상 이 엄마의 기쁨이었다." 101
인간 행복과 '다시-가족'? 107

가정폭력 담론의 재구축
— 가정폭력 피해자 담론과 역량강화 연속선 _ 허민숙 113

가정폭력 피해자/주체 논쟁의 모순과 긴장 114
한국 피해자 지원 서비스와 가정폭력 담론 122
가정폭력 본질과 피해자 담론 — 역량강화 연속선의 관점에서 128
나가는 글 137

엄마의 폭력
— 모성의 폭력, 폭력의 모성 _ 최하영 141

모성 신화 속 엄마와 현실 속 엄마의 분열 143
볼비의 '애착 이론'이 지운 짐 146
요즘 '맘'들은 '엄마'보다 자유로운가 147
문제 아이의 뒤엔 문제 엄마가, 문제 엄마 뒤에는? 150
나가는 글 155

3부

학교의 얼굴을 한 폭력

청소년 폭력의 뿌리 _ 이근세 161

청소년과 몸 163

자학의 논리 168

나가는 글 174

소녀들의 폭력, 왕따
– 소녀들의 '관계' 폭력의 구조와
문학적 성장교육 _ 임지연 177

왕따, 소녀 폭력의 구조와 특성 179

어린이문학에 나타난 왕따 서사구조와 해결 방식 189

소녀 폭력 예방의 복잡성과 성장교육 198

폭력과 교육
– 학교폭력에 대한 법정책의
의미와 한계 _ 서윤호 201

학교폭력과 학생자살의 심각성 201

학교폭력의 실태 204

학교폭력의 유형 207

최근 학교폭력의 주요 특징 209

학교폭력 예방대책 추진 과정 211

2012년 학교폭력 근절 종합대책의 주요 내용과 문제점 214

경찰청의 입장 221

인권교육과 학교폭력 예방 222

4부
살아남은 자의 힘

폭력의 방관자들 —"누가 내 이웃입니까?"_이은정 229

누가 내 이웃입니까? 234

네 이웃을 너 자신같이 사랑하라 241

나가는 글 249

폭력과 저항, 콜트·콜텍 예술행동_김주현 251

2000년대 2200일의 폭력 255

저항의 예술행동, 일상의 문화정치 260

모두가 예술가, 미적 액티비즘 284

01

천천히 들여다 보기

폭력과 희생양
—르네 지라르의 폭력론[1]

이 글은 최근의 폭력에 대한 논의에서 희생양의 개념을 가지고 폭력을 설명한 르네 지라르Rene Girard가 무시되고 있다는 사실에 주목한다. 아감벤이나 지젝, 데리다는 그를 언급한 적이 없으며 국내의 연구도 이들을 중심으로 이루어지고 있는 실정이다. 그의 이론에는 비상사태나 계엄령과 같은 국가적 폭력이나 법적 폭력에 대한 비판적 성찰이 부재하기 때문에 진보적 지식인에게는 환영받지 못하는 듯이 보인다. 그러나 지라르는 폭력의 성격과 역할, 심리에 대해서 독자적인 견해를 제시하였으며, 그것은 폭력의 경제학으로 불릴 수 있는 성질의 것이다.

김종갑

최근에 폭력이라는 주제가 관심의 핵으로 떠오르고 있다. 세계무역센터 건물을 파괴하였던 2001년의 9·11테러가 폭력 논의의 기폭제가 되었다는 사실은 의문의 여지가 없다. 거대한 마천루가 화염에 휩싸이면서 서서히 붕괴하던 장면을 아직도 우리는 생생하게 기억하고 있다. 이 자살테러로 인해서 무려 2996명이 목숨을 잃었다. 9·11테러처럼 엄청난 규모의 재난은 아닐지라도 폭력은 우리의 일상이 되었다고 말해도 과언이 아니다. 일간신문에 살인이나 강도, 상해, 성폭행 등의 사건들이 실리지 않는 날이 하루도 없다. 2012년 8월 30일에 발생한 나주 초등생 납치 성폭행 사건처럼 특히 아동에게 가해지는 성폭행은 온 국민을 분노로 떨게 만든다. 며칠 전에는 미국에서 지하철을 타려고 승강장에서 기다리는 승객을 떠밀어 전철에 치어 죽게 만들었다는 기사가 있었다. 지하철 타기도 겁이 날 정도로 폭력이 난무하는 것이다.

폭력에 대한 논의에서 가장 빈번하게 언급되는 사상가는 단연 벤야민Walter Benjamin이다. 그는 〈폭력비판을 위하여Zur Kritik der Gewalt〉에서 법을 정립하고 유지하는 '신화적 폭력'과 법을 파기하는 '신적 폭력'으로 구별하였다.[2] 폭력의 윤리성을 주장하고 총파업을 옹호하였던 소렐Georges Sorel의 ≪폭력에 대한 성찰Reflexions sur la violence≫, 폭력을 정당한 권력과 부당한 폭력으로 분류한 한나 아렌트Hannah Arendt의 〈폭력론Civil Disobedience on Violence〉도 그냥 지나칠 수 없는 이론적 이정표이다. 아감벤Giorgio Agamben과 자크 데리다Jacques Derrida, 지젝Slavoj Zizek도 이러한 폭력론의 논쟁에 뛰어들었다. 지젝과 아감벤과 같은 좌파 이론가가 사회의 제도적 · 구조적 폭력에 저항하기 위해서 폭력의 필연성을 주장했던 반면에 데리다는 폭력과 비폭력, 폭력과 정의를 분명하게 구분하는 작업의 불가능성을 대변하였다. 이러한 논의의 와중에 비상사태의 관점에서 국가의 폭력을 논의한 칼 슈미트Karl Schmitt의 ≪정치신학*Politische Theologie: Vier Kapitel zur Lehre von der Souveranitat*≫도 재조명을 받기 시작하였다.[3]

그런데 이상하게도 희생양의 관점에서 폭력의 생리와 메커니즘을 훌륭하게 설명했던 르네 지라르Rene Girard가 최근의 연구에서는 무시되고 있다. 그의 ≪폭력과 성스러움*La Violence et le Sacre*≫ 및 ≪희생양*Le bouc emissaire*≫은 폭력에 관한 이론에서 고전으로 자리 잡고 있음에도 아감벤이나 지젝, 데리다에게는 그가 눈에 띄지 않는 듯이 보인다. 이것은 국내의 폭력에 대한 연구에서도 예외가 아니다. 몇몇 논문을 제외하면 대부분의 연구들이 벤야민이나 아감벤, 지젝을 축으로 이루어지고 있는 실정이다. 지라르의 폭력론은 너무 인류학과 신화에 치우쳐 있으며 최근 뜨거운 감자로 부상한 벤야민의 신적 폭력과 연결되기에는 이론적으로 아귀가 맞지 않기 때문인지 모른다. 그의 이론에는 비상사태나 계엄령과 같은 국가적 폭력이나 법적 폭력에 대한 비판적 성찰이 부재하기 때문에 진보적 지식인에게는 환영받지 못하는 듯이 보인다. 그러나 그는 폭력의 성격과 역할, 심리에 대해서 독자적인 견해를 제시하였다. 나는 그의 폭력론을 폭력의 경제학으로 부르고 싶은 유혹을 느낀다. 그것은 밑지는 장사가 아니라 수지맞는 장사이기 때문이다.

완벽한 사회는 존재하지 않는다. 유럽이든 동양이든 신화적 우주론에 따르면 현재는 과거의 기쁨과 영광의 빛이 바랜 침울한 세계이다. 금의 시대에서 은의 시대로 전락하더니 이제는 폭력이 난무하는 철의 시대로 접어든 것이다. 만약 금과 은의 시대처럼 사회의 구성원이 모두 행복하다면 폭력의 사건은 발발하지 않을 것이다. 그러나 평온한 듯이 보이는 사회도 그 배후를 보면 불안과 불만, 증오와 거짓의 뇌관이 소리 없이 타들어가고 있다. 잘못 건드리면 터지는 폭발물을 사회가 안고 있는 것이다. 이때 사회가 해체되지 않고 유지되기 위해서는 폭발물을 제거하거나, 그것이 불가능하면 인명 피해를 최소화하는 장소에서 터뜨려야 한다. 피해가 불가피하다면 피해를 최소화하는 것, 이것이 폭력의 경제학, 지라르의 용어로 희생양의 메커니즘이다. 우리나라 학교에서 기승을 부리는 왕따(집단 따돌림)도 그러한 폭력의 경제학에 속한다. 학급의 학생들 모두가 불행하다면 그 불행을 한 학생에게 몰아주는 것이다. 이와 같이 우리 사회에서 구체적으로 발생하는 폭력을 설명하는 데 있어서 아감벤이나 지젝, 데리다 등의 이론은 아무런 도움이 되지 않는다. 혁명이나 정치적 전복, 자살폭탄테러 등 우리의 피부에 와 닿지 않는 막연하고 추상적인 폭력의 이해에는 빛을 던져 줄 수가 있지만 우리의 구체적 현실을 설명해 주는 힘을 갖고 있지는 못하다. 지라르의 폭력론이 중요한 까닭이 여기에 있다. 그의 희생양 제의祭儀 이론은 현실의 폭력의 생리를 설명해 주는 틀을 제공하기 때문이다.

르네 지라르와 폭력의 문제

르네 지라르는 1923년 남프랑스의 아비뇽에서 태어났다. 처음에 그의 학문적 관심은 역사, 특히 중세의 역사에 있었다. 그가 샤르트 국립고등대학원을 졸업하면서 1947에 쓴 논문은 그의 고향인 아비뇽의 중세사에 관련된 것이었다. 졸업 후에 유학 갔던 미국 인디애나 대학에서도 그의 전공은 여전히 역사학이었다. 그러나 1950년에 박사학위를 마친 그가 정작 대학에서 가르쳤던 과목은 역사학이 아니라 프랑스 문학이었다. 이것이 그의 운명의 나침판을 바꿔 놓는 계기가 되었다. 학문에도 '출세'가 있다면 그는 1961년에 ≪낭만적 거짓과 소설적 진실*Mensonge romantique et vérité romanesque*≫이라는 제목의 문학비평서를 처녀작으로 출판하면서 세계적 스타의 자리에 오르게 되었다. 그의 두 번째 저술 ≪폭력과 성스러움≫이 출판되기까지는 12년의 세월을 기다려야 했다. 전자에서 천착했던 욕망의 지평으로부터 후자의 폭력의 지평으로 옮겨가기 위해서 오랜 기간의 연구가 요구되었던 것이다. 그의 ≪폭력과 성스러움≫은 프랑스 아카데미상을 수상하는 영예를 안았으며, 2004년에 간행된 ≪문화의 기원*Les orgines de la culture*≫은 아카데미 프랑세즈로부터 '올해의 상prix Aujourd'hui'으로 선정되었다. 그는 미국에 유학을 온 이후로 프랑스가 아니라 미국에 체류하면서 학문 활동을 하였는데, 존스 홉킨스 대학을 거쳐서 1981년에는 스탠포드 대학의 석좌교수로 임명되었던 그는 1995년에 정년퇴임을 하고, 2005년에는 아카데미 프랑세즈의 종신회원으로 선임되었다. 이듬해에는 독일의 튀빙겐 대학으로부터 레오폴드 루카이 상Dr. Leopold Lucas Prize을 수상했다. 그의 저서의 목록을 보면 알 수 있겠지만 그는 역사학, 문학비평, 사회학, 인류학, 철학 등 광범한 분야에 관심을 가지고 학제적 연구를 수행하였다. 우리말로 번역된 책으로 위에 언급된 것 이외에 ≪나는 사탄이 번개처럼 떨어지는 것을 본다*Je vois satan tomber comme l'eclair*≫와 ≪그를 통해 스캔들이 왔다*Celui par que le scandale arrive*≫가 있다.

"우리 주위에는 왜 이다지도 폭력이 많은 것일까?" ≪그를 통해 스캔들이 왔다≫의 서두에서 지라르가 던진 이 질문은 그가 평생을 고민하면서 풀어야 했던 화두였다.[4] 그는 지금 폭력이 위험 수위를 넘어 "불길이 번져 나가거나 전염병이 퍼져 나가는 과정과 흡사한 확대 과정"[5]에 들어섰다고 진단하였다. 그에 따르면 과거의 전쟁은 이제 테러와 가정폭력, 학교폭력 등으로 대체되고 있다. 사태가 그러하다면 이러한 폭력의 과잉을 설명할 수 있는 이론을 정립하는 것이 절실하게 된다. 지라르에게 폭력은 '욕망'과 '모방'과 '희생양'을 통해서 설명되어야 하는 사회적 현상이다.

그의 폭력론을 설명하기 위해 하나의 역사적 사례를 소개하기로 하자. ≪나는 사탄이 번개처럼 떨어지는 것을 본다≫에 소개된 아폴로니우스Apollonius는 1세기에 그리스의 티아나에 살았던 신피타고라스학파의 철학자로서, 그가 당시에 창궐하던 페스트를 기적적으로 치유했다는 신화적 기록이 있다. 당시에 역병을 물리치기 위해 온갖 대책을 강구했지만 실패했던 에페소스 시민들은, 지푸라기라도 붙잡는 심정으로 그에게 도움을 청하였다. 그는 그들이 자기의 명령을 따라야 한다는 단서와 함께 역병의 퇴치를 약속한다. 그리고 그는 군중을 극장으로 데리고 갔다. 무대에는 수호신의 그림이 있고, 그 앞에는 허름한 옷차림의 거지가 앉아 있었다. 어리둥절해 있는 시민들에게 그는 "돌을 들어 모든 신의 적인 저 녀석에게 던지시오."[6] 라고 명령을 내린다. 거지가 역병을 퍼뜨린 악마라는 것이다. 처음에 망설이던 시민들은 한두 명이 먼저 돌을 던지는 것을 보고 너도나도 할 것 없이 모두 돌을 던지기 시작하였다. 표정을 흉하게 일그러뜨리며 단말마의 비명을 지르는 거지가 그들의 눈에 진짜 악마처럼 보였다. 잠시 후에 "얼마나 많은 돌을 던졌던지 거지 시체 주변에 커다란 돌무더기가 만들어질 정도"가 되었다. 시체를 확인하기 위해서 아폴로니우스가 돌을 파헤치자 "그 자리에는 몰로스 개와 닮은, 그러나 어미 사자만큼이나 커다란 짐승 하나가 있었다. 돌을 맞아서 곤죽이 된 그 짐승은 광견병 걸린 개처럼 거품을 토한 채 쓰러져 있었다. 사람들은 악령을 쫓아낸 바로 그 자리에다가 수호신 헤라클레스의 흉상을 세워 주었다."[7]

아폴로니우스가 페스트를 물리친 기적의 진위 여부는 우리의 관심사가 아니다. 근대에 접어들기 전까지만 하더라도 역병은 인구의 절반을 전멸시킬 정도의 끔찍한 전염병으로, 치유의 대책이 없었기 때문에 인간의 죄에 대한 신의 징벌로 간주되었다. 소포클레스Sophocles의 ≪오이디푸스 왕*King Oedipus*≫에서도 올림포스의 신들이 오이디푸스의 죄를 벌하기 위해 페스트를 도시에 퍼뜨린다. 이러한 역병의 서사는 다음과 같은 플롯의 전개를 특징적으로 가지고 있다. ① 역병으로 인한 도시의 위기, ② 치유자로서 아폴로니우스의 등장, ③ 역병의 원인으로서 거지의 죄악, ④ 폭력을 통한 원인의 제거, ⑤ 아폴로니우스의 신성화. 지라르에 따르면 역병은 '사회적 위기,' 거지는 '희생양,' 시민들의 돌 던지기는 '경쟁적 모방,' 아폴로니우스는 '폭력의 성스러움'을 대변하고 있다. 오이디푸스 왕에 대해서도 마찬가지다. 페스트가 테베를 휩쓸자 위기에 빠진 도시는 원인 제공자로서 그를 지목하고 추방한다. 그러자 위기가 해소되고 도시는 평안을 되찾게 된다. 이 두 서사에서 공통점은 공동체 전체의 위기가 한 사람의 희생에 의해서 해소가 되고, 그럼으로써 폭력에는 치유의 신성한 힘이 부여된다는 데에 있다.

희생양 만들기를 통해서 페스트를 물리친 아폴로니우스의 사례는 우리나라에서 빈번하게 발생하는 집단 따돌림 현상에도 적용될 수가 있다. 차이가 있다면 대규모의 위기가 소규모인 학급의 위기로 대체되었다는 점이다. 아폴로니우스의 일화에서 ① 역병으로 인한 도시의 위기는 무한경쟁을 강요하는 학급의 위기로 축소되는 것이다. ② 치유자의 등장은 왕따를 시키는 가해 학생의 등장으로, ③ 역병의 원인으로서 거지는 피해 학생으로, ④ 폭력을 통한 원인 제거는 왕따 시키기를 통한 스트레스의 제거에 대응될 수가 있다. 그리고 ⑤의 신성화는 가해 학생이 가진 학급 권력으로 이해될 수 있을 것이다. 〈학교 다니는 저는 늘 왕따였어요〉라는 사례 연구에서 피해자 인수(가명)는 고등학교를 중퇴하고 검정고시를 준비하는 만 17세의 소년이다.[8] 그가 처음으로 왕따를 당하게 되는 계기는 매우 사소한 일에서 비롯되었다. 그가 초등학교에 다니던 시절 담임선생님이 청소시간에 책상을 오른쪽으로 옮기라고 지시를 했는데 잘못 알아듣고 왼쪽으로 옮긴 일이 있었다. 이 일로 학급 친구들의 놀림감이 되면서 그렇지 않아도 내성적이던 인수는 더욱 내면적으로 위축이 되고 자신감을 잃게 되었다. 집단 따돌림이 심해지자 그는 대인기피증에 걸리고 나중에는 우울증까지 생기게 되었다. 아폴로니우스의 일화에서 돌에 맞은 거지가 악마처럼 보이듯이 인수도 비정상적으로 행동하게 된 것이다. 가해자들은 주로 상스럽고 불쾌한 욕을 하고 때리거나 발로 차기도 하며 놀이나 일에 끼워주지 않는 것과 같은 행위의 반복을 통해서 애초에는 그렇지 않았던 피해자를 진짜 비정상인으로 만드는 것이다.[9] 이때 왕따를 주도했던 학생은 다른 학생들로부터 영웅처럼 대접을 받는 경우도 있다. 그들에게 공부에서 비롯되는 스트레스를 해소할 수 있는 길을 열어 주었기 때문이다.

폭력의 원인으로서 경쟁적 욕망

폭력은 제한된 재화와 무한한 욕망의 충돌에서 비롯한다. 모든 사회의 구성원이 풍요롭고 여유 있는 생활을 원하지만, 불행하게도 그러한 욕망을 충족시킬 수 있는 재화와 자원은 한정되어 있는 것이다. 그렇다면 욕망의 충족이 근본적으로 불가능한 상황에 우리가 살고 있다고 할 수 있다. 만약 우리가 사유재산제도가 없는 원시공동체의 원주민처럼 재화를 공유하고 또 가지고 있는 것으로 만족한다면 갈등이나 반목도 일어나지 않을 것이다. 지라르에 따르면 갈등의 원인은 한정된 재화 자체에 있다기보다는 욕망이 똑같은 대상으로 향한다는 점에 있다. A가 a를 원하고 B는 b를 원하고 C는 c를 원하는 것과 같이 욕망하는 대상이 다르다면 욕망의 충돌이 빚어지지 않을 것이다. 이해관계가 충돌하는 것은 A와 B, C가 똑같은 대상을 서로 차지하기 위해 경쟁을 하기 때문이다. 호화로운 저택을 구입하고, BMW를 타고 다니며 멋있는 이성과 결혼해서 건강하게 살고 싶어 하는 것이 우리 모든 욕망의 현주소이다. "못 먹는 밥에 재 집어넣는다"는 속담도 있듯이 그러한 욕망을 충족시킬 가능성이 없으면 비싼 차를 못으로 긁어서 마음을 달래기도 한다.

지라르는 우리가 원하는 특정한 대상이 다른 대상들보다 본질적으로 더욱 커다란 가치를 가지고 있지는 않다는 주장한다. 그는 이것을 욕망의 "코페르니쿠스적인 혁명"이라고 말한다. "사람들은 욕망이 객관적이거나 아니면 주관적이라고 생각하고 있다. 하지만 욕망은 사실 그 대상을 가치 있게 만드는 타인에 근거하고 있다."[10] 일반적으로 우리는 세상에 아주 희귀하고 귀중한 보화가 있으며, 이것을 사람들이 모두 소유하고 싶어서 경쟁이 일어나고, 그 부수적인 결과로서 폭력이 발생한다고 생각하는 경향이 있다. 그러나 지라르의 코페르니쿠스적 혁명에 의하면 욕망의 인과관계는 그러한 짐작과는 정반대의 방향으로 흐른다. 황금을 예로 들 수 있다. 스페인 군인과 선원들이 신대륙을 발견하기 전까지 인디언들은 황금을 귀중하게 여기지 않았다. 황금을 경쟁적으로 욕망하는 유럽인들을 보고서 그들도 황금을 욕망하기 시작했다. 마찬가지의 이유에서 세상에서 마릴린 먼로Marilyn Monroe가 가장 섹시하고 매력적인 여자는 아니다. 우리는 다만 그렇게 그녀를 바라보는 다른 사람의 욕망을 욕망하고 있는 것에 지나지 않는다.

르네 지라르의 폭력론의 핵심은 욕망이 근본적으로 '모방적'이라는 사실에 있다. 나의 욕망은 나의 고유한 욕망이 아니라 타자의 욕망의 모방이다. 이것이 지라르가 ≪낭만적 거짓과 소설적 진실≫에서 처음으로 소개했던 "삼각형의 욕망이론"이다.[11] 욕망의 대상과 주체 사이에는 중재자가 있다는 것이다. 기사가 되고 싶은 돈키호테의 욕망은 자연발생적인 것이 아니라 그가 읽었던 기사도소설의 중재에 의해서 야기되었다. 사촌이 땅을 사면 배가 아프다는 속담이 있다. 내가 가진 소나타로 만족하며 살고 있다가도 사촌의 BMW를 보면 나도 '덩달아서' 그것을 사고 싶은 욕심이 생기게 된다. 이때 나의 욕심의 원인은 나가 아니라 사촌의 자동차이다. 나의 사촌도 예외가 아니다. 그도 성공한 친구들이 BMW를 타고 다니는 것을 보고서 자기도 그러한 욕망을 품게 되었기 때문이다. 물론 사촌의 친구도 예외가 아니다. 그도 다른 친구의 욕망을 모방하고 있다. 이와 같이 친구의 친구의 친구의 친구의 …로 이어지는 욕망의 사슬은 끝이 없이 계속된다. 이와 같이 하나의 대상을 향해서 모든 사람들이 달려들면서 경쟁은 과열되기 시작한다. "서로 상대방으로 인해 경쟁적 욕망이 커질수록 이 욕망은 위험해진다. 이런 갈등을 지배하는 것이 바로 에스컬레이터 법칙, 즉 '한술 더 뜨기' 법칙이다."[12] 모두가 이왕이면 친구보다 '한술 더 떠서' 더 고급스러운 자동차를 구입하기 위해 경쟁하는 와중에 경쟁은 어느새 폭력으로 변질이 되는 것이다. 지라르에 따르면 "사회를 통합시키지 않고 분리시키는 것은 바로 무제한의 야망과 과도한 경쟁이다."[13]

모방적 욕망이 가열되면 홉스Thomas Hobbes가 말하는 "만인의 만인에 대한 투쟁"으로 발전한다. 이러한 전면전을 미연에 방지하기 등장한 것이 과도한 욕망을 제한하는 사회제도와 질서, 규범, 관습이다. 고급승용차를 향한 지나친 경쟁을 피하기 위해서 사장은 BMW, 이사는 제네시스, 전무는 그랜저 등 직급에 따라서 차등을 둘 수가 있다. 이런 식으로 사회적 재화의 배분과 욕망에 제한을 가하기 시작한다. 말하자면 사회는 크고 작은 차이의 체계인 것이다. 남녀노소의 구분을 비롯해서 지배자와 피지배자의 구분, 신분의 차이 등이 사회의 질서와 안정을 유지하는 데 기여하게 된다. 가장인 아버지를 정점으로 어머니와 장남, 차남, 막내의 피라미드적 위계가 있다면 가족은 맛있는 음식을 놓고서 경쟁을 하지 않아도 된다. 아버지의 권위가 "하지 말라!"는 금지의 명령을 과하기 때문이다. 이러한 금지는 차이가 차이로서 유지되기 위한 최소한의 조건이다. 아버지는 아버지이고 아들은 아버지가 아니며 아들은 아들이다. 레비-스트로스Claude Lévi-Strauss와 같은 인류학자들이 근친상간의 금지와 족내혼의 금지가 사회가 성립하기 위한 가장 기본적 조건이라고 주장하였던 이유가 여기에 있다. 어떠한 경우에도 아들과 아버지의 차이가 유지되어야 하며 아들이 어머니와 결혼하는 일이 없어야 한다.

그러한 차이의 질서가 무너지는 순간에 사회는 위기에 처하게 된다.

≪오이디푸스 왕≫에서 오이디푸스는 어머니와 결혼하는 근친상간을 범함으로써, 아버지와 아들, 어머니와 아내, 자식과 형제의 차이를 무효화시키게 되었다. 이오카스테는 그의 어머니이면서 동시에 아내이며, 안티고네는 그의 딸이면서 동시에 여동생이기도 하다. 성경이나 고대 희랍 신화 등 대부분 창조 설화에 따르면, 현재의 모습(코스모스)을 갖추기 이전에 우주는 혼돈, 카오스의 상태에 있었다. 물, 불, 공기, 흙, 낮과 밤이 서로 분화되지 않은 채 헷갈리게 혼재하고, 남자와 여자, 아버지와 아들 등도 구분되지 않은 원초적 상태에 있었다. 페스트와 같은 전염병이나 지진, 혹은 혁명이 사회를 휩쓸고 지나가면 사회 전체에는 무차별적인 혼란에 빠지게 된다. 당연히 이러한 원초적 상태는 만인의 만인에 대한 투쟁과 폭력을 야기한다. 그리고 전염병처럼 폭력은 구성원 모두를 감염시키기 시작한다. 아폴로니우스의 사례가 그러하듯이 누군가 한 명이 노략질을 한다면 다른 사람들도 덩달아서 노략질을 하게 된다. 구성원들이 폭력의 쌍둥이(짝패, double)가 되는 것이다.

이 총체적인 혼란과 폭력으로부터 벗어나기 위해 등장하는 것이 희생양의 메커니즘이다. 만인의 만인에 대한 폭력으로서의 전면전의 위험을 한 사람(혹은 소수)에 대한 만인(다수)의 폭력으로 바꿔 놓는 것이다. 아폴로니우스와 오이디푸스 왕의 서사에서 역병이 돌자 시민들은 공포에 휩싸이고 도시는 아수라장이 된다. 그러자 그것을 초래한 책임자를 찾아서 응징하면 흑사병이 물러날 것이라는 여론이 형성되기 시작한다. 우리가 겪는 억울한 불행과 빈곤, 병마의 원인은 모두 '세상에 죽일 놈,' '천하에 몹쓸 놈'인 그에게서 비롯되었다는 합의가 이루어지게 된다. 마녀사냥의 물결이 휩쓸고 지나갔던 중세 말에는 마녀들이 당시 중세인의 불행과 절망, 가난에 대해서 책임을 져야 했다. 역사상 유태인도 그와 같이 가장 만만한 희생양의 하나였다. 전염병으로 사람들이 죽어나가면 유태인이 우물이나 강물에 독약을 풀었다는 소문이 퍼지기 시작하였다. 1923년에 발생한 관동대지진도 마찬가지였다. 수많은 한국인들이 자경단의 죽창에 찔리고 몽둥이에 맞아 죽어야 했다. 걷잡을 수 없이 번지는 폭력을 진화시킬 수 있는 방법은 하나의 대상에게 집중해서 폭력을 행사하는 것이었다. 이와 같이 희생양을 만드는 과정에서 중요한 것은 사회 구성원들 모두가 만장일치로 희생양을 결정해야 한다는 것이었다. 오로지 한 명이 악한이라면 나머지 사람들은 죄가 없이 무고하다고 믿고 안심할 수가 있었다. 그 희생양을 제거하면 사회에는 평화와 행복이 찾아오리라는 믿음을 구성원들이 공유하고 있었던 것이다.

그러나 희생양은 폭력과 혼란의 궁극적 원인이거나 악한이 아니다. 아폴로니우스가 돌 던져 죽이도록 했던 거지는 전염병과 아무런 관계가 없었다. 그의 행동과 무관하게, 그에게는 모든 사회 구성원의 모방적 폭력이 하나로 '대체'되는 탈출구의 역할이 부과되었을 따름이다. "누구나 언제든지 다른 사람들의 짝패, 즉 타인들의 매력과 증오의 대상이 될 수 있다."[14] 희생양을 만드는 과정은 욕망의 논리가 그러하듯이 인과관계가 전복되어 있다. "이 불쌍한 사람이 악마처럼 흉악해서 돌아 맞아 죽은 것이 아니다. 오히려 그는 돌에 맞았기 때문에 흉악한 모습의 악마가 되었다. 에페소스 사람들이 분노에 차서 돌을 던지다보니 거지의 시체는 곤죽이 되어 있었다."[15] 희생양으로 만들기 위해서 그들은 먼저 죄 없는 사람이 악마라고 믿어야 했다. 당시에 무지몽매했던 에페소스 사람들은 자기들의 행동의 진실을 알지 못하였다. 집단적인 자기기만과 최면에 걸려 있었던 것이다. 지라르는 오이디푸스 왕도 예외가 아니라고 주장하였다. 그는 부친을 살해하고 근친상간을 범하는 죄를 짓지 않았다. 테베 시민들의 죄를 대신해서 희생되기 위해서 그에게는 인륜을 짓밟는 천인 공로할 근친상간의 죄가 부과되었던 것이다.

≪폭력과 성스러움≫에서 지라르는 한 명의 희생양에게 가해지는 만장일치의 집단적 폭력의 비대칭성에 주목하였다. 한쪽 천칭 저울에 오이디푸스 왕이 있다면 다른 한편에는 몇 십만 명의 테베시민이 있다. 후자의 죄를 대신하기 위해서 오이디푸스 왕은 전체 시민의 합에 상응하는 대죄大罪의 범인이지 않으면 안 된다. 그러면서 전체 시민을 고통에서 구원할 수 있는 초자연적인 능력을 가진 자로 간주되어야 한다. 역설적으로 그는 절대적 악이면서 동시에 절대적 선이 되어야 하는 것이다. 도시 전체를 혼란에 빠뜨리기 위해서 그는 평범한 악인이 아니라 사탄이 되어야 하며, 희생양의 자격으로 도시를 구원하기 위해서 그는 평범한 사람이 아니라 신과 같이 초자연적 존재이어야 한다. 초자연적 존재가 아니라면 어떻게 사회 전체에 평화를 가져올 수가 있겠는가! 이처럼 폭력은 성스러운 아우라를 덧입게 된다.

희생양이 아니라 사랑, 그리고 차별화의 제도

위와 같이 욕망의 성격이 경쟁적이며 모방적이라면 지라르의 세계에서 폭력은 피할 수가 없다는 결론이 나온다. 그가 바라보는 사회는 너무나 암울하고 비관적인 것이다. 각자가 자신의 고유한 욕망을 추구하는 것이 아니라 타자의 눈치를 보면서 타자의 욕망을 욕망하는 악순환의 구조에 맞물려 있는 것이다. 그리고 갈등과 경쟁의 스트레스는 희생양 만들기를 통해서 평형상태를 되찾아야 하는 듯이 보인다. 그렇다면 그러한 악순환에서 벗어날 가능성이 없는 것일까? 폭력으로부터 자유로운 세계가 가능할까? 지라르는 이러한 질문에 대답하기 위해서 ≪나는 사탄이 번개처럼 떨어지는 것을 본다≫와 같이 종교적 색채가 농후한 후기의 저술에서 예수를 희생양의 악순환을 대체하는 새로운 전범적 대안으로 제시하였다.

인간을 본질적으로 모방하는 존재로 규정하였던 지라르는 폭력에 대한 해결책도 모방으로부터 찾았다. 모방의 바깥, 모방의 진공 지대는 존재하지 않기 때문이다. 일찍이 ≪희생양≫에서 그는 좋은 모방과 나쁜 모방을 구분하였다. 나쁜 모방은 타자가 욕망하는 재화—한정된 재화—를 덩달아서 욕망하기 때문에 경쟁과 폭력을 야기한다. 그리고 만인의 만인에 대한 투쟁이라는 파국을 피하는 유일한 길은 희생양에게 모든 책임을 돌리는 것이다. 그(들)에게 우리의 악을 투사함으로써 그들은 유죄이며 우리는 무죄라고 자위하는 전략인 것이다. 이러한 "나쁜 상호성은 사람들을 서로 대립시키면서 행동을 획일화함으로써 '같은 것'이 성행하게 만든다."[16] 그러나 반면에 좋은 상호성도 있다. 소유하거나 독점될 수 없는 것(신, 이데아, 진리)을 욕망하는 것이다. 그리고 위기의 상황이 도래하면 "너희는 무죄이고 나는 유죄"라고 말하면서 스스로 희생양의 역할을 떠맡는 자세를 취하는 것이다. 예수는 욕망의 대상을 자기도 욕망하는 대신에 그것을 타자에게 양보함으로써 모방적 악순환의 사슬을 끊었다. "우리 이웃이 우리에게 과도한 요구를 하거나 혹은 그렇게 보일 때는 언제나, 나도 그 사람에게 똑같이 행하지 말고 그 대신에 그 잠재적 경쟁자에게 그 분쟁의 대상을 넘겨주어서, 희생양으로까지 이어질 수도 있는 폭력의 상승 작용이 시작되는 것을 피해야 한다."[17] 모방하는 동물인 우리가 모방에서 벗어날 수가 없다면 예수를 전범으로서 모방해야 한다는 것이다. 나쁜 모방을 좋은 모방으로 대체하여야 하는 것이다.

폭력의 악순환을 중단하기 위해 예수를 모방하라는 요청은 우리가 실천하기에 불가능하며, 또 너무 개인적이며 윤리적인 요청인 듯이 보인다. 하지만 그는 제도적 개혁을 통해서 폭력을 감소할 수 있다고 주장하였다. 죽음충동을 인간의 본질로 파악했던 프로이트를 반박하면서 그는 폭력이 사회적 제도의 파생물이라고 생각하였다. 그렇다면 어떠한 제도적 개혁이 가능한 것일까? "개인과 공공영역의 모든 양상을 구분하고 또 차별화함으로써 폭력이 발발하는 것을 막을 수 있다."[18] 그는 차별화를 통한 폭력의 감소를 대안으로 내놓았던 것이다. 앞서 설명하였듯이 폭력은 차이의 소멸의 결과이면서 원인이다. 그가 전염병을 자주 언급하였던 이유가 여기에 있다. 전염병은 모든 사람을 똑같이 감염시키고 환자로 동일화함으로써 차이의 폭력적인 소멸을 초래하는 것이다. 가져온다. ≪햄릿*Hamlet*≫에서 셰익스피어Shakespeare가 죽음은 위대한 평등자leveler라고 말했듯이 역병도 왕이나 신하, 남자와 여자, 노인과 청소년의 구분을 가리지 않고서 도시를 휩쓸고 지나간다. 혁명이나 폭동, 반란과 같은 인간의 폭력도 마찬가지이다. 그러한 지각변동은 사회적으로 각인된 차이를 삭제하면서 모든 구성원들을 잠재적 폭력의 행위자로 만들어놓는다.

그러나 과연 그러한 제도적 차별화가 모두가 평등한 민주주의 사회에서 가능한 것일까? 과거의 사회적 · 신분적 · 경제적 차이는 평등의 요구에 자리를 내어 주고 있지 않은가. 차이의 마지막 보루였던 남녀의 성적 차이도 성전환수술 등의 과학테크놀로지의 도움을 빌어서 점차 이완되고 있지 않은가. 유전공학은 유기체와 무기체, 탄생과 발명의 경계마저 허물고 있는 형편이다. 현대 사회는 무차별의 사회로 이동하고 있는 것이다. 스콧 래쉬Scott Lash는 ≪포스트모더니즘과 사회학*Sociology of Postmodernism*≫에서 현대의 가장 중요한 특징으로 차이의 소멸을 손꼽았다. 그렇다면 제도화된 차별화의 필요성을 역설한 지라르의 입장은 시대착오적이지 않을까. 지라르 스스로도 "현대 사회는 평등을 열망한다. 그래서 개인들의 경제적 사회적 신분과는 전혀 무관한 차이들도 본능적으로 인간 조화의 장애물로 보려는 경향이 있다."고 지적한 바 있다.[19]

≪문명화과정*The Civilizing Process: Sociogenetic and Psychogenetic Investigations*≫에서 노르베르트 엘리아스Norbert Elias는 근대 이후로 권력이 중앙집권화 되면서 과거에 개인이 행사했던 폭력이 국가에게 독점적으로 귀속되었다고 주장하였다. 같은 맥락에서 막스 베버Max Weber도 현대를 관료제사회라고 진단하였다. 예를 들어 교통사고의 경우에 당사자들은 주먹으로 문제를 해결하거나 큰소리로 기선을 제압하려 하지 않는다. 전화하고 명함을 교환하는 것으로 충분하다. 보험사직원과 교통순경이 그들을 대신해서 싸워 주고 갈등을 해결해 주는 것이다. 복수도 피해자가 직접 하는 것이 아니라 국가가 나서서 대신 해준다. 국가에게 폭력의 전권을 위임하기 때문에 과거와 같은 만장일치의 집단폭력과 희생양 만들기가 들어설 자리가 없는 것이다. 그렇다면 차이의 소멸로 인해서 발생할 수 있는 크고 작은 폭력들이 공권력의 중재와 간섭에 의해서 흡수된다고 말할 수 있지 않을까?

그럼에도 과거의 어느 때보다도 현대 사회에서 폭력이 더욱 편재한다는 지라르의 주장은 올바르다. 그의 설명에 따르면 희생양을 통해서 갈등과 적개심이 한꺼번에 배출한 다음에는 잠정적이지만 평화와 질서의 시기가 찾아왔다. 그러나 폭력이 국가에 의해 독점된 현대에는 그러한 직접적 폭력이나 복수가 불가능하다. 그는 다음과 같이 말하였다. "현대 사회보다 희생양을 더 많이 만들어 낸 사회는 없을 것이다. …현대 사회는 희생양을 가장 많이 구원해 주고 있다."[20] 현대 사회에서 개인은 폭력을 내면화하거나 간접적인 우회로를 통해서 배출하지 않으면 안 되기 때문에 폭력의 양태도 은근하고 은밀하게 바뀌기 시작하였다는 것이다. 피의 폭력을 불러왔던 희생양 제의도 무혈의 희생양으로 진화하고 있다. 학교와 직장의 '왕따'가 대표적 현상이다. 집단의 갈등이나 경쟁이 한 사람의 희생자를 통해서 해소될 기회를 얻는 것이다. 최근 심각한 사회 문제로 대두되고 있는 인터넷 폭력, 악성 댓글도 마찬가지이다.

왕따와 결론

폭력을 경감하기 위해서 제도적 차별화의 장치를 강구해야 한다는 지라르의 주장은 수긍하기가 어렵다. 개성이나 라이프스타일, 취미활동 등을 통해 개인적 차원에서의 차별화와 차이내기는 바람직하다. 그러나 제도적 차별화의 요구는 보수적이거나, 심하게 말하면 반동적으로 들린다. 최근의 폭력에 대한 논의를 살펴보면 이러한 혐의가 더욱 짙어진다. 벤야민이나 아감벤, 지젝의 폭력이론은 기존의 정치형태를 전복하는 과격하고 혁명적이며, 메시아적인 메시지를 담고 있다. 이들은 기존의 제도적·사회적 차이를 유지하기 위해서 공권력의 이름으로 노동자나 소외계층에 행해지는 폭력에 대해서 지극히 비판적이다. 예를 들어, 지젝은 공권력에 대해 폭력으로 저항했던 쌍용자동차 노조의 파업을 환영하였다.[21] ≪폭력이란 무엇인가≫에서 그는 심지어 자살테러도 미국 제국주의에 대한 폭력적 저항으로서 부분적인 의미를 인정하였으며, 자본주의적 경제를 뇌사시킬 수도 있는 월스트리트시위를 쌍수를 들어서 환영하였다. 폭력이 정치적으로 의미화되는 담론에서는 폭력을 정당한 폭력(권력)과 그렇지 않은 폭력으로 구분했던 한나 아렌트도 그의 비판으로부터 자유롭지 못하다. 보수적인 지라르의 폭력론이 현대의 폭력 논의에서 주목을 받지 못하는 것은 너무나 당연한 귀결이라고 할 수 있다.

그럼에도 서두에서 언급했듯이 너무나 추상적이며 급진적이어서 현실의 폭력을 설명하기 어려운 벤야민이나 지젝에 비하면 지라르의 폭력론은 실용적인 장점을 가지고 있다. 학교나 직장의 폭력을 설명하기에 적합한 이론적 틀을 제공해 주는 것이다. 가해자들은 마음에 분노와 학업 스트레스가 쌓여 있는데, 혼자 힘으로는 그것을 해소할 수 없기 때문에 피해자를 필요로 한다. 2012년 12월 28일 ≪경향신문≫에 실린 기사 〈올해도 6만 명이 학교를 떠났다〉에는 학교를 중퇴한 14살의 김영훈(가명)의 이야기가 있다. 학교를 다니던 시절에 그는 성적순에 따라서 평가되는 경쟁적 분위기에 적응하지 못했다. 성적이 좋지 않으면 교사와 부모는 그에게 자괴감과 열등감이 드는 언행을 서슴지 않았다. 그러나 중학교를 중퇴한 그를 사회가 반갑게 맞이해 주는 것은 아니었다. 택배와 같은 아르바이트 이외에는 마땅히 할 일도 없었으며, 가출한 비행소년이 아니라면 어울릴 친구도 없었다. 그의 마음에 사회에 대한 원망과 분노가 쌓여가기 시작했다. 그러한 감정을 푸는 가장 손쉬운 길이 폭력이었다. 그의 말을 빌리면 "짜증나거나 사는 게 싫어지면 담배를 피우고 깝죽대는 애들을 때렸어요. 몇 달 전엔 정말 죽고 싶은 날도 있었어요. 그날 용기가 나지 않아서 길에서 마주친 중3 학생을 때려줬어요." 이러한 불만의 상황이 학급에서 발생하면 왕따 만들기로 표출이 된다. 앞서 소개했던 인수의 경우 사소한 실수가 하나가 학급 동료들이 그를 왕따 시킬 수 있는 빌미를 제공한다. 한 학생이 아니라 모든 학생들이 집단적 폭력에 가담을 하는 것이다. 지라르가 지적했듯이 폭력은 모방적인 된다.

그렇다면 희생양 메커니즘에 대한 지라르의 처방도 왕따의 문제를 해결하는 데 도움이 될 수 있을까? 그에 따르면 사회적 차이가 소멸하는 순간에 혼란이 들어서고, 그 틈새에서 폭력이 발생한다. 만약 왕이 갑자기 사망하고 마땅한 후계자가 없으면 기존의 왕국의 질서가 뒤흔들리면서 왕이 되고 싶은 무리들이 무더기로 등장하고, 음모와 권모술수, 폭력이 판을 치게 마련이다. 다시 질서와 평안을 회복하는 방법은 왕위 계승자에게 될 수 있으면 빠른 시일에 왕권을 물려주고, 왕을 참칭했던 자들을 처단하는 것이다. 참칭했던 자의 정체가 분명치 않으면 무고한 자라도 잡아서 희생양으로 만들어야 한다. 이처럼 차이의 있음이 사회적 질서를 유지하기 위한 필수적 조건이라면 학교의 왕따는 어떠한가? 중국과 더불어서 우리나라의 교육은 초등학교부터 무한경쟁과 성적순 줄 세우기로 악명이 높다. 성적에 의한 질서와 차이가 이처럼 분명한 나라를 찾기도 어려울 것이다. 그렇다면 왕따와 폭력이 학교에 들어설 틈이 없어야 하지 않을까? 이러한 반론에 대해서 지라르는 아마 다음과 같이 대답할 것이다. '과거 계급사회의 차이가 불변적인 위계였다면 현재 학교에서 성적에 의한 차이 만들기는 언제라도 전복될 수 있는 가변적 차이이다'라고. 이러한 가변적 차이는 안정된 질서라기보다는 무한한 경쟁을 자극하는 불안한 차이로, 폭력의 가능성을 중심에 안고 있다. 경쟁 자체가 폭력의 또 다른 얼굴이라고 그는 대답할 것이다. 그리고 학교에서 수석 자리를 차지하는 것처럼 모방적인 욕망이 어디에 있겠는가? 욕망의 대상 하나를 가지고 모든 학생들이 경쟁에 임해야 하는 것이다.

나는 왕따와 폭력을 해소할 수 있는 최선의 방법은 경쟁의 최소화와 다양성의 극대화에 있다고 생각한다. 자기 자신이 다른 사람들과 별 차이가 없다고 생각하면서 자신의 정체성을 확신하지 못하는 사람들이 경쟁을 통해서 차이를 크게 벌려놓고 싶어 한다. 성적이나 성공, 명성 등의 기준을 가지고 자신에게 부재하는 차이를 생산하려는 것이다. 이를 위해서는 경쟁과 폭력을 거치지 않으면 안 된다. 이러한 경쟁적 상황은 죄수의 딜레마와 같은 맥락에 있다. 두 명의 죄수

A와 B가 있는데, 개인적 이해를 따지면 상대를 배신하는 것이 최고의 생존 전략이다. 물론 하나의 단서가 있다. A나 B 가운데 한 명이 상대방을 배신하지 않는 경우에만 그러하다. 이때 한 명은 무죄로 방면될 수가 있지만 순진하게 상대방을 배신하지 않은 죄인은 3년을 감옥에 수감되어야 한다. 반대로 두 죄인이 서로를 배신한다면 똑같이 2년의 구형을 받는다. 그리고 A와 B가 모두 상대를 배신하지 않는다면 똑같이 1년의 형을 살게 된다. 그러기 위해서는 상호 신뢰가 있어야 할 것이다. 그런데 불행하게도 무한경쟁의 사회에서는 상호 신뢰가 가능하지 않다. 최고의 생존 전략인 1등의 자리는 하나밖에 없으며, A가 그 자리를 차지하면 B는 2등으로 뒤처지고, 상대를 이기지 않으면 내가 살 수 없기 때문이다. 그러나 상대가 경쟁자가 아니라 친구인 사회에서는 다른 플롯이 전개될 수 있다. 성적순으로 줄을 세우지 않는 상황에서는 맨 앞에 서기 위해서 다투지 않아도 좋다. 이 죄수의 딜레마에서 내가 주장하려는 것은 개인적인 최고의 선택과 공동체적 최고의 선택은 동일하지 않다는 것이다. 개인적 이해만을 따진다면 최고의 선택은 당연히 0이다. 그러나 두 사람 모두의 이익을 염두에 두면 최선의 선택은 1년과 1년이다. 두 죄인이 경쟁하는 관계가 아니라 협력하는 관계가 서로의 이익을 극대화하는 것이다.

1년, 1년	3년, 0년
0년, 3년	2년, 2년

위와 같은 결론이 가능하기 위해서 지라르의 욕망이론에 수정을 가해야 한다. 그는 개인에게 고유한 욕망은 없으며 모든 욕망은 타자의 욕망이라고 주장하기 때문이다. 이러한 경우에 죄수의 딜레마에서 최선의 선택은 배신이 될 것이다. 그러나 나는 욕망이 모방적이며 폭력은 모방적 경쟁에서 비롯되었다는 지라르의 주장을 전폭적으로 지지하지 않는다. 아니면 모방에는 경쟁적인 것뿐

아니라 상호호혜적인 것도 존재한다고 가정해야 한다. 푸코Michel Foucault와 들뢰즈Gilles Deleuze가 주장하였듯이 모방적이지 않은 욕망, 타자의 시선에서 자유로운 순수한 쾌락이나 폭력이 존재한다. '결핍'으로서 욕망이 아니라 자발적인 충일함으로서의 쾌락도 인정되어야 하는 것이다. 최근에 필자가 읽었던 파스칼 메르시어Pascal Mercier의 ≪리스본행 야간열차*Nachtzug nach lissabon*≫에 다음과 같은 인상적인 대목이 있다. 바닷가에서 고기잡이하는 어부를 보고서 주인공은 그러한 생활에 만족하는지를 묻자 어부들이 이구동성으로 대답한다.

> "만족하냐고? 다른 삶을 모르는 걸!"
>
> 어부들의 웃음소리가 점점 커지더니 나중에는 그칠 줄을 모르는 웃음바다로 변했다. 그레고리우스도 얼마나 흥겹게 따라 웃었던지 눈물이 흐를 지경이었다.[22]

여기에서 어부들은 타자의 욕망을 욕망하지 않는다. 그들을 지배하는 감정은 욕망이 아니라 열정passion이며, 모방적 경쟁에 임하지 않는다. 경쟁하면서 모방할 다른 삶을 모르기 때문이다. 비록 지라르는 ≪낭만적 거짓과 소설적 진실≫에서 이러한 열정을 '낭만적 거짓'으로 간주하고 '소설적 진실'은 욕망의 삼각형에 있다고 주장하였지만, 메르시어의 어촌이나 오스트레일리아의 원주민들에게 그러한 열정은 엄연한 현실이다.[23]

불통과 폭력, 그리고 소통 프로젝트

— 프리모 레비의 증언 프로젝트를 중심으로[1]

이 글은 소통의 부재와 결핍으로 인해 인간의 인간됨과 인간의 삶이 어떻게 파괴되는가를 적나라하게 드러내 보임으로써, 소통과 대화의 중요성에 대해 다시 한 번 생각해보는 계기를 마련하고자 한다. 비록 이 글에서 소통부재로 인해 폭력이 일상화된 아우슈비츠의 극한 상황이 전경화되어 있지만, 그 규모와 정도의 차이가 존재할 뿐 어느 사회조직이건 소통부재와 폭력의 문제는 공통분모로 나타난다. 특히 최근 몇 년 사이 한국 사회의 화두로 등장한 자살과 잔인한 폭력사건의 급등은 바로 이러한 소통의 문제를 고민할 것을 촉구하고 있는 듯하다.

서길완

이탈리아계 유태인인 프리모 레비는 아우슈비츠에서 모든 인간적인 유대가 단절되고 모든 인간성이 박탈되는 상황, 그럼에도 그가 왜 그런 박해를 받아야 하는지를 묻는 일조차 허락되지 않는 부조리한 상황에서 살아남았다. 언뜻 보면, 그 부조리한 상황은 압제자의 거친 물리적인 폭력 때문에 야기된 것 같다. 그러나 보다 면밀히 살펴보면, 야만적인 폭력은 라거Lager(수용소)의 본질적인 소통불능으로 인해 야기되거나 더 심화된 것임을 알게 된다. 특히 라거의 소통불능은 외부와 단절된 그곳 특유의 언어체계를 통해 구현되는데, 그것은 다양한 방법으로 수인들의 인간적 틀을 벗겨낸다. 가령 수용소에서만 통용되는 불가해한 라거 은어 Lager jargon(수용소 은어)와 문신숫자-이름체계와 모욕적인 몸짓과 표정, 고함소리와 같은 비언어적 전달수단은 경험(대상)과 기호 사이의 정상적인 관계를 파괴함으로써 수용소의 언어적 소통과 인간적 관계를 단절시킨다. 언어적 소통능력이 극도로 제한된 수인들은 조직적인 저항을 할 수도 없고, 그들에게 일어난 끔직한 사건과 그들의 행위에 대해 정합적인 설명이나 의미를 부여할 수도 없다. 사건과 행위를 규정할 유의미한 말(틀)이 없기 때문에 그들의 세계는 무분별하고 무차별적인 혼돈이 일상화될 수밖에 없다. 이 혼돈, 특히 도덕적 혼돈에 내던져진 수인들에게 고통이란 존재하지 않는다. 동물적이고 기계적인 생존만이 최고의 가치로 남을 뿐이다. 그럼으로써 바벨의 이야기에서 표상된 언어적 그리고 인간의 죽음이 현실화되는 것이다. 해방 후 일상의 삶으로 복귀한 레비는 우리 독자들에게 묻는다. "이것이 인간인가"를. 레비는 그들이 정말 '인간인가?'라는 자구적인 질문을 하고 있는 걸까? 결론부터 말하자면, 그렇지 않다. 인간적인 죽음을 경험했던 자들이 다시 인간세계로 복귀할 때, 어떻게 다시 인간이 될 수 있을지 철저히 고민하라는 것이다. 그렇지 않으면, 희생자의 목소리나 그들의 끔찍한 경험은, 벌레로 변한 ≪변신≫의 주인공이 내지르는 비명처럼, 그들의 주변 사람들에게 닿지 않는 공허한 절규가 될 것이고, 그럼으로써 그 누구로부터 이해받지 못하는 비명에 그칠 것임을 미리 경고하는 것이다. 그 누구의 이해도 받지 못한 주인공이 결국 가혹한 죽음을 맞는 것은 바로 그 경고를 무시함으로써 야기된 비극 때문이다.

그런데 나치즘이나 라거와 전혀 관계없는 듯 보이는 동아시아의 한 구석, 대한민국에서 레비가 목격한 공허한 외침과 가혹한 죽음의 기미가 엿보인다면 너무 큰 과장인가?

1. 항공기 정비사를 꿈꾸던 24세의 최형호 이병은 지난해 5월 30일 새벽, "지쳐간다. 아니 지쳤다"는 짧은 글만 남긴 채 총기로 스스로 목숨을 끊었다. 그가 떠난 뒤에야, 부대원들로부터 잦은 욕설과 구타에 시달려 왔다는 사실과 "나가고 싶다"는 말을 자주 했지만 그 말이 전달될 통로가 없었다는 안타까운 현실이 밝혀졌다.

2. 서울 모 중학교 1학년 A(14)양은 지난해 가을 함께 자살할 친구를 찾아다녔다. 매일같이 함께 다니던 친구들이 어느 날 무시하고 따돌리면서부터다. 친구 험담을 하고 다닌다는 오해가 원인이다. A양은 "이렇게 살아야 하나, 눈물이 나고 죽고 싶다"면서 "부모님에게는 걱정을 끼칠까봐 말도 못한다"고 털어놨다.

3. 쌍용자동차 파업 종결 이후 쌍용자동차 노동자들의 자살과 최근 잇달아 발생하고 있는 노동자들의 자살로 인한 사망, 자살시도가 지역사회와 국가의 적극적인 대책마련이 시급할 정도로 위기 상황임에도 그 사태가 어떻게, 무엇 때문에 발생했는지, 그리고 어떤 지경에 이르렀는지에 관한 정보는 상세하게 보도되지 않았다. 정보은폐가 그런 상황을 만든 주요 원인이긴 하지만, 보다 더 큰 문제는 먹고사는 데 급급한 주변 사람들이 우울한 현실을 마주하는 것이 부담스러워 그들의 고통스러운 호소에 귀 기울이지 않는다는 데 있다.

12월 7일 세계일보 사회부 사건팀이 우리 사회를 지탱하는 대표적 조직인 학교 · 전의경 및 군부대 · 직장을 심층분석한 결과 '집단의 폐쇄성'이 폭력의 핵심 원인으로 조사됐다고 한다. 이들 집단 중 일부를 무작위로 선정해 사회연결망 분석SNA; Social Network Analysis을 하자, 모두 내 · 외부 간 소통 단절, 경직된 위계질서에 따른 계층 간 소통부재라는 공통분모가 추출됐다는 것이다. 물론 나치 강제 수용소의 소통불능과 폭력적인 경험이 최근 대한민국에서 벌어지고 있는 일련의 사건들과 같다고 하면 지나친 비약일 것이다. 그럼에도, 앞의 실례들과 심층분석 결과가 말해 주듯, 우리 사회의 여러 조직이나 집단에서 인간성에 대한 철저한 모독이 일상화되어가고, 또한 그 집단의 내부가 배려, 연민, 이성, 양심, 대화 등 우리가 통상 인간적이라고 간주하는 많은 특징들이 파괴되는 세계라는 점, 그리고 무엇보다도 그런 조직과 집단의 내 · 외부 사이의 이해나 소통부재로 인한 무의미한 죽음이 속출한다는 점에서 프리모 레비가 경험한 세계와 공통점이 있다. 그것은 분명 소통의 부재와 더불어 폭력과 자살이 난무하는 대한민국의 사회에서 프리모 레비의 책이 읽혀져야 하는 이유와 방향을 제공하는 계기가 된다.

라거의 기호체계와 현대적 바벨탑

레비는 집단적 폐쇄성과 폭력이 편재한 환경에서 소통과 이해는 물리적 · 인간적인 생존과 직결된 가장 중요한 수단이며, 불통은 인격적 죽음이건 물리적 간에 죽음을 의미한다고 믿었다. 그런 이유로, 소통과 이해의 문제는 그의 작품과 생애를 관통하는 중요한 주제였다. 이 주제는 그의 증언집 중 특히 ≪이것이 인간인가≫와 ≪휴전≫, 그리고 ≪익사한 자와 구조된 자≫의 에피소드들을 통해 적나라하게 드러난다.

따라서 우리는 이들 세 증언집을 중심으로 소통불능을 야기하는 것이 무엇인지 또 그것이 가로막혔을 때 어떤 끔찍한 사태가 발생하는지, 그리고 그것을 회복하기 위해 레비가 제시한 해법이 무엇인지를 살펴볼 것이다.

소통의 진정한 가치는 언어가 정상적인 기능을 하지 못해서 인간 상호간의 이해가 가로막혔을 때 비로소 극명하게 인식된다. 그런 의미에서, 레비는 소통의 보다 심오한 의미를 아우슈비츠에서의 소통 불가능한 상황, 정상적인 언어의 기능이 가로막히는 상태와 그러한 상황이 수인에 미치는 파괴적인 영향을 통해 보여준다. 아우슈비츠에서 소통불능은 그가 현대적 바벨에 비유하는 라거의 기호체계 때문에 야기된다. 이 체계를 알기 위해서 우리는 먼저 그것이 어떤 것들로 구성되어 있는지를 살펴봐야 한다. 아우슈비츠에서는 정상적인 언어가 아닌 그곳에서만 통용되는 자폐적인 언어인 '라거 은어'[2]가 가장 중요한 소통(정확히 말하자면 정보전달) 수단이다. 그런데 이 라거 은어는, 수용소의 희생자와 압제자 모두의 언어가 포함된 모든 유럽 국가들의 언어가 뒤섞여서 사용되기 때문에, 본질적으로 다언어(혼성어)적인 성질을 갖는다. 그렇다고 모든 유럽언어들이 평등하게 사용된다는 뜻은 아니다. 라거의 일상에서 덜 통용되는 언어일수록 그 언어를 사용하는 사람들의 생존은 그만큼 줄어들 수밖에 때문에, 라거 은어 사이에 계층이 나누어진다. 가장 상층부에는 압제자의 언어인 독일어가 있고, 하층부엔 수용소의 회색분자 관리인들이 사용하는 폴란드어와 이디시어, 헝가리어가 있으며, 그리고 라거 은어의 최하층부의 타자적 언어로 희생자들의 파편화된 언어들이 존재한다. 이것은 수용소의 모든 거주자가 정의상 외국인이라는 뜻이고, 더 나아가 레비와 같은 이탈리아계 유태인[3]은 하층부 언어의 가장 밑바닥을 차지하기 때문에 생존을 위해선 외국어들을 닥치는 대로 집어삼켜야 한다는 것을 의미한다. 레비는 이들 외국어를 "허기진 정신에

소화되지 않는 음식"에 비유한다. '정신에 흡수되지 않는 음식', 라거의 외국어들은 이해하거나 기억하는 데 아무런 도움이 되지 않는 단순한 명령어나 비속어와 모욕적인 욕설들로만 채워져 있다. 이런 말들을 이해하려는 노력은 일상의 투쟁(배고픔과 피로에 대한)에 도움이 되기는커녕 오히려 생존의 기회를 감소시킬 뿐이다. 따라서 라거에서 생존의 가능성을 높이기 위해서 배워야 할 필수적인 덕목은 이해하려고 노력하지 않는 것이다.

이처럼 독일어를 모르는 많은 수인들은 몰이해를 미덕으로 삼고 매순간을 살아내기 때문에, 나치스와 수용소 관리인(kapo, 카포)의 말을 듣고 그대로 흉내 내서 말을 할 수밖에 없다. 가령, 동물의 식사법을 뜻하는 'fressen'이라는 말의 사용은 그런 현상을 암시적으로 보여준다. 수용소의 배급 시간마다 카포는 수인들을 비웃거나 놀리기 위해서 fressen이라는 단어를 사용해서 그들을 부른다. "Wer hat noch zu fressen?누가 처먹을 거냐?"[4] 그러나 "선 채로 숨 쉴 겨를도 없이 입천장과 목구멍을 데어가며 정신없이 먹는"[5] 수인들에게는 그 모욕적인 말이 들리지 않는다. 이미 그러한 상황이 너무 편재되어 있기 때문에 카포가 동물적 행위를 묘사하는 탈인간적인 어휘를 수인들에게 적용해도 거부감을 느끼지 못하는 것이다. 오히려 은밀히 퍼져나가는 그 폭력적인 어휘들은 그들 사이에서 일반적으로 통용되는 말이었다고 레비는 담담하게 고백한다. 결국 그들 자신도 모르는 사이 탈인간화의 과정에 공모적인 역할을 담당하게 된 수인들은 압제자의 의지에 따라 동물에게 가해지는 폭력도 그대로 감내해야 하는 덫에 갇히게 된 셈이다.

절멸 수용소의 기호체계는 언어적인 것뿐 아니라 숫자 중심의 이름 코드(문신으로 새겨진 수인번호), 그리고 어조나 소리의 높낮이 등 언어 외적인 것들도 포함된다. 특히 숫자는 수인들이 수용소의 영역으로 들어가는 순간부터 그들의 정체성과 주체성의 기호인 이름을 지워내고 그들이 인간이 아닌 해프틀링Haftling, 포로임을 확인시키는 지시도구이다. 그런데 이 도구는 수인과 숫자-이름 사이의 일대일 관계조차도 단단하게 묶어 주지 않는다. 오히려 단순한 생존의 압력에 의해서 언제든 쉽게 부서질 수 있게 만들어 버린다. 수인과 숫자 사이의 이 취약한 관계는 ≪익사한 자와 구조된 자≫에서 막사의 수인들이 배급을 받는 과정을 묘사하는 레비의 회상에서 잘 드러난다. 레비의 기억에 따르면, 배급을 받는 수인들은 그들의 번호가 호명될 때 놀라움에 허를 찔려 순번을 놓치지 않기 위해서는 줄을 서서 그릇을 들고 미리 대기하고 있어야 한다. 그보다 더 좋은 방법은 자기 바로 앞의 급식 표를 가진 동료가 호명될 때 몸을 날려 뛰어오르는 것이라고 레비는 덧붙여 설명한다.[6] 그가 보기에, 아우슈비츠의 수인이 제 숫자-이름이 아닌 또 다른 동료 수인의 숫자-이름을 부르는 소리에 반응하는 이 상황은 먹이를 받아먹을 때마다 종에 반응을 보이도록 길들여진 파브로프 실험개Pavlovian dog의 비참한 상황과 다를 바 없다. 먹이가 아닌 종의 울림이 개의 즉각적인 침타액분비를 촉발시키듯, 숫자호명은 아우슈비츠의 수인들이 그들 자신의 정체와 세계에 도착적으로 반응하게 한다. 이것을 달리 말하면, 그들을 추동하는 동기는 상호간의 소통과 이해의 욕구가 아니라 순간적인 생존에 대한 욕구이다. 오로지 생존욕구에 갇힌 수인들에게 인간적인 이해과 소통은 그리 중요한 문제가 아니게 된다.

레비의 두 번째 증언집인 ≪휴전≫(수용소의 해방의 순간과 이후 그의 고향 튜린으로 귀향하는 긴 여정을 다룬 책)의 휴르비넥의 이야기 역시 이러한 언어의 혼란이 그 피해자들에게 미칠 수 있는 가공할 만한 힘을 적나라하게 보여준다. 휴르비넥은 세 살가량의 남자아이인데, 태어나서 아우슈비츠 이외의 어떤 세계도 보지 못했기 때문에 아우슈비츠의 아이로 불린다. 사람들은 그에 대해 아는 바가 아무것도 없고, '휴르비넥'이라는 이름조차도 그가 임시적으로 수용된 곳에 함께 있던 수인들이 지어준 것이다. 그런데 레비는 하반신이 마비되어 움직일 수도 없고 심지어 말도 할 줄 모르는 그 아이의 눈에서 섬뜩하리만치 강한 욕망과 의지를 보았다고 회상한다.

> 수척한 삼각형의 얼굴 속에서 푹 꺼진 아이의 두 눈은 끔찍하리만치 생생하게 빛을 발하고 있었고, 요구와 주장들로, 침묵의 무덤을 깨부수고 나오려는 의지로 가득했다. 아이에게는 결여된, 아무도 그에게 가르쳐주려 한 적 없는 말, 그 말의 필요성이 이 아이의 시선 속에서 터질 듯한 절박함으로 압박해 왔다.[7]

태어나면서부터 그에게 결핍되어 있었고, 아무도 그에게 가르쳐 주지 않았던 말을 끌어내기 위해서 고군분투하는 휴르비넥을 도운 사람은 열다섯 살 난 헝가리 소년, 헤넥이었다. 하루 중 절반을 그의 침대 곁에서 보내며 부모와 같은 보살핌을 준 헤넥의 도움으로 마침내 휴르비넥은 말을 하게 된다. 하지만 그가 어렵게 내뱉은 말은 그냥 분절적인 단어로 들릴 뿐 정확한 뜻을 알 수 없었다. 사람들이 그의 말을 알아듣기 위해 갖은 노력을 다했지만 어느 누구도 그의 말을 이해할 수 없었고, 결국 그가 내뱉은 한 단어는 미스터리로 남게 된다. 레비의 증언에 따르면, 야만적인 폭력으로부터 추방당한 뒤 인간 세계로 들어오기 위해 마지막 숨을 거둘 때가지 투쟁을 멈추지 않았던 휴르비넥은 1945년 3월 초에 "자유의 몸이 되었지만 인간성을 회복하지 못한 채 죽었다."[8] 요컨대 휴르비넥의 침묵과 그의 죽음은 라거 은어에 가로막힌 소통불능과 그로 인해 야기되는 치명적인 결과를 단적으로 보여주는 것이다.

다양한 요소로 구성된 라거의 기호체계의 통약 불가능성과 폭력은 그곳에 거주하는 사람들을 무력한 생존기계로 변형시킨다. 그리고 생존기계로 전락한 희생자들은 너무 비인간화되어서 자신들이 처한 상황을 제대로 인식하지 못하고 다른 사람에게 이해시킬 능력도 없다. 또 나치스는 '최종 해결'이라는 절멸 과정을 통해 물리적인 증거와 증인들을 모조리 없앴기 때문에 그곳에 없었던 사람들에게 그들의 이야기(증언)를 말한다 해도 아무도 믿어 주지 않을 것이라고 생각한다. 결국 라거의 비인간적인 언어체계와 물리적인 폭력에 굴복한 피해자들은 그들의 눈앞에서 벌어진 사건을 제대로 증언할 수 없는 내부 증인이 된 셈이다.

'알고 있지만 믿지 못하는 희생자'에서 '알고 있는 생존자'로의 변형

한계사건을 직접적으로 경험한 레비와 같은 피해자들은 목격-증언자들이다. 정신분석학자인 도리 라웁Dori Laub은 그들을 "내부 증인a witness from inside"[9]이라고 부른다. 라웁에 따르면, 홀로코스트를 직접적으로 목격한 내부 증인들은 그들에게 일어난 사건들을 온전히 파악할 수 없다. 아우슈비츠의 내부에서, 희생자들은 물리적으로 말살되고 살해될 뿐 아니라 인지적 · 지각적으로도 파괴되어 물질-대상으로 변형되기 때문이다. 비인간적인 대상으로서 변형된 희생자들은 그들의 탈인간화적인 경험을 제대로 인식하고 말할 수 없다. 그리하여 자기 자신에게로 돌아가는 길을 잃어버린 희생자들은 종국엔 인간으로서 자기-기원을 망각하기에 이른다. 게다가 그들의 이야기를 믿어 주고 이해할 사람이 없는 외부적 현실도 희생자들의 자기-기원의 망각에 큰 몫을 담당한다. 탈(비)인간화 작업에 참여한 나치스는 안에서 벌어진 사건이 밖으로 새어나가지 못하도록 철저하게 은폐하고, 심지어 연합군의 병사들 역시 수용소에서 벌어진 상황을 목격하고도 그것을 진정으로 보지 못했노라고 말한다. 왜냐하면 홀로코스트의 극악하고 야만적인 폭력은 그들의 이해의 틀을 넘어서기 때문에 보고도 믿을 수 없게 만들기 때문이다. 만약 홀로코스트의 야만성을 직접적으로 목격한 내부 증인들과 그들의 목격담을 들어주고 확증해 줄 외부증인들이 없다면, 나치스들이 범한 야만적인 악행과 피해자들이 입은 상처와 고통은 존재하지 않게 된다. 또한 수인들은 야만적인 폭력으로 벗겨진 그들의 인간성을 되찾지 못한 채 인간세계로 복귀한다면 철저한 타자로서 단순한 생존을 살아야 한다. 따라서 사실의 진실성과 피해자들의 인간세계로의 복귀(재통합)를 위해서는 극한의 폭력에 의해 파괴된 내부 증인을 되살려서 외부 증언자와 만나게 해야 한다. 그러나 외부로 통하는 길이 완전히 차단되고 심지어 자신에게로 돌아가는 길조차 잃어버린 생존자가 어떻게 그 일을 혼자 힘으로 해낼 수 있겠는가?

바로 이러한 문제를 해결하기 위한 전략으로, 소사나 펠만Shoshana Felman과 도리 라웁Dori Laub은 '사후 증인a witness after a fact'을 창출할 것을 제안한다. 사후 증인은 홀로코스트와 같은 트라우마적 사건현장에 없었지만 그곳에 있었던 피해자가 충격으로 인해 당시에는 할 수 없었던 이야기를 풀어내도록 강한 의지를 가지고 경청하는 청자이다. 비록 완전하지 않더라도 당시의 일들을 청자에게 설명하는 과정에서 트라우마의 피해자(파괴된 내부증인)는 그 자신을 이해할 수 있게 된다. 이 일을 가능하게 해 주는 것이 바로 청자의 역할이다. 트라우마의 피해자는 다른 사람을 이해시키기 위해 설명을 하는 과정에서 제 자신의 심적 능력을 넘어서는 경험으로 말미암아 마비되었던 이성과 이야기할 수 있는 능력을 사용하게 된다.

바로 이 시점에서 피해자는 그 경험을 이성적으로 통제할 수 있는 화자로 거듭나게 되는 것이다. 청자의 협력을 통해 창출되는 바로 이 대화(서사)적 관계는 과거엔 불가능했던 증언공동체를 형성하고, 또 증언을 가능하게 하는 것이다. 지금 우리가 보기 시작한, 펠만과 라웁의 전략은 레비의 소통과 증언 프로젝트에 있어 매우 중요한 수단이다. 문제는 이들의 연구가 제시하는 증언 전략을 레비가 어떻게 구체적으로 적용하느냐 하는 것이다. 필자가 앞으로 중점을 두고 탐색하고자 하는 것은 펠만과 라웁의 전략을 기반으로 해서 소통과 증언의 가능성을 찾는 레비의 구체적인 방법이다. 레비는 홀로코스트의 피해자, 생존자, 화학자, 그리고 작가(번역가), 강연자 등의 다양한 입지를 통해서 소통 프로젝트를 수행한다. 필자는 이러한 역할들 중에서도 생존-작가(번역가)로서의 레비가 과거에서는 불가능했던 언어(특히 문학적 언어)를 통해 대상-청중을 창출하는 방법을 보다 더 면밀히 살펴보고자 한다.

문학적 언어를 통해 증언공동체를 창출하는 레비의 구체적인 방법을 탐색하기 전에 우리는 먼저 앞에서 언급한 '내부 증인'의 관념을 세분화할 필요가 있다. 왜냐하면 얼핏 보기에, 내부 증인의 상대 쪽인 외부 증인(청자, 대화 상대자)만 찾으면 손쉽게 증언공동체가 창출되고 증언이 발생할 것으로 생각될 수 있기 때문이다. 그러나 트라우마적 사건의 피해 당사자는 내부 증인이라는 말로 설명하기에 다소 복잡하고 미묘한 상황에 놓여 있다. 그것은 다시 내부 증인에 대한 펠만과 라웁의 설명으로 돌아가 보면 알 수 있다. 그들에 따르면, 내부 증인은 그/그녀의 심적 능력(인식의 틀)을 넘어서는 트라우마적 사건으로 말미암아 외상을 입은 사람이다. 따라서 그때의 경험은 그/그녀의 마음에서 정상적으로 처리되지 못하고 의식의 저편에 묻혀 있다가 나중에 인식된다. 결국 내부 증인의 파괴는 트라우마적 사건을 경험한 당사자가 직접 보고도 믿지 못하는, 목격하고도 증언하지 못하는 역설적인 상황에서 기인하는 것이다. ≪열정적인 임무Arduous Tasks≫에서 리나 N 인사나('엔'이나 '앤'으로 표기, Lina N Insana)는 내부 증인의 이 같은 역설적인 상황을 생존주체의 "알고 있는 희생자와 쉽게 믿지 못하는 잠재적 증인"[10]의 이중적인 양상으로 세분화한다. 따라서 보다 구체적으로, 파괴된 내부 증인의 복구는 바로 이 생존자 주체의 이중적인 양상이 통합되어야 가능한 일이 되는 것이다.

이 같은 생존자 주체의 이중적인 양상은 레비가 해방 된 직후에 출간한 그의 첫 증언집 ≪이것이 인간인가≫의 첫 장과 두 번째 장에서 잘 드러난다. 이 두 장은 레비와 유럽 각지에서 끌려온 유대인들이 영문도 모른 채 호송차에 실려 대수용소에 입문하게 되는 과정과 그 경험을 묘사하고 있다. 아우슈비츠의 문을 넘어서는 순간 레비와 그의 동료 유대인들은 모든 인간성이 벗겨지는 트라우마적 상황과 맞닥뜨리게 된다. 가공할 충격으로 말문이 막힌 레비는 자신들이 처한 상황이 수용소 밖의 사람들에게 이해받기 힘들 것임을 감지한다.

> 우리는 바닥에 떨어져 있다. 밑으로는 더 이상 내려갈 곳이 없었다. 이보다 더 비참한 인간의 조건은 존재하지도 않았고 상상할 수도 없었다. 우리 것은 이제 아무것도 없었다. 그들은 옷, 신발, 심지어 머리카락까지 빼앗아갔다. 우리가 말을 해도 그들은 우리의 말을 듣지 않을 것이다. 설사 들어준다 해도 이해하지 못할 것이다. 그들은 우리의 이름마저 빼앗아갈 것이다. 우리가 만일 그 이름을 그대로 간직하고 싶다면 우리는 우리 내부에서 그렇게 할 수 있는 힘을 찾아내야만 할 터였다.[11]

바로 이 같은 인간성의 가장 밑바닥에서 레비는 단순한 생존을 위한 행위 이외의 모든 일들은 낭비라고 생각한다. 그리하여 수용소 생활 일주일 만에 그는 청결의 욕구까지 잃어버렸다고 고백한다. 하지만 과거 오스트리아-헝가리 제국 하사관이었던 동료 수인, 슈타인라우프는 비록 이탈리아어가 서툴렀지만 매우 단호한 어조로 레비의 그런 태만한 자세를 나무라며 그에게 귀중한 가르침을 준다. 작가로서의 레비는 그의 말들을 정확히 옮겨 쓰지 못한다는 점, 그리고 그의 서툰 이탈리아어와 훌륭한 군인다운 단순 어법을 눈앞의 사건을 보고도 믿지 못했던 자신의 언어로 옮겨야 한다는 사실에 마음 아파한다. 그럼에도 증언 작가가 된 지금까지 슈타인라우프가 한 말의 뜻은 잊지 않았노라고 힘주어 말한다. 레비가 기억하고 있는 슈타인라우프의 가르침의 내용은 정확히 증언의 임무이다.

> 수용소는 우리를 동물로 격하시키는 거대한 장치이기 때문에, 바로 그렇기 때문에 우리는 동물이 되어서는 안 된다. 이곳에서도 살아남는 것은 가능하다. 그렇기 때문에 나중에 이야기하기 위해서, 똑똑히 증언하기 위해서 살아남아야 한다는 의지를 가져야 한다. 우리가 노예일지라도, 아무런 권리도 없을지라도, 갖은 수모를 겪고 죽을 것이 확실할지라도, 우리에게 한 가지 능력만은 남아 있다. …그 능력이란 바로 그들에게 동의하지 않는 것이다.[12]

레비는 그 당시엔 자신이 어두운 암흑의 세계와 대면하고 있었기 때문에, 이 마음씨 좋은 슈타인라우프의 가르침을 부분적으로 이해하고 수긍할 수밖에 없었다는 말로 그에 대한 소회를 마친다.

우리는 서툰 이탈리어지만 그럼에도 솔직하고 명백한 슈타인라우프의 말을 자신의 언어로 옮기는 과정, 즉 에피소드가 일어났던 당시의 상황에서 스스로 믿지 못했던 한 인간의 언어를 현재 작가의 말로 옮기는 과정을 주목해서 봐야 할 필요가 있다. 왜냐하면 이 과정은 트라우마의 피해자와 외부증인인 청자, 그리고 증언의 문제, 그리고 과거와 현재 사이의 관계를 포함한 여러 차원에서 매우 중요한 순간이기 때문이다. 먼저 수용소의 수인으로서 외상을 입은 레비와 그에게 증언의 본질을 가르치는 슈타인라우프 사이의 관계를 살펴보자. 슈타인라우프를 만나기 직전까지 레비는 그의 눈앞에서 벌어진 사건을 보고도 그것을 제대로 인식하지 못하는 희생자로서 모든 의욕을 잃은 상태였다. 그러나 슈타인라우프의 연설을 통해 그는 처음으로 청자의 자리에 선다. 또 다른 희생자의 주체성과 그의 증언자 입지를 인정해 주기 위해 그의 말을 경청하는 수인-레비는 증언자가 되기에 앞서 먼저 청자가 된 것이다. 그러면서 동시에 그는 생존 작가로서 과거의 사건을 되살려서 기록하는 작업을 하고 있다. 슈타인라우프의 불확실하지만 뜻이 분명한 가르침을 현재의 독자들에게 번역해 주는 일을 하고 있는 레비는, 외상을 입은 수인과 생존 작가의 역할에 걸쳐 있는 매개적인 위치에 있다. 여기서 과거와 현재, 트라우마적 사건과 재발생, 수인-레비와 생존 작가-레비(실제적인 산 경험과 글쓰기) 사이의 복잡한 작용이 발생한다. 텍스트 내부의 수인으로서의 레비는 또 다른 피해자의 이야기를 들어주는 청자이면서 동시에 사후적인 글쓰기를 통해 텍스트 안의 트라우마적 경험을 텍스트 바깥의 독자들을 위해 번역하는 작업을 하고 있는 것이다. 바로 이 과정에서 레비는 자신을 예전 언어를 "믿지 못하는"[13] 것으로 묘사함으로써 현재의 그를 '믿고 있는', 그리고 '알고 있는' 생존자로 차별화한다. 이것은 눈앞에서 벌어진 사건을 목격하고도 믿지 못하는(그럼으로써 증언하지 못하는) 이중적인 생존주체에서 '알고 있는 생존자'로 바뀌어가고 있는 그의 변화된 입지를 나타내는 것이다.

이처럼 슈타인라우프에 관한 에피소드는 생존자 주체의 이중화된 내면이 통합되어가는 과정을 보여준다. 그럼에도 증언을 위한 증언공동체의 창출과 뚜렷한 증언자적 주체의 입지가 마련된 것은 아니다. 그렇게 되기 위해서 레비에게 자신의 이야기를 들어줄 진정한 청자가 필요하다. ≪이것이 인간인가≫의 열 번째 장 〈오디세우스의 노래〉에서 레비는 바로 그 청자를 창출하게 된다. 여기서 알자스 출신의 학생이었던 장 사무엘이 레비 이야기의 이상적인 청자(수령자)역할을 한다. 장은 레비가 일하고 있는 화학 코만도kommando(노동부대)의 잔심부름(막사 청소, 연장 정리, 반합 씻기, 코만도 작업시간 기록 등)을 하는 젊은 해프틀링이다. 사실 장이 맡은 일들은 카포의 일을 돕는 잔일이지만 수용소에서는 매우 중요하고 힘 있는 역할이다. 그 일을 맡은 사람은 수인의 위계질서에서 높은 위치를 차지하는 '피콜로'의 이름을 얻게 된다. 레비는 카포와 좋은 관계를 유지하는 특권층의 수인이었던 장이 "특권을 가지지 못한 동료들과의 관계도 소홀히 하지 않는"[14] 온화하며 친절한 청년이었다고 기억한다. 레비가 이 청년과 특별한 이야기를 나누게 된 계기는 장의 배급당번 조수가 빗자루를 훔친 사건에 연루되어 레비가 대신 그 일의 후보로 선택되었기 때문이다. 수프 배급소로 가는 길에 두 사람은 작업장 안에서는 할 수 없었던 친밀한 담소를 나누게 되고, 그 과정에서 장은 레비에게 이탈리아어를 가르쳐달라고 부탁한다. 장의 갑작스러운 요청에 레비는 단테의 ≪신곡≫ 지옥 편, 제26곡의 주요한 대목들을 생각해 내고서는 그것들을 번역하려고 애를 쓴다.

그런데 여기서 우리는 레비가 왜 그 순간에 단테의 지옥 편을 선택했는가를 묻지 않을 수 없다. 레비 자신은 "오디세우스의 노래. 어떻게, 무엇 때문에 그 생각이 내 머리에 떠올랐는지 알 수 없다."[15]고 말했지만, 많은 비평가들은 단테의 ≪신곡≫ 중 이 부분이 레비의 짧은 이탈리아어 수업 텍스트로 선택된 것은 우연이 아니라고 주장한다. 우선 〈오디세우스의 노래〉는 단테가 지옥의 제8원에서 벌을 받고 있는 오디세우스에게 그의 마지막 항해 이야기와 죽음에 관한 이야기를 해달라고 간청을 하고, 이에 오디세우스가 거침없이 그의 이야기를 들려주는 내용이다. 여기서 오디세우스와 단테 사이의 관계는 개인적인 고난의 경험을 말하는 수인-레비와 그의 이야기를 신중하게 듣는 동료 수인, 장의 관계로 대체될 수 있다. 그러나 지금 장과 그의 이야기를 하고 있는 레비는 독자들에게 오디세우스의 이야기를 전달하는 작가-단테의 입장으로 바뀔 수 있다. 그런 의미에서, 레비가 장에게 말하는 것은 "두 개의 시간과 두 개의 장소에"[16] 뿌리를 두고 있다. 먼저 수용소에서 한 수인이 다른 수인에게 말하는 것, 그리고 생존자가 아우슈비츠의 세계를 알지 못하는 세상 사람들에게 의무를 가지고 쓰는 일. 이런 이유로 해서, 앞의 레비의 말과 달리 〈오디세우스의 노래〉는 신중하고도 매우 복잡한 의도로 기획된 것임을 짐작할 수 있다.

더구나 〈프리모 레비의 오디세이Primo Levi's Odyssey〉에서 이사벨라 베르톨레티Isabella Bertoleti가 〈오디세우스의 노래〉를 "하나의 독립된 장으로 검토하는 것은 잘못된 일"[17]이라고 주장하는 근거는 이러한 짐작에 힘을 실어 준다. 그녀의 주장에 따르면, 이 장은 바로 앞의 장, 〈화학실험〉의 장과 연결해서 읽어야 한다. 왜냐하면 이 두 장은 ≪이것이 인간인가≫의 전체 장에서 큰 변화를 가져다주는 전환점 역할을 하기 때문이라는 것이다. 앞에서 슈타인라우프와의 소통적 몸짓이 다소 미약한 반면, 이 두 장에서 레비는 바벨의 어두운 세계에서 빠져나가기 위해 매우 적극적인 노력을 하고 있다. 〈오디세우스의 노래〉에서 레비는 문학적인 기억(언어)을 이용해서 폭압적인 기호체계로 인해 망각된 그의 정체와 인간성을 회복하려고 했다면, 〈화학실험〉에서는 과학적 기억의 능력을 발휘해서 그러한 회복을 시도한다.

〈화학실험〉은 레비가 아우슈비츠의 합성고무의 생산 가능성을 연구하는 전문 영역(화학실험실)에 들어가기 위해서 통과해야 하는 시험을 묘사하고 있다. 실험실의 면접장면에서 레비는 "전생의 사건이라도 기억"[18]해내야 하듯, "깊이 파묻혀 버린 일련의 기억들을 되살리기 위해서 필사적인 노력"[19]을 한다. 시험이 진행되는 동안 레비는 "모든 논리적인 능력과 모든 개념들을 자연스럽게 동원"[20]해서 "오랜 시간 동안 무기력한 상태에 있었던 유기화학의 기억저장소"[21]를 발굴하게 된다. 시험이 끝나면 다시 생존투쟁의 일상에 내몰리는 해프틀링으로 돌아가지만, 적어도 그 시간만큼은 레비에게 학창시절 그의 동창들이 부러워했던 화학도의 능력을 되돌려 주었다. 요컨대 베르톨레티에 따르면, 외관상 아무런 연관성이 없어 보이는 이들 두 에피소드는 매우 중요한 순간을 극화하고 있다. "수용소의 불쾌한 물질적인 조건이 잠시 멈추는 유예의 순간",[22] 말하자면 "노역과 고통이 잠시 중단될 때, 레비는, 어렵지만, 생각을 하기 시작하고 그 생각을 또렷이 말할 수"[23] 있게 되었다는 것이다. 게다가 이 두 장은 전체 17장 중 심장부에 위치하고 있으면서, 이들을 기점으로 나머지 장들의 이야기가 시간순으로 기록된다. 지금까지 수인들에게 정상적인 시간의 리듬은 매순간의 절박한 생존의 요구에 의해서 깨져버린 상태였다. 따라서 이들 두 개의 장을 기점으로 점차적으로 다시 나타나는 순차적인 시간의 흐름은 텍스트 내부의 수인에게 나타나는 뚜렷한 변화의 지점을 표시하는 것이다. 사유능력과 말할 수 있는 능력이 재개(회복)되는 순간을 표시하는 것.

그렇다면 이처럼 극적인 변화가 일어나는 〈오디세우스의 노래〉로 돌아가 구체적으로 레비가 어떻게 증언공동체를 창출해서 증언을 수행하는지를 마저 살펴보자. 앞에서 레비가 선택한 단테의 구절들(지옥편, 제26곡 85-91행)은 처음엔 정확하게 번역되어 낭송되지만 차츰 프랑스어에 맞는 단어를 찾는 데 어려움을 겪게 된다. 자신의 형편없는 불어실력과 구멍 난 기억력을 탓하며 레비는 절망적이 되어간다. 그럼에도 장은 매우 주의 깊게 레비의 설명을 듣고 그의 노력에 경의를 표한다. 그리고 심지어 레비가 '오래된'이라는 말을 불어로 옮기지 못하자 그 말에 맞는 용어를 제안하기까지 한다. 이런 방식으로 장은 단테의 원전과 레비의 번역 텍스트의 상호적인 수령자-청자, 독자로서 자신의 입지를 증명한다. 비록 일시적이고 완벽하지 않지만, 어쨌든 레비와 장은 어렵게 한 단어 한 단어를 말하고 들으며 의미의 망을 직조해나간다. 그리고 레비는 자신의 어눌한 번역에 대한 장의 열정적인 경청의 태도가 소중한 것을 만들어 냈다고 생각한다.

> 어쩌면 보잘것없는 번역과 진부하고 성급한 해석에도 불구하고 그가 메시지를 들었는지 모른다. 그게 자신과 관련된 이야기라고 느꼈을지도 모른다. 고된 노동을 하는 인간, 특히 수용소의 우리들과 죽통을 걸 장대를 어깨에 지고 이런 이야기를 나누는 우리 두 사람과 관련된 이야기라고 느꼈을지 모른다.[24]

레비의 서툰 번역과 '피콜로' 장의 열정적인 경청이 빚어낸 것은 '메시지', 협동적인 행위의 의미이다. 그것은 라거 기호체계의 유일하게 가능한 소통 단위였던 단순사실과 정보이상의 것을 전달함으로써, 바벨의 벽에 가로막혔던 의미화과정을 되살려 낸 것이다. 무엇보다도 이러한 성과가 레비와 장 두 사람의 공동번역 작업을 통해 이루어졌다는 것이 중요하다. 여기서 장의 역할은 레비가 번역해 주는 이야기를 수동적으로 듣는 청자의 역할에 머무르지 않는다. 그는 레비의 설명을 주의 깊게 들으면서, 동시에 번역작업에 적극적으로 참여한다. 라웁에 따르면, 장의 이 같은 행위는 공동 소유자가 지는 일종의 "연대책임"이다.

> 어느 정도에서, 대담자-청자는 이전에 화자 혼자서 짊어졌다고, 그럼으로 할 수 없다고 느꼈던, 증언의 책임을 진다. 생존자와 화자의 만남과 협력이 증언 행위를 재소유할 수 있게 한 것이다. 이 연대(공동)책임이야말로 진리를 다시 나타나게 하는 원천이다.[25]

한편, 레비는 장에게 단테의 텍스트를 번역(설명)하는 과정에서 대화자를 창출하는 가시적인 성과를 거두고 결국 제 자신의 이야기도 이해할 수 있게 된다.

> 이거야, 잘 들어봐, 피콜로. 귀와 머리를 열어야 해, 날 위해 이해해 줘야 해. '그대들이 타고난 본성을 가늠하시오/짐승으로 살고자 태어나지 않았고,/오히려 덕과 지를 따르기 위함이오.' 마치 나 역시 생전 처음으로 이 구절을 들은 것 같았다. 날카로운 트럼펫 소리, 신의 목소리가 들리는 듯했다. 잠시 나는 내가 누구인지, 어디에 있는지 잊을 수 있었다.[26]

다른 사람을 이해시키려는 노력을 통해 생존자 주체의 '알고 있는 희생자'와 '믿지 못하는 잠재적 증인'의 이중화된 양상이 통합되는 것이다. 이제 증언자로서의 입지를 되찾은 레비는 '알고 있는 생존자'로서 자신의 이야기를 정합적으로 할 수 있게 되었다. 따라서 그의 이야기는 다른 사람에게 들리지 않는, 혼란스러운 독백이 아닌 "화자와 청자의 서사적 대화"[27]로 바뀌게 된 것이다.

더 나아가, 정합적인 서사를 만들어 내는 일련의 과정에서 레비는 좁게는 개인 간의 인간적인 관계를 창출했을 뿐 아니라 보다 넓은 문학공동체와 증언공동체도 만들어 냈다. 레비가 이탈리아어로 된 텍스트를 어눌한 불어로 번역할 때, 그가 창출한 것은 단테의 신곡의 특정 구절을 위한 한 명의 청자-독자(텍스트 내부의 동료 수인)만이 아니다. 그 과정에서 레비는 다른 층위의 독자도 형성하게 된다. 번역의 원재료인 단테의 텍스트가 없는 상태에서 이탈리아어와 그 문화를 배우고 싶어 하지만 그것을 모르는 피콜로, 장을 위해 레비는 원전을 대담하게 축약하고 시적인 것을 산문의 형식으로 변형시킨다. 여기서 단테의 오디세우스에 대한 원래 버전은 레비 자신의 언어로 해석되고, 장과의 공동 번역을 통해 이해하기 쉽게 풀이된 버전으로 바뀐다. 이러한 레비의 대담한 번역행위는 이탈리아어와 이탈리아 문학을 다른 언어로 옮기는 데 따른 표면적인 어려움과 그 대담성을 말해 주는 것이기도 하지만, 그보다는 아우슈비츠의 경험을 아우슈비츠 바깥(이후)의 것으로 번역하는 일의 어려움을 비유적으로 드러낸다. 이탈리아어를 모르는 장처럼, 라거의 왜곡되고 와해된 기호체계를 이해하지 못하는 아우슈비츠 이후의 독자들을 위해 레비는 원전(아우슈비츠의 경험 자체로 비유되는 단테의 원전)을 과감하게 변형시켜 그들이 알아들을 수 있게 번역한 것이다. 그런 의미에서, 단테의 원전에 대한 그의 바뀐 버전은 아우슈비츠 수용소에 있는 장뿐 아니라 그곳에 없었던 새로운 청자-독자(그의 책을 읽는 이탈리아 독자와 외국인 독자)를 위해 마련된 것이라고 할 수 있다. 또한 레비의 번역을 통해 창출된 텍스트 안의 청자와 텍스트 밖의 독자들의 문학적인 증언공동체가 형성됨으로써 라거의 기호체계에 의해 가로막혔던 소통의 장이 확대될 가능성도 열리게 된 셈이다.

레비의 자살 — 소통의 실패, 혹은 또 다른 메시지?

≪이것이 인간인가≫에서 슈타인라우프의 연설을 듣고, 단테의 ≪신곡≫을 암송하며 증언가능성의 지평을 열어 놓았던 레비는, 40여 년 뒤 ≪익사한 자와 구조된 자≫를 쓰고 돌연 저세상으로 건너갔다. 많은 비평가들은 그의 마지막 선택을 아우슈비츠에 대한 뒤늦은 굴복, 증언의 실패, 이해(소통)에 대한 포기 등과 연관짓는 경우가 많다. 과연 그의 마지막 행위가 좌절과 단절, 그리고 실패로 이해되어야 할까? 전작들의 메타 증언으로 불리는 마지막 증언집 ≪익사한 자와 구조된 자≫에서 〈소통〉의 장은 바로 그의 마지막 행위를 바라볼 수 있게 하는 중요한 이야기를 던지고 있다. 이 장에서 레비는 소통의 중요성을 상기시키고 침묵에 대해 매우 부정적인 입장을 피력하는데, 그러한 그의 관점은 좌절, 포기와 연관된 그의 죽음에 대한 많은 비평가들 주장을 재고하게 한다. 레비는 침묵을 일종의 기호, "불확실의 기호"[28]로 간주하고, 그러한 "불확실이 불안과 의심을 만들어"[29] 내기 때문에 "병리적인 장애의 경우를 제외하고는 사람들은 소통해야 한다."[30]고 강한 어조로 말한다. 그리고 그 말에 덧붙여 "소통이 불가능하다고 말하는 것은 거짓이다. 누구나 소통할 수 있다. 소통을 거부하는 것은 추락(퇴락)이자 정신적 태만"[31]이라고 주장한다. 일견, 유서로 간주되는 그의 마지막 증언집에서 레비는 '침묵' 혹은 '실패한 소통'과 '불가능한 소통'과 같은 말에 격한 반감을 드러내고 있는 것이다. 사실 이 격한 감정의 표출은 이성적이고 과학적인 태도로 글을 써왔던 레비의 글쓰기 어조와 맞지 않다. 그럼에도 그가 좀체 드러내지 않던 분노의 감정을 표출한 것은 '소통불가능성'이라는 말에서 라거의 기호체계에서 이미 경험하고 또 해방 직후에도 여전히 수인들의 삶을 지배했던 침묵과 이성적 마비, 굴종, 그리고 죽음의 그림자를 발견했기

때문이다. 레비는 라거의 체계적이고 극단적인 폭력이 수인들의 증언능력과 상호적인 이해를 파괴하고 그들을 귀머거리와 벙어리로 변형시키는 과정을 목격했고, 또 그러한 침묵이 그들로 하여금 나치스의 무자비하고 "무용한 폭력the useless violence"[32]에 수동적으로 굴종하게 한다는 것을 뼈저리게 느꼈다. ≪익사한 자와 구조된 자≫에서 레비가 경고하듯, 타인의 의지가 도전받지 않고 의문시되지 않을 때, 명백한 무관심, 무지가 증가하고, 그것은 결국 미래의 또 다른 아우슈비츠를 키우는 사육장 역할을 하게 된다. 레비는 1970년대 담론을 관통했던 '소통 불가능성'이라는 말에서 그가 수용소에 경험했던 소름끼치는 무지와 냉담한 무관심의 기미를 포착했다. 그리고 후일, 그는 이 낌새를 아우슈비츠에 대한 진부하고 정형적인 질문을 하는 독일의 어린 학생들과 독자들에게서도 발견한다. 레비에게 그들은 정신적 태만에 빠져 있는, 그럼으로 그가 경종을 울려서 반드시 흔들어 깨워야 하는 청자들은 아니었을까?

언어폭력
— 언어의 잉여물들

언어는 이성의 산물이고 폭력은 물질적이라는 것이 일반적인 생각이며, 이러한 이성을 계몽적 이성이라고 부른다. 하지만 그러한 언어가 폭력의 수단이 될 수도 있다. 말의 표현적이고 수행적 측면은 언어의 물질성을 보여주며 이것은 문법적이고 규범적 언어를 넘어서는 언어의 과잉적 혹은 잉여적 특징이라고 할 수 있다. 들뢰즈는 언어의 화행성을 강조하면서 언어가 힘의 관계를 표현한다고 보았으며 메를로-퐁티 역시 신체와 몸짓에 의한 언어의 표현성을 강조하고 지각된 말들 간의 연합을 나와 타인의 일차적인 관계로 본다. 언어의 틀은 그 언어를 사용하는 사회 구조의 틀과 밀접하게 연관된다. 따라서 상징적인 질서 안에서의 언어의 잉여적, 폭력적 특징은 사회를 비춰 주는 거울이다.

정지은

언어 표현 — 이성의 소통인가, 폭력의 발현인가?

언어와 폭력의 결합은 그 자체가 새로운 현상이기 때문에 특별한 설명을 요구한다. 왜냐하면 일반적으로 폭력은 신체에 가해지는 물리적 폭력을 의미했던 반면에 언어는 그러한 폭력을 예방하기 위한 수단으로 여겨졌기 때문이다. 가령 계몽주의는 언어가 이성에 기반을 두고 있으며, 대화와 토론을 통한 합리적 일치가 폭력을 예방할 수 있다고 생각함으로써 언어와 폭력을 구분하고 있다. 물론 언어 안에서도 폭력을 논할 수 있지만, 이 폭력은 이성에 근거한 것이며 "법들과 함께 하는 싸움"이다.[1]

1969년 프랑스 낭테르 대학의 인문대 학장으로 취임한 뒤, 권위에 도전하는 68학생운동의 물결 속에서 쓰레기를 뒤집어쓰는 물리적 폭력의 희생자가 되었던 폴 리쾨르는 이 사건이 일어나기 전에 대화를 통한 합리성의 회복에 대해 말했던 적이 있다. 그는 이 글에서 비록 폭력이 발생하더라도 그것이 이성의 궤도 안에서의 폭력이라면 그러한 폭력은 더욱 근본적인 폭력을 부인할 수 있다고 말하면서 이성의 힘을 강조했다.[2] 하지만 그 이후 그가 침묵하는 것을 보면 그 역시 저 사태를 겪으면서 더 이상 이성의 힘을 믿지 않는 것처럼 보인다.

여기서 우리는 질문을 던질 수 있다. 언어는 문화적 상징물이며, 오로지 이성의 한계 안에 있는 것인가? 언어는 물질적 폭력과 완전히 다른 것일까? 욕설이나 비방에는 그 언어가 포함하는 기표적 의미를 초과하는, 혹은 그러한 의미로 환원될 수 없는 물질성이나 정념이 포함되어 있지 않은가? 이성의 이름으로 언어를 말하는 철학자들은 언어의 구체성, 체험으로서의 언어를 보지 못하는 것은 아닌가? 종이 위에 그려진 흑백의 선들에 주의하면 글은 더 이상 읽힐 수 없고, 말해진 소리에 주의하면 그 말의 의미가 전달될 수 없다는 점, 언어의 관념성과 언어의 물질성이 동시에 전달될 수 없다는 점은 인간의 모든 상징적 활동 가운데에서 언어만이 가지고 있는 고유한 특징이다. 그렇지만 동시에 언어가 표현의 도구인 종이 위의 선들과 소리, 음향이 없이는 존재할 수 없다는 점, 인간의 표현 활동에 대한 참조 없이 언어를 생각할 수 없다는 점을 인정해야 한다. 언어적 관념에는 아래로부터, 다시 말해 체험으로부터 언어를 구성하는 구체적인 요소들이 포함되어 있다. 그런 점에서 메를로-퐁티는 회화든 음악이든 언어든 표현은 이미 확립된 내적인 사유가 단지 외현되는 것만이 아니며, 표현된 의미와 표현 활동 자체를 분리할 수 없다고 말한다.

언어를 제도화된 언어의 테두리 안에서만 바라보지 않는다면, 언어의 구체적 체험 또한 언어의 의미를 구성하는 요소라고 생각하면 우리는 언어 안에서의 폭력을 예상할 수 있다. 그리고 이러한 언어폭력은 제도화된 언어를 초과하는 측면을 가질 것이며, 표현활동과 직접적으로 관련된 언어일 것이다. 실상 우리 주위에 그런 언어폭력의 사례들은 너무나도 많다. 증오와 혐오의 표현들, 상대를 비하하는 표현들은 모두 언어 일반과 관계하지만, 포착할 수 없는 무언가를 동시에 내포한다. 이와 더불어 이해할 수 없는 낯선 언어들이 듣는 이에게 충격으로 다가올 수 있다는 점에서 폭력적이라고 할 수 있다. 언어를 폭력적으로 만드는 것, 언어를 초과하는 그것은 무엇일까? 메를로-퐁티는 표현 행위가 표현된 의미와 밀접하게 연결된다고 말한다. 그랬을 때 언어를 초과하는 측면은 언어의 지각적 측면에서 찾아질 수 있을 것이다. 그리고 그러한 지각된 언어가 내가 타인과 갖는 구체적이고 생생한 관계 안에 놓인다고 본다면, 언어 가운데서도 파롤이 문제가 될 것이다.

메를로-퐁티는 언어폭력을 다루지는 않는다. 오히려 그에게 말이 가질 수 있는 폭력성은 말하는 주체가 자기 자신의 변화를 만들어 낼 수 있는 계기, 말하는 주체를 새로운 공통적 의미세계로 향하게 하는 계기처럼 순화된다. 표현하는 말의 의미는 미래를 향해 있으며, 그것이 바로 말의 기능이다. 말의 기능은 "말할 수 있는 것 이상의 것을 말할 수 있는 힘, 말 자체를 앞지를 수 있는 힘"에 의해 정의되며, 그때 관건은 "나는 알지만 타인은 아직 이해하지 못하는 무엇으로 타인을 던져 놓는 것, 나 자신을 내가 [장차] 이해할 무엇으로 옮기는 것"이다.[3]

반면에 들뢰즈에게 언어는 힘의 관계를 표현한다는 점에서 직접적으로 폭력성을 드러낸다. 그는 언어가 갖는 수행적 힘이 권력을 행사하는 수단이나 권력을 무너뜨리는 수단이 될 수 있다고 생각한다. 사회의 몸체를 형성하는 것은 이를테면 다수파가 갖는 언어의 힘이다. 따라서 그러한 권력을 중지시키려면 소수파의 언어를 계발해야 한다. 메를로-퐁티와 들뢰즈에게서 볼 수 있듯이 언어는 그 언어를 사용하는 공동체와 떨어뜨려 생각할 수 없으며, 특히 언어가 지닌 표현적 속성들은 공동체를 유지하거나 공동체를 넘어서는 힘으로서 기능할 수 있다.

우리가 다루려는 것은 파롤이다. 특히 파롤의 표현적이고 수행적인 측면, 다시 말해 언어를 구성하되 외적으로 구성하는 요소들을 다룰 것이다. 인간들은 모두 말을 사용하고 말로서 자신을 표현하지만 그것의 사용과 표현에서 외적인 요소들이 개입될 수밖에 없다.[4] 가령 몸짓, 소리, 그리고 정념, 세계는 말이 수반하는 것들이며, 화자의 통제를 벗어난 발화의 효과로서만 알려진다. 말은 언어의 체계를 열고 언어를 살아 있게 만든다. 이는 언어적 의미의 세계가 말하는 행위를 통해 보다 심원한 삶의 세계와 연동되기 때문이다.

파롤 — 랑그 — 세계

필립 로스의 소설 ≪해부학 수업*The anatomy lesson*≫에는 주인공인 유태인 작가, 주커만이 병원에서 요양 중인 어머니를 방문하는 장면이 나온다. 치매에 걸려 죽을 날만을 기다리고 있던 그녀는 이름을 적어보라는 의사의 요구에 이름 대신 '홀로코스트'라는 단어를 적는다. 완고했던 아버지와는 달리 늘 복종적이고 가족의 일상적 삶 바깥으로는 눈을 돌린 적이 없었던, 그래서 유태인이라는 출신이 특별한 중요성을 가지리라고는 생각해 본 적이 없었던 어머니에게 유일하게 남은 기억과 표현이 홀로코스트라는 사실은 주커만에게 강한 인상을 남긴다. 침묵을 강요당했던 단어인 홀로코스트, 이 억울한 침묵의 단어가 치매의 상태에서 돌연히 떠오른다는 사실은 무엇을 의미하는가?

다른 사례를 보자. 앞의 사례가 한 개인에게 있어서의 말의 문제였다면 이 경우는 타인과의 대화에서 빈번히 벌어지는 일이다. 샘 멘데스 감독의 〈레볼루셔너리 로드〉는 서로 전혀 다른 세계관을 가진 한 부부의 비극적 이야기를 다루고 있다. 실상 이 영화에서 다뤄지는 부부들은 모두 세 쌍이라고 볼 수 있는데, 각각 다른 (비)소통의 방식을 보여준다.[5]

주인공으로 등장하는 첫 번째 부부의 남편은 가족이 자신의 삶의 중심인 전형적인 소시민적 남성이며, 부인은 자아의 성취가 가족보다 우선하는 여성이다. 이 둘의 대화는 합의와 최악의 대립을 반복한다. 사실상 합의는 최악의 대립을 가리는, 일시적이고 외양뿐인 가면이다. 그런데 대립의 상황에서 부부는 상대방의 정체성의 핵심을 건드리는 말의 폭력을 행사하기에 이른다. 여자는 평범한 가족을 유지하려 하지만 그럴수록 야망과 욕망을 상실한 남자로서 자신에 대한 자괴감을 떨쳐버리기 힘든 남자에게 '남자가 되라'고 말하고, 남자는 가정으로부터 벗어나 자기 자신을 찾으려 하지만, 정작 자신이 무엇을 원하는지 잘 알지 못하는 여자에게 자신의 아이를 원망하고, 심지어 뱃속의 태아를 죽이려는 '정신병자'라고 말한다.

이들의 이웃인 두 번째 부부는 남편과 부인 모두 진실이 아님을 잘 알고 있는 그런 거짓말 속에서 둘의 관계를 유지한다. 주인공 부부에게 집을 소개시킨 세 번째 부부의 부인은 심한 히스테리증자로 주변사람들을 피곤하게 만든다. 수학박사이면서 정신병을 앓고 있는 그녀의 아들은 모든 것을 판단하고 처리하려는 어머니에게 언어적으로만이 아니라 물리적으로도 폭력을 행사했음을 영화는 암시하고 있으며, 그녀의 남편은 그녀의 히스테리 증상이 분출되는 말의 홍수가 시작되려는 순간 자신의 보청기를 꺼버린다.

필립 로스의 소설에서 등장하는 폭력은 한 집단이 다른 어떤 집단에게, 그리고 그 구성원들 각각에게 행사한 폭력이다. 그리고 여기서 언어는 마치 희생자가 무의식적으로 간직했던 트라우마를 표현하는 유일한 수단처럼 나타난다. 홀로코스트라는 최종적 단어는 언표될 수 없었던 내부의 외침에 고정점을 마련해 준 것이라고 볼 수 있다. 여기서 문제가 되는 것은 집단의 세계가 한 개인의 세계를 파괴하는 폭력, 그리고 그러한 폭력으로 말미암아 자신의 세계와의 관계를 박탈당했던 소외된 자의 세계 회복을 표현하는 언어이다. 두 번째 사례인 샘 멘데스의 영화에서 나타나는 언어는 주체와 주체 사이에 직접적으로 놓인다. 대화의 주체들은 말의 주체들이며, 영화에서 그려진 바에 따르면 말은 칼날처럼 상대방의 영혼에 상처를 입힌다. 공격받는 자는 말의 폭력에 맞서 이제 자신의 비수와 같은 말을 꺼내들거나, 아니면 침묵이라는 방패로 자신을 무장한다.

첫 번째 사례의 언어는 글이고, 두 번째 사례는 말이다. 이 두 사례에서 우리가 발견하는 것은 글이 개인에게 속한다는 사실과 말이 타인과의 관계의 장에서 발견된다는 사실이다. 이것은 우리의 상식을 벗어나는데, 왜냐하면 우리는 글의 토대를 사회적이며 보편적인 특징을 지닌 랑그로 알고 있으며 반면에 파롤은 보편적이라기보다는 개인적이고 구체적인 특징을 가진다고 알고 있기 때문이다. 그리고 이와 같은 규정에는 어떤 관습적 사유가 함축되어 있다. 그것은 보편적인 것과 구체적인 것, 사회적인 것과 개인적인 것을 대립시키는 방식이다. 하지만 사회적인 것, 혹은 사회성은 완결될 수 있는 것이 아니다. 그것은 타인과의 구체적 관계를 전제하며 변화와 생성의 과정을 겪는다. 메를로-퐁티는 구체적인 체험과 언어의 의미를 분리시키는 "언어의 실증주의"를 비판하는데, 왜냐하면 이 이론은 구체적인 언어의 체험을 등한시하면서, 보편적인 것을 의미의 원천으로 보고, 그러한 의미의 원천을 정신적인 "순수한 의미작용"에서 찾으려 하기 때문이다.[6]

실제로 소쉬르 이후에 전개된 언어학이나 언어철학에서 랑그와 파롤의 구분은 유지되지만 그 내용은 많이 바뀌었다. 파롤 사용의 형식적 토대이며 공시적으로 여겨졌던 랑그 안에서 시간을 경유하는 변이가 감지될 수 있으며, 이야기 전개에 바탕을 두기 때문에 통시적이라고 여겨졌던 파롤은 대화자로서의 타인을 전제하고 그런 타인과의 관계를 조건으로 가지므로 수평적 차원에서 논의될 수 있다. 저 두 언어적 측면 가운데 메를로-퐁티는 파롤의 우선성을 강조한다. 그는 파롤이 행해지는 관계의 장에서 나와 타인 사이에 우연적인 의미의 일치가 일어난다고 보았으며, 이러한 일치에서 합의가 이루어지고 의미는 침전되고 제도화됨으로써 보편적 언어인 랑그에 변화를 가져올 수 있다고 생각했다. 다시 말해, 파롤과 랑그는 온전히 구분된 것이 아니라 서로를 잠식한다.

이러한 생각은 들뢰즈가 ≪천 개의 고원≫에서 언어학에 할애한 장에서 말하고 있는바와 유사하다. 윌리엄 라보프를 인용하면서 그는 이렇게 말한다. 즉 랑그가 사회적인 부분을 지시하고, 파롤이 개인적 변주들과 관계한다는 분류법은 모순에 이르게 되는데, 왜냐하면 랑그가 참조하는 사회는 닫혀있는 사회이며 파롤은 오로지 특정한 성격을 지닌 사회적 맥락 안에서 밝혀질 수 있기 때문이다. 다시 말해, "언어의 사회적 측면은 한 사무실의 친밀함 속에서 연구될 수 있는 반면 언어의 개인적 측면은 공동체 한가운데서의 연구조사를 필요로 한다."[7] 만약 모든 개인이 같은 공장에서 찍어 낸 로봇처럼 동일하다면, 그러한 개인들의 집단으로부터 랑그를 추출해 내는 것이 가능할 것이다. 그렇지만 그렇게 연역된 랑그는 이미 사회적인 성격을 배제하고 있다. 반면에 파롤은 화행의 층위에서만 파악될 수 있는데, 화행은 현실적으로 타인들과의 대화를 전제하며, 따라서 파롤은 개인적인 측면만으로는 설명될 수 없다. 랑그는 더 이상 발화의 객관적인 전제 조건으로서, 모든 파롤의 공통 근거로서 이해될 수 없으며 중립성을 유지할 수 없다. 랑그는 발화 내적인 요소들과 표현 행위 자체에 의해 잠식당하는데, 이는 파롤이 랑그가 포함할 수 없는 무언가에 의해 일어나기 때문이다. 이것이 메를로-퐁티에게는 표현으로서의 몸짓이고, 들뢰즈에게는 화행의 힘이라고 할 수 있다.

메를로-퐁티는 ≪지각의 현상학≫의 '표현으로서의 신체, 그리고 파롤'이라고 이름붙인 장에서 이렇게 말한다. "파롤은 진정한 몸짓이고, 몸짓이 자신의 의미를 포함하는 것처럼 파롤은 자신의 의미를 포함한다. 이것이 소통을 가능하게 만드는 것이다."[8] 그리고 그는 의미는 그 자체 완결될 수 없으며, 언제나 말하는 행위, 즉 발화가 의미를 완성한다고 덧붙인다. 작가가 글쓰기를 통해서 자신의 사유를 완성하는 것처럼 주체의 사유는 발화라는 표현의 행위를 통해서 완성된다는 것이다. 언뜻 보기에 너무나도 일반적으로 보이는 이 생각은 실제로 사유와 의미에 대한 새로운 길을 연다.

이보다 앞서 메를로-퐁티는 게슈탈트 이론을 자신의 지각 이론에 끌어들이면서, 그의 첫 저작인 ≪행동의 구조≫에서 정신은 신체를 통과하면서 만들어진다고 말한 바 있다. 그리고 ≪지각의 현상학≫에서 신체와 결합된 이러한 의식을 무언無言의 코기토cogito tacite라고 정의한다. 정신과 신체의 관계가 의미와 말의 관계가 되는데, 이는 말이 우선적으로 몸짓이기 때문이다.[9] 게다가 말이 사유를 위한 도구가 아니라, 오히려 말이 사유를 완성하는데, 이때의 말은 실존적이다. 그리하여 메를로-퐁티에게 소통되는 것은 "'표상들' 혹은 사유가 아니라, 말하는 주체와 어떤 실존의 방식과 그 말하는 주체가 겨냥하는 '세계'이다."[10] 실로 이러한 말, 세계와의 관계를 겨냥하는 몸짓으로서의 말은 마치 그려진 글자나 음성이 글이나 말의 물질적 토대이면서도 의미가 전달되기만 하면 비가시적이 되어 버리듯이 의미의 보이지 않는 이편에서 작용한다.

여기서 우리는 화행의 특징 하나를 추가해야 할 것이다. 그것은 메를로-퐁티가 말하는 원초적인 표현으로서의 '살아 있는 파롤', '원본적이거나 본래적인 파롤'이다. 하이데거가 말한 바 있듯이 대부분의 일상어는 수다gerede이며, 이러한 파롤은 메를로-퐁티의 시각에서 보자면 이미 표현된 것을 반복하기 때문에 '이차적 표현'이다. 그렇다면 '살아 있는 파롤'은 어떤 것인가? 그는 어린아이의 첫 말을 대표적인 예로 든다.

> 어린아이에게 대상은 그 대상이 명명될 때 인식된다. 이름은 대상의 본질이고, 대상의 색깔과 형태와 같은 자격으로 대상 안에 있다. 선과학적 사유에 있어서, 대상을 명명한다는 것은 그것을 실존하게 만들거나 그것을 변형하는 것이다. 신은 존재들을 명명하면서 그것들을 창조하고, 마술사는 그것들을 말하면서 그것들에 작용한다.[11]

시인이 시어를 불현듯 발견할 때, 연인이 사랑의 단어를 부지불식간에 내뱉을 때의 말들도 살아 있는 파롤들이다. 이러한 파롤들은 '처음으로 말을 했던 인간'에게서와 같이 존재의 침묵으로부터 일어나는, 혹은 충만한 자연 상태에서 문화적 상태로 이행하는 '자연적 존재에 대한 인간적 실존의 초과'를 드러낸다. 달리 말해서 메를로-퐁티에게 파롤은 타인과의 소통을 목적으로 하는 것 이외에 더 큰 일을 하는데, 그것은 어떤 새로운 세계를 연다는 것이다. 이러한 세계로의 열림 안에서 표현의 진정한 가치가 발견되며, 청자인 타인은 말하는 주체 자신도 알 수 없는 세계의 윤곽을 재구성하는 데 함께 참여한다.

그러므로 살아 있는 파롤과 수다 — '말하는 파롤'과 '말해진 파롤' — 의 차이는 침묵으로부터 처음 솟아난 말과 침전되어 관습화된 말의 차이일 수 있다. 관습화된 언어에 집착하는 화자는 원초적인 표현으로서의 말이 가질 수 있는 우연성을 알지 못한다. 그는 관습화된 언어와 그로부터 형성된 세계 안에서만 말하고 사유하기 때문이다. 그는 말을 하는 바로 그 순간 자신도 모르는 사이에 새로운 세계를 여는 놀라운 경험, 그런 말을 하는 자신에 대해 놀라는 경험을 가질 수 없다. 그런데 문화의 발생과 제도의 형성에 우연성이 존재하듯이 언어의 제도화에도 우연성이 존재한다.[12] 이러한 우연성은 인간이 자신의 몸짓을 통해 끊임없이 가능적 세계로 향하기 때문이다. 이것을 프랑수와즈 다스튀르Françoise Dastur는 세계 안에 있으면서 세계를 뛰어넘으려는 "내재적 관계 안에서의 초월성"이라고 정의한다.[13]

제도화의 과정에는 우선적으로 살아 있는 몸짓, 살아 있는 파롤이 있으며, 그럼으로써 열린 새롭고 낯선 세계를 자신의 세계와 결합시키는 타인들의 참여가 있다. 그리고 여기엔 우연성이 지배한다.[14] 제도화에 기입된 이러한 성격들을 잊은 채 언어와 세계를 완성된 것, 이미 구성된 것이라고 간주할 때 랑그는 고정되고, 고정된 랑그 안에서 — 혹은 언어를 구성하는 보편적 의식에 의해 — 파롤의 폭력이 생겨난다.

위에서 사례로 든 소설과 영화로 돌아와 보자. ≪해부학 수업≫에서 주커만의 어머니가 이름 대신 적은 홀로코스트는 자기 자신이 무엇을 쓰는지 알지 못하는 사이에 쓰인 글자라는 점에서 외침과 말 사이에 놓인다. 어머니는 자신의 실존 안에서 메우지 못한 구멍, 트라우마를 발견했던 것이 아니다. 오히려 그녀는 바로 홀로코스트라는 단어를 적음으로써 의미를 갖지 못했던 공백에 마침표를 찍는다. 그리고 주커만은 어머니의 유일한 말을 폭력이 아닌 충격으로서 받아들인다. 반면에 〈레볼루셔너리 로드〉의 주인공들은 표현하기 위해 말하기보다는 소통시키기 위해서, 상대방에게 자신의 사유를 전달하고 강요하려는 목적에서 말을 한다. 그들은 랑그의 고정된 체계에 충실하게 말한다. 즉 그들은 말하는 행위를 통해 타인을 향해 자신의 세계를 여는 것이 아니라 각자 자신이 속한 세계, 완전하게 구성되었다고 믿는 세계 안에서 말한다. 이들은 언어를 자신의 세계를 강요하고 설득시키기 위한 수단으로서만 사용한다. 그런데 설득시키기 위한 수단으로서 사용되는 말은 그 목적이 달성될 수 없을 때 폭력적이 된다.

레나타 살레클은 증오 표현과 인권을 다룬 논문에서 더 이상 소통이 불가능해졌을 때 상대방의 정체성의 핵심을 건드리는 언어폭력을 대타자로부터의 말을 통해 설명한다. 정신분석학자인 라캉의 용어인 대타자[15]를 메를로-퐁티의 유아론적 세계로 바꿔 보자. 화자는 자신이 구축한 세계를 강요한다. 그런데 그것이 실패로 끝났을 때 화자는 상대방이 믿는 세계에 대한 환상을 깨뜨림으로써 자신의 정체성을 재확보한다는 것이다.

모욕적인 말의 일차적 의도는 공격당한 사람이 자신의 정체성에 대해 의문을 제기하고 스스로를 열등한 존재로 지각하도록 부추기는 것이다. 하지만 화자는 또한 또 다른 반응을 구한다. 모욕적인 말을 발화함으로써 화자는 자기 자신의 정체성에 대한 확증을 구하는 것이다.[16]

샘 멘더스 영화에서 여주인공은 남편에게 '남자가 되라'고 말함으로써 남편이 은연중에 가지고 있던 '남자로서의 자신'에 대한 환상을 건드린다. 반면에 남주인공은 아내에게 자신이 무엇을 원하는지도 모르는 채 '뱃속의 태아를 죽이려는 정신병자'라고 말함으로써 아내가 가지고 있었던 자유과 꿈에 대한 욕망의 이면을 폭로한다. 부인과 남편의 말들은 당사자들이 여자고 남자였기에 상대방에게 더욱 강한 모욕감을 일으킨다. 달리 말해서, 궁지에 몰린 화자는 상대방의 환상을 직접 겨냥하는 모욕적인 말들을 뱉음으로써 영화 속에서처럼 남자로서, 여자로서 스스로의 정체성을 보장받는다. 그런데 이렇게 자신의 정체성을 보장받기 위해 가져오는 세계는 메를로-퐁티가 비판하는 객관적 세계이며, 의식이 구축한 세계이다. 왜냐하면 객관적 사고의 이상은 세계를 변하지 않는 영원한 진리로서 내가 지각한다는 사실에 기초하기 때문이다. 그랬을 때 언어는 완고한 세계의 대리인으로서만 기능하며, 주체는 그렇게 자신이 구성한 세계를 대리할 뿐이다.

언어와 공동체, 그리고 잉여

타인을 모욕함으로써 자신의 정체성을 구출하는 말이 은폐하는 것은 모욕적인 말을 하는 화자의 정체성 자체가 이미 불안정한 상태에 놓여 있다는 사실이다.

화자의 정체성의 불안정은 화자가 대리하는 세계의 불안정성과 연결된다. 앞서 이야기한 것처럼 자신의 정체성을 확보해 줄 수 있는 자신의 세계가 불안정할 때 언어의 잉여물들이 만들어진다. 이 언어적 잉여는 두 가지인데, 우선 첫 번째 잉여redondance는 수행적 언어에서 과도한 것으로서 발견되고, 두 번째 잉여reste는 전체로서의 언어가 포착하지 못하는 언어 속에서의 나머지이다.[17] 꼭 적절하다고 볼 수는 없지만 편의상 첫 번째 잉여를 과잉이라고, 두 번째 잉여를 나머지라고 부르자. 달리 말해서 이 두 가지 잉여는 공동체에 있어서 넘치는 것과 포함되지 못하는 것으로 분류될 수 있다. 그런데 이 두 가지는 전혀 관련이 없어 보이지 않는다. 가령 과장된 표현(과잉)과 이해 불가능한 표현(나머지)은 모두 규범적 언어 속에서 폭력처럼 나타나지 않는가?

들뢰즈와 가타리는 언어의 기능이나 목적을 정보 전달이나 소통이 아니라 힘의 관계를 확립하는 것이라고 생각한다. 이들은 언어 외적인 구조가 언어 내적 구조와 분리될 수 없는 것이라고, 요컨대 사회적, 정치적 힘의 관계는 발화 내적 힘의 관계와 분리되어 생각될 수 없다고 말한다. 이들이 말하는 발화 내적 힘은 비유적 의미에서의 힘이 아닌 글자 그대로의 힘이며, 비非물체적이지만 여하튼 변형을 일으키는 힘이다. 사회적이고 정치적인 힘의 관계가 발화 내적 힘의 관계와 관련되는 것은 발화하는 주체가 언제나 그 주체가 속한 사회의 명령을 수행하기 때문이다.

설명을 좀 더 쉽게 해보자. 비非물체적 변형이라고 부르는 발화 내적 힘의 작용이란 무엇인가? 들뢰즈와 가타리는 언어학자인 뒤크로로부터 판사의 선고를 예로 가져온다. 일단 사건들—범죄, 기소 등등—이 있다. 이러한 사건들은 사회라는 몸체적 변형을 만들어 낼 것이다. 여기서 판사의 선고라는 수행적 언표가 나오는데, 이것이 비非물체적 변형을 만든다. 다시 말해 판사는 선고를 내림으로써 법정 앞에 선 자를 혐의자에서 죄인으로 만든다. 다른 예를 들자면 테러리스트의 협박은 순식간에 여객기를 감옥으로 만들고, 탑승객들을 인질로 만든다. 수행적 담화들은 행동을 수반해서 행동적인 것이 아니라 효과를 낳기 때문에 행동적이다.

그런데 이러한 변형을 일으키는 발화 내적 힘은 개인에 속하는 힘이 아니다. 들뢰즈와 가타리에 따르면, 언표 행위의 주체란 없으며, "언표의 개인화와 언표 행위의 주체화는 비인격적인 집단적 배치물이 그것을 요구하고 결정하는 한에서만 존재"한다.[18] 여기서 비인격적인 집단적 배치물이란 사회적·정치적 집단을 의미하며, 이 배치물은 말하는 주체보다 앞서 있고 또 말하는 주체를 지배한다. 애초에 주체가 있어서 말을 하는 것이 아니라 말을 하고 그 말이 효과를 냄으로써 주체가 따라 나온다. 따라서 모든 언어는—집단적 배치물의—명령어이며 간접화법이다.[19] 이러한 언어는 과잉redondance적인데, 왜냐하면 언어가 표현될 때, 그 언어는 글자가 담고 있는 의미를 초과하는 무언가를 그 행위 안에서 전달하기 때문이다. 그런데 들뢰즈와 가타리에게 이 초과적인 의미를 장악하는 것은 말하는 주체가 아니다. 이러한 말은 주체의 범위를 벗어난다.

그렇다면 누가 명령하는가? 들뢰즈와 가타리는 여기서 발화의 주체를 발견하는 것이 아니라 이 주체를 지배하는 잉여 복합체를 발견한다. 언표들은 그 수행적 효과라는 측면에서 모두 명령어이며, 발화주체는 자신이 속한 권력 집단의 명령을 언표함으로써 자신이 정체성을 확인받는다. 말하는 자는 자신이 말한다고 믿지만 그것은 명령 수행적 발화를 통한 자기 지시일 뿐이다. 예컨대 교사, 판사, 정치가는 자신이 속한 복합체들의 명령어를 언표화하는 각 집단의 대리물들일 뿐이다.

들뢰즈와 가타리는 심지어 자아自我조차 '나'라는 명령어를 소환하는 글쓰기에 의해 추출된 산물이라고 말한다. 마치 정신분열자가 자신의 목소리 안에서 자기 자신을 타자화하는 "그는 삶을 의식하고 있어"라는 말을 듣는 것과도 같이[20] 자기의식의 자아는 간접화법의 결과물로 만들어진다. 결국 누가 말하는가라고 묻는다면, 아무도 존재하지 않으며 오로지 언어의 수행들만이 있다는 대답을 해야 한다.[21]

오로지 힘의 관계에 의한 수행적 언어만이 존재할 따름인 들뢰즈와 가타리의 언어학 이론에서는 더 이상 의미의 생성과 주체성을 논할 자리가 발견될 수 없다. 그런데 이러한 명령전달적-잉여적 수행 담화에는 안정화(영토화, 재영토화)하려는 수행 담화와 탈주하려는 수행 담화가 있다. 이 두 수행 담화는 상반된 담화로서 들뢰즈와 가타리는 이것들을 각각 다수파의 언어와 소수파의 언어라고 부른다. 다수파의 언어는 랑그의 상수를 고수하는 언어이고, 소수파의 언어는 변수처럼 기능하는 언어이다. 또한 이러한 상반된 두 종류의 담화 때문에 집단 복합체는 늘 불안정하고 갈등과 긴장이 유지되는 구조로 존재할 수밖에 없다.

다시 완전히 분리해서 생각할 수 없는 두 가지 잉여, 즉 과잉redondance과 나머지reste로 돌아와 보자. 이것들은 언어구조와 관련해서 설명될 수 있으며, 언어가 수행되는 사회의 구조와 어떤 연결고리를 가지고 있다. 언어구조가 완결될 수 없다는 사실은 이미 랑그가 파롤에 의해 잠식당한다는 사실에 근거한다. 그러나 완결된 구조가 존재하지 않는다는 사실에도 불구하고 구조를 안정화하려는 노력은 계속되기 마련이다. 그리고 이러한 언어의 특징을 그 언어를 사용하는 사회의 구조적 특징과 연관시킬 수 있을 것이다.

사회 구조에서도 역시 두 가지 잉여인, 과잉redondance과 나머지reste가 있다. 나머지reste는 사회의 구조 안에 포섭될 수 없기 때문에 사회에 균열을 일으키는 잉여이며, 이러한 균열이 가시적이 되면 될수록 구조적 폭력이라고 부를 수 있는 잉여인 과잉redondance 또한 가시적이 된다. 즉 사회구조의 실제적인 균열을 메우려는 이러한 후자의 시도는 랑그의 고정성을 유지하려는 과잉적 제스처로, 언어폭력으로 출현하는데, 가장 간단한 방법은 이러한 폭력의 대상들을 사회 안에서 만들어 내는 것이다.[22] 이러한 시도는 이를테면 국가나 민족공동체를 유지하려는 사람들, 예컨대 서구 극우파의 담화에서 발견된다. 이들은 국가가 더욱더 강력해지기를 — 더욱 더 명령하는 타자이기를 — 요구하기 위해 외국인들이 공동체에 불필요한 나머지 존재임을 주장한다.

이러한 사회구조와 언어구조 간의 긴밀한 관계를 장-자크 르세르클은 들뢰즈와 가타리의 이론을 빌려와 이렇게 서술한다.

> 외부의 소수파가 존재하지만 또한 내적 소수파가 존재한다. 한 언어 안에서 '다수파'는 행동의 규범 안에서 구체화되지만 또한 힘과 지배 안에서 구체화된다. 그런 자격으로서 다수파는, 줄기차게 되돌아오고 전복하겠다고 위협하는 소수파를 늘 제외시키거나 배제한다. 폭력의 필연성은 언어의 구조 안에 깊이 닻을 내리고 있다.[23]

여기서 말하는 소수파minorité, "단조mode mineur"[24]와도 같이 늘 중심으로부터 탈주하는 소수파는 랑그의 구성에 포함되지 못하지만, 바로 그런 자격으로 늘 랑그를 따라다니는 위협처럼, 분절되지 않은 어떤 외침과도 같이 랑그를 전복시키려는 위협처럼 항상 나타난다. 그러나 정확히 말해서 들뢰즈가 말하는 언어학적 소수파는 위협에 그치는 것이 아니라 탈중심화, 탈주의 힘을 갖는다. 소수파의 언어는 특정하게는 스타일상으로 드러나는바 다수파의 언어가 다수파적 성질을 잃어버리게 만드는, 다수파 언어 안에서의 이방인처럼 작동하는 작가들에서 — 특히 들뢰즈는 카프카를 선호한다[25] — 그 예를 찾을 수 있다. 소수파 언어에 폭력성이 있다면, 이는 위협이 힘으로 변화하기 때문이다. 사실상, 들뢰즈의 전략인 소수파되기, 변수와 생성의 존재되기는 예술가들에게 적합한 이념으로 작용할 수 있다. 예술가들의 첫 번째 목표는 충격과 새로움, 그리고 전통으로부터 벗어나는 것이기 때문이다. 그도 소수파 문학의 작가들을 '위대한 작가'라고 부르지 않았던가.

들뢰즈와 가타리에게서 발화 내적 힘이 폭력으로서 나타나고, 폭력으로 지각되는 것은 언어가 제도화를 위한, 혹은 제도화에 대항하는 투쟁의 형태를 띠게 될 때이다. 이때의 언어는 주체의 언어가 아니라 주체가 속한 집단적 배치물의 효과로서만 나타난다. 그런데 주체가 빠진 폭력을 논의할 수 있을까? 아무리 그 주체가 집단의 대리인이라고 할지라도 말이다. 폭력은 우선적으로 타자를 향한 주체의 폭력이다. 그런 점에서 들뢰즈와 가타리의 언어이론은 폭력적으로 보이지만 무언가가 빠져 있다. 이들에게는 말들의 집합들, 주체는 빠진 말들과 이 말들이 대리하는 다수적이거나 소수적인 집단적 힘만이 있을 뿐이다.

장-자크 르세르클은 언어폭력의 본질을 이렇게 정의한다. 언어폭력은 "자리를 위한 언어학적 전투 안에, 즉 주체화의 언어적 과정 안에 함축되어 있다. 우리는 스스로 언어적 자리를 마련하면서, 그리고 타자들에게 그 자리를 강요하면서 주체로 구성된다."[26] 르세르클은 언어폭력을 언어 내적인 과잉적 측면의 결과처럼 고려하지만, 이것이 사실은 무의식에서 나온다고 결론 내린다. "잉여는 무의식이 '언어처럼 구조화되어' 있는 한에서 무의식의 기작들의 표현이다."[27]

랑그에 포섭되지 않으며 언어학은 해명해 낼 수 없는 언어의 측면, 예를 들어 파롤의 물질성이 반드시 폭력적이어야만 할까? 랑그에 의한 소통 말고도 파롤 안에서의 언어의 물질성에 의해 나와 타인과의 연맹, 사회성이 만들어질 수는 없을까? 우리는 메를로-퐁티로 돌아오는데, 왜냐하면 그는 말을 통해, 특히 말에 함축된 몸짓과 그러한 몸짓의 지각을 통해 나와 타인의 관계를 재구성하기 때문이다.

파롤들의 연맹과 의미의 제도화

메를로-퐁티에게 타인은 먼저 몸짓으로서 지각되며, 타인의 말 역시 의미로서보다는 몸짓으로서 먼저 내게 이해된다. 이 말은 나는 절대로 타인을 나와 동일한 대자적 의식으로서 마주할 수 없다는 것을 의미한다. 그렇지만 타인은 뼈와 살을 가진 대상으로서만 내 앞에 존재하는 것도 않는다. 메를로-퐁티에 의하면 타인은 타인이 있는 바로 그 자리에도, 나의 의식 속에도 있지 않다. 왜냐하면 타자는 다른 일반 사물들과는 달리, 움직이는 것이고, 바로 그 움직임에 의해 내 주변의 세계에 내가 투사한 의미와 다른 어떤 의미를 투사하기 때문이다. 차라리 메를로-퐁티에게 타인은 간접적이고 측면적인 방식으로 나의 세계를 움직이거나, 나의 '배후에서' 혹은 나의 복제처럼 존재한다. 메를로-퐁티는 파롤을 소통이나 전달을 목적으로 삼지는 않는다는 점에서는 들뢰즈와 같지만, 파롤의 목적이 힘의 관계를 확립하는 것이 아니라는 점에서 들뢰즈와 다르다. 파롤에 어떤 힘이 있다면, 그것은 세계를 열고 이러한 열림을 매개로 타인과의 만남을 가능하게 하는 데 있다.

메를로-퐁티가 육화된 의식, 무언의 코기토라는 개념을 발전시킨 것은 대자적 의식들 사이의 대립, 유아론적(자기중심적) 세계들 사이의 충돌로부터 해결책을 찾기 위해서였다. 사실상, 내가 나의 몸이며 나의 몸짓이라고 이해할 때 나는 더 이상 중심의 자리에 있지 않다. 왜냐하면 그때 나는 타인의 시선에, 타인의 시각장 안에 놓이게 되기 때문이다. 나는 더 이상 나를 설명하지 못하며, 타인의 권역 안에서 나 스스로도 놀라게 되는 또 다른 나를 발견하게 된다. 마찬가지의 방식으로 또 다른 '나'로서의 타인은 나의 시선에, 나의 장 안에 놓이게 된다.

메를로-퐁티는 몸과 몸짓에 나의 고유성을 부과하면서, 그러한 나를 타인의 장 안에 놓인 나, "이차적인 나-자신, 나를 위한 두 번째 거주지"라고 말한다.[28] 따라서 이해해야만 하는 것은 이렇게 타인의 존재를 매개로 만들어지는 나의 분열이고, 타인과의 "낯선 분절이 형성되는 나-자신의 신비"이다. 요컨대, 내 몸을 가진 나는 내 의식으로 한정되지 않는다. 나는 나에 대한 의식이기 이전에 나의 몸이고, 타인에게 나는 나의 몸짓을 통해 알려진다. 나의 몸짓을 통해 타인은 자신의 세계와는 다르지만 여하튼 동일한 세계를 겨냥하는 나의 세계를 알아본다. 말하자면, 나의 몸짓은 세계를 나에 대해 존재하게 만들며 또한 나의 몸짓을 통해 나와 타인은 같은 세계를 향하고 있으면서 서로의 세계를 알아본다.

몸짓을 일차적인 양상으로 갖는 파롤은 의식적이거나 추상적인 의미를 넘어서 있는 의미를, 나의 세계를 열고 나와 타인의 세계가 만나게 만드는 의미를 함축한다.[29] 의식적인 말은 이미 확립된 의미만을 전달할 뿐이지만, 몸짓으로서의 말은 의미를 세상에 존재하게 만든다. 이러한 말을 우리는 의미 발생적이라고 부를 수 있으며, 이것이야말로 살아 있는 말이다. 그랬을 때 화자와 청자 간에는 의식들의 경쟁이나 양자택일적 상황은 더 이상 존재할 수 없으며, 이 둘 모두

"새로운 인식적 상황으로 향하게" 된다. 또한 이러한 상황은 "주체(화자)가 말의 운동에 의해 인도되도록 스스로를 내버려 둘 수 있을 때 주체 앞에서 유효하게 전개된다."[30]

우리는 앞에서 이미 파롤이 개인적 차원에서 발견되는 게 아니라 오히려 사회적 맥락 안에서 밝혀진다고 말한 바 있다. 주체의 파롤이 단지 외침에 그치지 않을 수 있는 것은 타인을 통과하기 때문이다. 마찬가지로 타인의 파롤은 그 말을 듣는 주체 안에서 어떤 진동을 야기한다. 예컨대 우리는 타인의 몸짓이나 파롤을 여하한 동물의 몸짓이나 소리처럼 지각하지 않는다. 그 이유는 무엇일까? 이에 대해 메를로-퐁티는 몸짓을 이해하는 데에는 정신이 아니라 세계와 마주하는 누구나 가지고 있는 몸이 필요하다고 말한다. 그리고 주체들이 몸짓에 의해 서로를 이해할 수 있는 것은 그러한 몸이 놓여 있는 일반성의 차원 때문이라고, 그러한 몸의 주체로서의 익명적 X가 각각의 의식 주체 안에 존재하기 때문이라고 답한다.[31]

그런데 이 익명적 X는 표현하는 주체로서 말하거나 들으면서 자기 자신과의 차이를 생산할 수 있는 주체이다. 다시 말해 살아 있는 말은 화자가 채 의식하지 못하는 사이에 의미를 세상에 던진다. 이러한 자발적인 운동성, 표현의 역능에 대해 화자 자신도 놀라게 된다. 또한 이렇게 세상에 던져진 새로운 의미에 타자가 참여하고 합의함으로써 저 의미는 보편적이 될 수 있다. 그리하여 파롤에 의해 생겨나는 공동체를 메를로-퐁티는 '행함faire'의 공동체라고 부른다. 여기서 우리는 파롤에 의한 연맹을 이야기할 수 있을 터, 이러한 연맹은 말함으로써만, 표현함으로써만 만들어질 수 있다. 이미 확립된 공통적이고 보편적 의미를 전달함으로써 소통이 이루어지는 것이 아니라, 역으로 살아 있는 말들의 연맹, 이 독특한 소통에 의해 보편적 의미가 가능해지는 것이다.

그런데 이렇게 사회적 관계를 가능하게 하는 살아 있는 말들의 연맹에서 과연 우리는 폭력을 말할 수 있을까? 메를로-퐁티는 의식적인 말에서 생겨날 수 있는 폭력을 '경쟁'과 '양자택일'이라는 용어로 대신한다.[32] 반면에 말하면서 이전에는 없던 의미를 발생시키는 파롤 또한 폭력적일 수 있는데, 이는 "동일자와 타자를 매개"하기 때문이다. 다시 말해, 살아 있는 파롤은 나와 나 자신의 차이, 타인과 타인 자신의 차이를 매개하는데, 이러한 매개 이전에 그것은 폭력적으로 느껴질 수 있다. 왜냐하면 그것은 우선 이해할 수 없는 것처럼 나타나기 때문이다. 이러한 폭력은 이해할 수 없는 스타일을 접했을 때 갖게 되는 충격과 유사한 것이다.

> 파롤이 끊임없이 동일자와 타자의 매개를 쇄신하기에, 파롤은 우리로 하여금, 우선적으로 폭력적이며 모든 의미들을 통과하는 운동에 의해서만 의미가 존재하게 된다는 것을 확인하게 만든다. (…) 타인이 진정 타자라면, 어느 순간 나는 놀라고 방향을 잃어야만 하며, 우리(타인과 나)는 유사함 속에서가 아니라 차이로서 가지고 있는 것 안에서 만나야 한다. 그리고 이는 나자신의 변형뿐만 아니라 타인의 변형 또한 가정한다. (…) 이는 타인의 지각에서, 다른 생명체가 나처럼 '행동'하는 대신 내 세계의 사물들을 어떤 스타일을 가지고 사용할 때, 이 스타일이 우선적으로는 내게 수수께끼처럼 보이나 — 적어도 그 스타일이 내 세계의 사물들이 후광으로 가지고 있는 일정한 가능성들에 응답하기 때문에 — 단번에 스타일로서 내게 나타날 때 일어난다.[33]

몸짓으로서, 즉 의미작용 자체로서의 파롤은 세계의 사물들에 일정한 스타일의 옷을 입히는 식으로 나타난다. 따라서 몸짓으로서의 파롤, 고정된 의미들의 사용이 아닌 의미발생적인 파롤은, 새로운 스타일의 파롤이 이제까지 알려지지 않았던 세계의 의미를 연다는 점에서 단독적이다. 다만 모든 스타일이 이해되고 의미로 고정되는 것은 아니다. 여기에는 우연적인 요소들이 개입한다. 그것은 타인이 그것을 자기 스타일로 재구성함으로써 의미를 보편화시킬 수도 있지만, 타인을 움직일 수 없는 단순한 외침으로 끝날 수도 있다는 말이다. 메를로-퐁티는 의미의 제도화란 이러한 우연성을 함축하는 과정이라고 말한다. 그러할 때 의미를 고정, 보편화시키는 것은 이미 확립된 문법체계인 랑그가 아니라 생성시키는 파롤과 그러한 파롤에 대한 타인들의 응답들이다.

지금까지의 논의에서 볼 수 있듯이, 메를로-퐁티에게 파롤은 의식과 의식 사이에서 일어날 수 있는 관계 이전의 의미를 함축하고 있다. 왜냐하면 파롤과 파롤을 매개하는 것은 의식적 세계이기도 하지만 그 바탕에 있는 감각, 지각적 세계이기 때문이다.[34] 살아 있는 파롤은 감각적 세계를 매개로 삼으면서 말하는 주체들 사이를 가로지르고, 이들의 연맹을 형성하는 계기가 된다.

하지만 메를로-퐁티는 의식적 파롤이 ― 혹은 그 이면에 있는 무의식적 증오가 ― 만들어 낼 수 있는 언어폭력에 대해, 그러한 종류의 파롤은 본래적이지 않다는 대답밖에 할 수 없을 것이다. 그리고 이 대답은 언어폭력의 문제를 비껴가는 것처럼 보인다. 그는 언어폭력의 문제를 직접적으로 다루는 대신에 폭력으로서밖에 존재할 수 없는 언어학적 이론을 제시한다. 이렇듯 파롤의 새로운 차원 ― 몸짓으로서의 파롤, 의미생성의 장으로서의 파롤 ― 을 발견했음에도 불구하고 메를로-퐁티의 언어 이론에서 우리가 안타깝게 여기는 것은 의식의 차원에서 일어나는 언어폭력의 문제를 너무나도 쉽게 지나가 버렸다는 데 있다. 실상 표현을 주제화하는 메를로-

퐁티와 들뢰즈 같은 철학자들에게 구체적인 언어폭력은 논외의 자리에 있다. 그리고 이들은 각자의 방식으로(주로 존재론적으로) 주체를 익명적 차원으로 데려감으로써 주체로부터 발생하는, 주체들 사이에서 이미 존재하고 있는 문제를 너무나도 쉽게 처리해 버린다.

언어적 현실은 사회적 현실의 거울

벤야민은 〈폭력비판을 위하여〉에서 이렇게 쓴다.

> 즉 한결같이 폭력일 뿐인 모든 종류의 적법하거나 불법적인 수단들에 대해서는 순수한 수단으로서 비폭력적 수단들을 맞세울 수 있다. 진심에서 우러나오는 예의, 애정, 평화에 대한 사랑, 신뢰, 그리고 그 밖에 여기서 거론될 수 있는 것이 그러한 수단의 주관적 조건이다. 그러나 그것의 객관적 현상을 결정하는 법칙은, (이 법칙의 엄청난 파급력은 여기서 논의할 수 없는데) 순수한 수단들은 결코 직접적인 해결이 아니라 항상 간접적인 해결을 가져다주는 수단들이라는 점이다. 따라서 순수한 수단들은 결코 사람과 사람 사이의 갈등을 중재하는 데 직접 관여하지 않으며 사물들의 우회로를 통해서만 관여한다.[35]

이처럼 폭력은 우회로를 통해서만 해결될 수 있는 것일까? 오히려 근본적인 해결을 위해서 현재 진행되는 폭력 그 자체를 보다 면밀하게 분석해야 하는 것은 아닐까? 들뢰즈와 메를로-퐁티는 제도화된 랑그 자체의 폭력을 언어폭력의 근본적인 양상으로 정의하면서, 이러한 폭력을 제어할 수 있는 말의 단독적인 스타일을 강조한다. 랑그를 위반하는 길만이 진정한 파롤의 의미를 되찾으면서 랑그 자체의 폭력으로부터 해방될 수 있는 길이라고 생각했기 때문이다. 랑그는 법을 의미한다고 볼 수 있는데, 그들의 주장은 고착된 법의 질서로부터 벗어나기 위해 단독성을 되찾자는 것이다.

그런데 법의 폭력이 있는가하면 거꾸로 법을 벗어나 법 자체를 위협하는 폭력이 있다. 이러한 폭력은 폭력적이지만 위반의 의미를 함축하기에 매력적으로 보인다. 그렇기 때문에 들뢰즈의 소수파 언어라든지, 메를로-퐁티의 살아 있는 파롤이 우리를 매혹하는 것이다. 그러나 확실히 해 두어야 할 것은 들뢰즈와 메를로-퐁티에게 위반의 의미는 다르다는 사실이다. 들뢰즈에게 위반은 전체로서의 세계를 거부하는 것이 첫째 목적인 반면에 메를로-퐁티에게 위반은 보다 근원적인 세계를 되찾기 위한 위반이다.

그런데 언어에서 보편 문법으로서의 랑그를 문제 삼으면서, 위반을 선호하는 것은 여하튼 제도에 의존적인 태도는 아닐까? 말의 주체가 이미 확립된 의미에 복종하든지, 아니면 그것을 위반하든지 모두 폭력을 수반할 수밖에 없는 것은 아닐까? 그리고 그러한 폭력의 측면이야말로 언어에 수반되는 과잉물들이 아닐까? 전자는 법칙을 고수하기 위해서 과잉적이 되고, 후자는 법칙을 위반하기 위해서 과잉적이 된다. 따라서 이 두 폭력에는 공통적인 무엇, 랑그로부터 벗어나는 그 무엇이 있다. 그리고 이 무엇은 항상 파롤 안에서 드러난다.

파롤은 메를로-퐁티가 말하듯이 신체를 가진 주체인 화자와 청자에게 직접적으로 작용한다. 그리고 일차적으로 목소리인 파롤은 매개 없는 직접성의 성격을 가지고 있기 때문에 랑그의 법칙 안에서 있으면서도 날것 그대로의 폭력성을 드러낼 수 있다. 심지어 현재 문제가 되고 있는 악성댓글들을 보면 마치 눈으로 목소리를 듣는 것 같은 느낌을 받는다. 발화 주체들은 파롤이 가지는 이러한 성질을 너무나도 잘 알고 있었으며, 랑그의 권위가 사라진 시대에 파롤의 이러한 날 것 그대로의 성질은 때때로 '자유'라는 이름 아래 드러나곤 한다.

그런데 다른 시각에서 이러한 경향은 언어 내부에서 출현하는, 문명 상태로부터 자연 상태로 되돌아가겠다는 위협처럼 보인다. 벤야민은 같은 논문에서 또 이렇게 쓴다. "법이 근거를 갖고 지킬 것을 주장하는 이 운명적 질서를 비판하는 일도 없어서는 안 되겠지만, 그 질서에 대해 어떤 상위 질서의 자유를 명시할 수 없으면서 단지 형태를 알 수 없는 '자유'의 이름으로 등장하는 모든 반박은 무력할 따름이다."[36] 파롤의 자연적인(자유로운) 사용은 그것이 무의식적인 다른 목적에 이용될 때 폭력적이 될 수도 있다.

르세르클이 말한 바와 같이 사회구조는 언어구조 안에 뿌리내리고 있다. 그렇다면 이렇게 말해 볼 수도 있을 것이다. 한 사회의 언어구조를 관찰하면 그 구조가 반영하는 사회구조가 발견된다고 말이다. 또한 사용되는 언어가 폭력적일수록 그 사회의 내적 긴장과 갈등이 크다고 말이다. 위반이 중요한 시대에 '자유'가 가지고 있던 가치는 이미 모든 것이 위반이 되어 버린 이 시대에 유효성을 잃어버렸으며, 벤야민이 썼던 것처럼, 그와 같이 '형태를 알 수 없는 자유의 이름으로 등장하는 반박'은 무력감의 표현일 따름이다. 상실된 공동체의 권위를 보충하려는 제스처, 그리고 위반이라는 역逆제스처를 통해 상실된 공동체의 권위가 아직도 유효함을 증명하려는 태도는 모두 같은 곳으로부터 나온다.

02

가족의 얼굴을 한 폭력

'행복한 가족' 신화와 폭력

이 글은 진화되지 못한 가족 이데올로기의 이름에 붙여진 의무, 배려, 애정의 차원과 엇갈린 폭력을 진단해 보는 데 목적이 있다. 역경을 헤치고 '결혼해서 행복하게 살았다'는 동화 속의 결말은 결혼 이후에도 계속되어야 하는 삶, 가족의 이름으로 사랑이 착취되는 사실을 간과하고 있다. 결혼을 통한 가족은 사물화와 동일성의 독재의 실현 장소이면서, 타자의 자유에 대한 증오로서의 사랑의 실현 장소로, 루이 알튀세르가 말한 바 '가장 끔찍한 이데올로기적 국가기구'의 얼굴을 하고 있다. 본질적으로 사회적이고 경제적인 강제에 의해 결정되었던 구조로부터 정서적 결속이 통합의 유일한 원천이 되는 순수한 관계로 변화된 후 가족문제는 외적인 것에서 내적인 것이 되었다. 당연히 자녀를 방치하거나 학대하는 문제, 가사노동의 불평등한 분배나 아내에게 행사되는 폭력의 정도 등이 가족의 내적 문제로 인정된다. 그러나 이런 문제들이 가족 내적인 문제로 종결되면서 상호배려와 애정의 형태에 의존한 근대 가족의 개념은 정서적 결속만으로는 충족될 수 없는 상황으로 바뀌었다.

최은주

얼마 전 출간된 ≪무연사회≫나 ≪장수대국의 청년보고서≫는 고령화·저성장 시대에 무너지는 일본의 가족에 대한 이야기를 다루고 있다. 이런 책들이 한국에서 발 빠르게 번역이 되는 이유는 남의 이야기가 아니기 때문이다.

한국 사회 또한 일본의 뒤를 이어 고령화가 급속도로 증가하고 있으며 청년 실업 또한 날로 심각해져가고 있다. 전통적으로 정상가족이라고 하는 개념은 벌써 무너졌다 해도, 그 정도가 한국 영화 〈가족의 탄생〉(2006)에서 지지하는 '후천성 가족'상과는 거리가 멀어 보인다. 혈연과 관계없는 사람들이 새로운 가족, 새로운 질서를 형성하는 데에도 특정 개인의 희생은 필요하다. 특히 뼈 빠지게 일해도 가난을 벗어날 수 없는 워킹 푸어Work Poor가 등장한 지금 시대에 개인의 희생을 기대하기는 어렵다. 연애도 소비도 꿈도 소극적인 초식남까지 등장한 것을 보면 알 수 있다. 어느 때보다 불안한 환경에서 자기 자신에 대한 애착이 강해지고, 현대 사회가 개인에게 요구하는 수많은 역할들의 압박에서 벗어나고자 하는 욕구가 자신이 필요한 것에만 집중하게 하는 현상을 낳았기 때문이다.[1]

가족은 감정과 관습적 역할기대라는 여러 복합적인 지점들에 위치하며 법적 의무와 배려, 및 애정으로 얽혀 있다. 본질적으로 사회적이고 경제적인 강제에 의해 결정되었던 구조로부터 전반적으로 정서적 결속이 통합의 유일한 원천이 되는 순수한 관계로 변화된 후 가족문제는 외부적인 것에서 내부적인 것이 되었다. 당연히 자녀를 방치하거나 학대하는 문제, 가사노동의 불평등한 분배나 아내에게 행사되는 폭력의 정도 등이 가족의 내적 문제로 인정된다. 그러나 이런 문제들이 가족 내적인 문제로 종결되면서 상호배려와 애정의 형태에 의존한 근대 가족의 개념은 정서적 결속만으로는 충족될 수 없는 상황으로 뒤바뀐다. 가족 내부에서는 이미 관습적 역할기대의 지배를 덜 받게 되었고 개인적 감정과 기분의 흐름에 의존하면서 가족을 합리적 판단의 대상으로 놓게 되는 가족생활의 탈전통화가 일어난 것이다. 장기적인 경기침체는 개인에게 역할이라는 것을 빼앗아갔으며 결과적으로는 도덕적 의무까지 빼앗았다. 이런 결과가 가족 내 폭력을 증가시켰지만,

사회는 여전히 전통적인 방식으로만 가족을 해석하려고 한다. 국가의 가족에 대한 의존성이 깊이 고착되어 있는 것도 큰 이유이다.

우리는 21세기에 살고 있지만, 전혀 진화되지 못한 정치성과 이데올로기에 의한 폭력에 휘둘리고 있다. 이 글은 진화되지 못한 가족이데올로기의 이름에 붙여진 의무, 배려, 애정의 차원과 엇갈린 폭력을 진단해 보는 데 목적이 있다. 역경을 헤치고 '결혼해서 행복하게 살았다'는 동화 속의 결말은 결혼 이 후에도 계속되어야 하는 삶, 가족의 이름으로 사랑이 착취되는 사실을 간과하고 있다. 결혼을 통한 가족은 사물화와 동일성의 독재의 실현 장소이면서, 타자의 자유에 대한 증오로서의 사랑의 실현 장소로, 루이 알튀세르가 말한바 '가장 끔찍한 이데올로기적 국가기구'[2]의 얼굴을 하고 있다.

되는 집은 가족이 뭉친다?

'밥해 주고 목욕시키는 게 귀찮았다'며 자녀들을 방 안에 가둬 굶겨 죽인 일본 여성의 사례나, 해고당한 아버지로부터 폭력을 당해 오다 초등학교에 난입해 초등생 6명을 다치게 한 한국 남성의 사건은 가족과 경제의 문제를 복합적으로 보여준다. 사회적인 인정을 전제로 한 역할을 잃게 되면서 실업과 소득의 상실을 경험하고, 이로 인하여 개인과 가족 전체가 빈곤해지면서 사회적 상호작용과 교류의 네트워크로부터 고립되게 된 것이 도덕적인 의무마저 상실하게 만든 것이다. 시대마다 빈곤층은 있었지만 지금은 그 고통을 공적인 관심의 문제로 만들지 못하고 개인의 문제로만 소급시킨다. 따라서 그리스에서 유래된 한 가정에서 부부 각자의 임무가 처해지는 '보호처stegos'를 의미하는 '오이코스oikos'는 더 이상 큰 의미가 없어졌다. 후손과 종족의 유지, 노년에 필요한 원조, 그리고 '짐승처럼 야외에서 살지' 않아야 할 필요성과 더불어 나누어진 남성의 외적 영역과 여성의 내적 영역으로서의 '집'이 모호해져 버린 것이다.

그럼에도 불구하고 클로드 메이야수Claude Meillassoux가 제시하는 "공동의 거주, 경제적 협동, 재생산, 그리고 성애의 기능"[3]이라는 가족의 정의는 여전히 존속한다. 사회 권력을 주도하는 사람들의 입장에서 볼 때 공유되지 않은 삶을 살아간다는 것은, 다시 말해, 결혼을 하지 않는다는 것은 "한 쌍의 남녀에서 도시국가로 나아가는, 인류의 더 커다란 집합들의 진화"[4]를 역행하려는 것에 지나지 않기 때문에 "씨족이 없고, 법이 없고, 가정이 없으면 하위 인간"[5]의 취급을 받게 된다. 이러한 가족이데올로기는 현존하는 사회, 경제, 정치, 그리고 젠더체계를 결합시키고 입법화하는 데 절대 필요한 하나의 수단으로, 정치인들이 가족이 위기에 처해 있다는 두려움을 이야기할 때는, 가족폭력이 아니라 오히려 이데올로기가 도전받고 있다는 점, 그리고 이를 통해 사람들이 현존하는 사회·경제적, 정치적, 가부장적 체계의 정당성에 의심을 제기할 수 있는 추동력을 얻게 된다는 점을 걱정한다.[6]

따라서 경제적으로 중산 계층에 있는 남성은 더 나은 지위보장과 자격 획득을 위한 담보로써 온전한 가족이 전제된다는 지배계층의 시각에 부응하여 탄탄한 가족체제를 유지하려 한다. 더불어 불가피하게 형성된 '나 홀로 가구'들은 부정적인 시선 하에 놓일 수밖에 없다. 이혼이나 사별 등으로 인한 '홀로서기족'과 골드미스와 같이 가족보다 친구, 동료와의 교류에 신경을 쓰는 '싱글족', 혼자 사는 것이 편한 '솔로족'과 같은 '나 홀로 가구'는 단절된 외톨이, 홀로 죽음을 맞이하는 고독사 등의 부정적인 이미지와 겹친다.[7] 그러나 이 속을 들여다보면 직장을 구하지 못해 혼자 사는 젊은 층인 '산업예비군 그룹', 가족 해체로 인해 혼자가 된 '독신자 그룹', '실버 그룹' 등과 같은 불가피한 1인 가구들을 목격할 수 있다.

탄탄한 가족구조를 지탱하는 중상위계층과는 상반되게 중하위계층의 경제적 격차가 크게 벌어지면서, 자본은 경제적 위기에 처해 있지 않은 가족을 더욱 상향 권력적으로 만드는 반면, 경제적 위기에 힘없이 무너질 수밖에 없는 가족을 이혼, 자식 유기, 자살이나 집단죽음으로 이끄는 사회적 갈등의 주범으로 만들고 있다. 그렇기 때문에 가족이 결집력을 가질 수 있는 것도 소비시장을 통한 매개이다. 부모들은 가정 안에서 자녀들을 돌보는 역할로부터 점차 멀어지면서 자녀에게 꿈같은 선물들을 아낌없이 사주는 것으로 양심의 가책에서 벗어날 수 있게 되었다. 매혹적인 소비 산업에 도움을 청하는 방식은 결국 '돈을 치르고 근심에서 탈출하는' 방법이기에 문제를 해결하기보다는 오히려 더 많은 문제들을 만들어 낼 뿐이다. 이는 "어른들 자신들이 정작 스스로의 권위를 훈련해야 하는 과제 자체를 지나치게 단순화시키는"[8] 결과를 초래했기 때문이다.

결과적으로 자본 앞에서는 가족이 전혀 탄탄하지 못한 임의적 관계밖에 되지 못한다는 것을 실증적으로 증명해준다. 자본주의는 무제한의 '수익성'이라는 야만성 때문에 모든 애정관계를 파괴하고 인간을 자본으로, 인간 에너지와 지적 능력을 상품으로, 자식을 투자로 전화시킨다.[9] 그러나 과거 어느 때보다도 급증하는 빈곤과 실업, 노인인구의 증가, 1인 가구 급증으로 인한 가족해체는 위기로만 받아들일 일은 아니다. 위기라는 이름으로 혈연에 기초한 가족의 구심력을 강조했던 것은 가족의 결속을 조장해야 이러한 문제를 일부 해결할 수 있다는 사회학적 주장에서 나온 것이며, 가족을 국가 위기의 방패막이로 삼고자 하는 의도일 뿐이다.

따라서 가족은 여전히 경제활동이라는 커다란 문제와 자녀교육, 출가 등의 책임을 떠맡고 있다. 이 책임은 청소년의 비행을 가정 내에서 막게 하고, 교육을 책임져서 좋은 노동력을 생산하게 하는 것이다. 그리고 심지어 자녀 출가에서 비롯되는 소비까지 모조리 책임지게 한다. 그렇기 때문에 가부장적 이데올로기는 사회적 · 정치적 문제들을 사적이고 개인적인 문제로 전환시키며 그리하여 잠재적인 정치적 분노를 개인적 죄의식과 불쾌감으로 바꿔 놓는다.[10] 오늘날 일부 부르주아 세계를 제외하고 가족은 이미 경제적 하부토대를 형성하고 있지 않다. 가족이 상속해야 할 가산이라는 것도, 따라서 가산의 소유와 관리를 정당화하였던 가부장제 이데올로기도 존재하지 않는다. 더 이상 자신의 권위를 인정받을 정도로 충분한 노동조건에 아버지가 위치하고 있는 것도 아니고, 어머니의 가사노동의 자유가 생계노동에서의 자유를 보장해 주는 것도 아니다. 또한 집을 보유하고 있으나 가난한 하우스 푸어house poor나 자식의 교육, 출가 등으로 퇴직금까지 다 써버려 노후대책을 마련하지 못한 베이비 붐 세대[11]들이 다수를 이루고 있다. 따라서 일반 대중의 세계에서 가족은 윤리적 모델에 준거하고 있고, 지배계급에 의해 부과된 이데올로기적, 법제적 틀 속에서만 존속하고 있고 있기 때문에 현대 가족의 의미는 여러 가지 충돌의 지점들을 내포하고 있다.

하층계급에게서 아버지들의 생계노동은 안정적이지 않고, 또 가족 안에서 자신의 권위를 인정받기 위한 버팀목으로 충분할 정도로 좋은 노동조건을 갖춘 것도 아니다. 또 어머니들 역시 자신의 활동을 가사에만 국한시킬 수 있을 정도로 늘 모든 생계노동에서 자유로운 것은 아니다. 가족 내부의 역할귀속의 해체와 관련한 첫 번째 국면은 우리 세기 30년대 이래로 아버지의 권위상실을 둘러싸고 진행되었던 사회학적 토론에 반영되어 있다.[12] 경제 불황을 거듭하는 동안 사회는 아내, 어머니의 존재를 부정하지는 않았지만, 더 이상 아내에게 무보수의 가정 내 노동이 아니라, 돈벌이의 노동을 원하게 되었다. 부인들은 남성의 관습적 폭압 속에서 가정에서 치유적이고 재생산적인 활동을 처리하는 역할을 계속 맡아야 하는 상황에 놓인 것이다.[13]

이러한 상황은 고려되지 않은 채 공영방송 프로그램들은 여전히 아내가 시가족과 공존하기 위한 여러 방법과 대안들을 내놓는다. 그들은 모범가정과 효부, 효자들을 대화의 중심으로 가져오지만 패널들이 주장하는 것은 일방적인 효자, 효부로서의 자격일 뿐이다. 또한 프로그램의 구성과 효과에 있어서도 개별적인 상황이 아니라 총체적인 유일의 가족 상황을 전제하기 때문에 각 각의 입장을 이해시키기 보다는 일방적인 죄책감이나 반발심을 끌어낼 수 있다. 권한이나 권리가 부여되는 대신 의무만이 요구되는 효자, 효부의 상은 더 이상 유일한 모델로써 가족의 안전과 통합을 가능하게 할 수 없다. 때문에 가족구조를 지켜야 한다는 의무는 개인의 행복과는 상관없는 "도시의 안정과 공공도덕, 좋은 출산의 조건들과 관련"[14] 되었던 초기 결혼 의미의 정당성을 반복할 뿐 정작 사회적인 역할이 사라지면서 도덕적 의무도 사라지는 현대에 시대착오적이라는 사실은 잊거나 혹은 은폐하고 있다.

이런 맥락에서 때만 되면 여러 매체들은 '가족'으로 되돌아가는 정책을 모아 보도한다. '병원 입원형' 치료 정책 대신 가족과 함께 지내며 치료를 받는 '재택형' 치료 정책을 추진하겠다는 일본과 '치매 환자와 가족들이 모두 의학적인 관심과 치료를 받도록 정책을 마련해야 한다'고 발표한 유럽연합의 사례를 통해 "국가가 가족을 대신하는 정책이 번번이 실패로 돌아갔으며 국가는 가족을 도울 뿐 결코 가족을 대체할 수 없다"[15]는 것을 강조한다. 또한 부모가 아닌 다른 사람의 손에서 자란 아이들이 부모의 손에서 자란 아이들보다 면역력이 떨어지면서 사망률이 높다는 연구 결과를 앞세워 부모가 아이를 양육할 수 있도록 국가가 지원하는 정책으로 방향을 틀었다는 영국의 사례를 제시하기도 한다. 핵가족화와 저출산 고령화가 결합한 '한국형 가족 변화'가 가족 해체를 유발하고 있으며, 결국 이혼·가출·고독사·자살 등 현대 사회의 고질적 병폐로 진행될 것이라는 전망도 제시한다. 따라서 가족해체가 가정폭력이나 패륜 범죄뿐 아니라 묻지 마 살인 등 불특정 다수에 대한 범죄로까지 이어지고 있다면서 '되는 집은 가족이 뭉친다'는 오래된 문구 아래 효심을 울리는 사례를 제공하기도 한다.

그러나 가족 해체보다 무서운 것은 "건강하지 못한 관계로 인해 가족 간에 분노와 적의가 쌓여 서로를 파멸시킬 수 있다."[16] 한국 사회의 '평생미혼율'이 거의 30퍼센트에 육박하면서 가족 안전망이 약해지는 것은 당연한 상황이지만, 그다음으로 의존할 수 있는 사회 안전망의 기능을 사회가 담당하는 외국과 달리 한국은 사회 안전망의 기능을 가족이 담당해야 하는 실정이다. 이와 같이 '가족의 가치'를 일으켜 세워야 한다는 말이나 '잃어버린 가족의 기능을 회복하기 위한 국가적 논의가 필요한 시점'이라는 주장은 때마다 반복되고 있지만, 결국 개인의 감정에 호소하는 담론만이 남는다. 사회가 가족의 해체를 불가피한 현상으로 인정하다가도 가족을 다시 살려야 한다는 명제를 개인에게 호소하듯 떠넘기는 담론은 이제 더 이상 효력이 없다는 사실을 받아들일 때이다. 가족관계는 참여 주체들이 서로 애착에서 우러나오는 도덕적 존중과 배려를 바치는 동안에만 성립하는 특성을 공유한다. 이런 관계에서 그런 배려 행위가 사랑의 감정이 아니라 이성적 판단에서 나와 의무로 실현되는 한, 심지어 그 도덕적 가치마저 상실할 뿐이다.[17]

가족 내러티브의 폭력 — "넌 항상 이 엄마의 기쁨이었다."

KBS에서 방영된 주말 드라마 〈내 딸 서영이〉는 한 번에 크게 성공하고 싶었던 아버지 때문에 사채 빚에 쫓겨 가며 고통 받은 가족과 그로 인해 죽은 어머니, 그런 아버지를 돌아가셨다고 거짓말하고 재벌가로 시집간 딸의 이야기를 다루고 있다. 아버지는 고향에서 올라와 아들의 옥탑 방에 와서 살면서도 쉽게 돈 버는 일자리를 찾아다니다, 유학을 가겠다며 떠난 딸의 결혼식을 목격한다. 이 후 완전히 새사람이 된 아버지는 신문, 잡지를 통해 딸과 사위의 모습을 지켜보다가 교통사고가 날 뻔한 사위 대신 다치기도 하고, 일을 해서 결혼하는 아들 신혼여행비도 마련해 준다. 아버지는 불현듯 부성애가 강한 인물도 등장한다. 자신을 모시고 사는 아들 내외를 위해 아침 식사도 준비하고 식당 배달도 열심히 한다. 이쯤 되면 시댁을 속인 채 아버지를 모른 척 한 딸은 인륜을 저버린 자식으로 비칠 뿐이다.

드라마는 〈즐거운 나의 집〉을 배경음악으로, 아버지의 과거는 '그래도 아버지인데'라는 식으로 용서받아야 하고 딸의 행동은 후회와 죄책감 속에 빠지게 하는 내러티브로 전개된다. 결국 노래가사인 "즐거운 곳에서는 날 오라 하여도 내 쉴 곳은 작은 집 내 집뿐이리"처럼 시청자에게 가족의 화해를 호소한다. 그러나 드라마는 드라마일 뿐이고 현실은 드라마의 이상과는 자못 거리가 멀다. 현실세계에는 이렇게 순차적인 내러티브의 구조보다 더 복잡하고 힘든 관계에 빠진 가족과 연고 없이 죽어가는 개인들이 살고 있다. 사체 포기 각서를 쓰면서까지 가족으로부터 시신 인수를 거부당하는 이른바 '가족이 있는 무연고자'가 무연고 사망자[18]의 절반이라는 사실이 그것을 증명한다.

원치 않은 임신과 양육에서 빚는 엄마의 갈등과 사이코패스로 성장한 아들의 이야기를 담은 영화 〈케빈에 대하여〉(1212) 또한 모성애적 윤리를 호소하는 영화다. 물론 내러티브는 차가운 현실감각으로 에바의 시점을 보여준다. 에바에게 사랑은 낭자한 토마토 축제에서 흘러내리는 토마토의 붉음에 취한 착란이었고, 임신은 피의 붉음을 연상시키는 고통이었으며, 집과 차에 뿌려놓은 페인트의 붉음은 아들의 죄에 대한 동네 사람들의 저주였다. 에바는 그것을 필사적으로 지우려고 애쓰지만 결코 지워지지 않을 아들의 죄처럼 잘 지워지지 않는다. 페인트칠이 비쳐 붉게 보이는 커튼과 전자시계의 붉은 숫자는 출산의 순간과 케빈이 갇힌 감옥의 어둠과 오버랩 되는 공포로 인한 강박증이다.

영화는 에바의 삶이 통째로 조각난 것을 보여주듯 현재와 과거를 조각조각 찢어 낸 내러티브를 사용한다. 우는 아이를 달래지 못하고 그 소리를 견디지 못해 아스팔트 공사 현장의 소음 속에 아이와 함께 서 있거나 용변가리기에 반항하는 아이를 참다못해 집어던지는 장면은 '넌 항상 이 엄마의 기쁨'이라는 식의 일변도의 모성애를 통하지 않고 어머니와 아들을 서로를 불행하게 만든 적대적인 개인 대 개인의 대립구도로 놓는다. 모성본능은 그것이 실제로 본능적 감정을 전혀 반영하지 않는 것은 아니라 해도 아이를 낳고 기른다는 생리학적 토대를 바탕으로 여성의 '선천적' 도덕의식을 구조화한 것이다. 빅토리아 시대에 남성이 정치, 군사, 입법, 경제, 의료, 종교, 교육 등 모든 분야를 독점하면서 여성은 아이와 환자를 돌보는 일에 더 유능한 쪽으로 조명되었다. 여성이 개인적 도덕심이 더 깊고 자신의 세계인 가정을 지배하는 애정관계에 관심이 더 많다는 것은 그렇게 조장된 권력기제에 의해 여성 행동의 표면 아래로 침투하였고 마치 '자연'인 듯 개인의 내부에 잠입하였다. 아들에 대한 잘못으로 죄의식에 빠져야 맞는 것 같지만, 에바는 임신하기 바로 직전의 정사 장면으로 생각을 돌린다. 이 장면은 케빈이 아버지와 여동생을 죽이고 학우들에게 무차별적으로 활을 겨눈 이후 시끄럽게 울리던 구급차의 소음으로, 그리고 난자와 정자가 수정되는 장면으로 이어지면서 케빈의 임신이 결국 실수와 죄의 기원이 되고 있음을 보여준다.

〈케빈에 대하여〉는 모성애에 대한 역해석이라기보다 오히려 모성애의 결핍으로 케빈이 사이코패스가 되었다는 인과관계로 해석될 수 있는 영화이다. 이 영화를 통해서도 분명 가족에 대한 어린 시절의 개인적 상실감을 가지고 일반적인 가족의 상실감으로 바꾸어 가족이 위기에 처해 있다는 전망을 내놓으면서 '가족'의 호소력을 강화시킬 수 있다. 그러나 이 영화는 일면 억지로 이루어진 가족형성이 행복이나 희생, 헌신으로 이어지는 것은 아니라는 것을 보여주었다. 에바에게는 임신하여 배가 불뚝한 자신의 모습이 낯설기만 하다. 산부인과에서 거리낌 없이 나온 배를 드러내고 있는 여자들도 먼 존재이다. 꿈과 야망이 있던 그녀는 아이들의 소리로 가득한 깊고 어두운 통로에 갇혀 좌절할 뿐이다. 그 깊고 어두운 통로 끝으로 수감된 아들의 감옥이 이어진다. 면회실에서 그녀는 아무 말도 못하고, 케빈은 손톱을 물어뜯어 테이블 앞에 가지런히 나열할 뿐이다. 감옥의 어두운 통로에 다다르는 동안 케빈을 출산하는 고통의 소리만이 울려 퍼진다.

이 지점에서 지난 50년 동안 '수직파'와 '수평파'로 나뉜 경쟁적인 가족 연구의 이론이 존재했지만, '수직파'의 입장이 절대적인 가족 이데올로기의 지배 담론이었다는 사실을 상기할 필요가 있다. 즉 한 남자와 한 여자, 그리고 그들의 자식으로 형성된 가족이라는 집합체를 사회의 기본요소로 파악하면서, 가족을 생물학적이며 심리적인 근거위에서 남자와 여자가 서로 이끌려 본능적으로 재생산을 하고, 또 다른 본능에 따라 어머니가 젖을 먹여 아이를 양육하는 것을 자연스러운 일로 보는 것이다. 반면에 한 가족으로 형성하기 위해서는 각각의 두 가족이 가족 구성원 중의 한 사람을 내놓아야만 하고 이렇게 형성된 가정에서 태어난 아이들은 자신이 태어난 가정에서 분리된 다른 개개인과의 결혼을 통해 또 다른 가정을 형성하기 위해 본래 가족으로부터 분리된다고 본 '수평파'의 입장은 간과되었다. 수평파는 가족 구성원 개개인은 다른 가족들이 산산조각 나기 전에 이미 해체된 가족의 구성원들을 받아들여 새로운 가족을 형성할 수 있도록, 이동되고 양도되거나 또는 반환되어야 하는 것으로, 생물학적인 의미를 지닌 가정을 해체시키는 이와 같은 항구적인 이동은 가족의 구성 요소를 서로 떼어놓고, 상호 결합에서 비롯되는 교차망, 즉 새로운 가족을 형성하기 위하여 다른 요소를 결합시킨다고 본다.[19]

그럼에도 불구하고 수평파의 입장보다는 수직파의 입장이 가족구조의 전부로 취급되어 왔다. 즉, 제도로 간주되는 가족이 세대와 세대를 잇는 연속적인 충실함을 보여주는 동시에, 각 개인에게 있어 가족은 가장 유구하고 심원한 감정의 원천이자 물리적인 존재와 도덕적인 개인이 형성되는 공간으로 사랑, 이해관계 그리고 꽤 오랫동안 이어져 온 조상과 후손들의 의무감으로 결합되어 있다는 것이다. 사실은 가족구조 내의 여성노동을 무보수로 동원하면서 부모와 자녀간의 관계를 지배하는 애정을 착취할 수 있었다는 점에서 자본주의는 가장 비용이 적게 드는 제도로서의 가족제도를 지금까지 유지할 수 있었다.[20]

행복한 엄마가 아닌, 출산의 공포를 경험하고 넋이 나간 에바는 케빈을 거들떠보지도 않는다. 케빈은 자신의 인생을 망친 존재이지, 에바의 기쁨일 수가 없다. 결국은 16세가 될 때까지 케빈에 대해 전혀 아는 바가 없는 에바로서는 처음 함께하는 외식에서도 제대로 된 대화를 시도하지 못한다. 아들은 그런 에바에게 좋아하는 밴드나 마음에 드는 여자애가 있는지, 그리고 마약을 하는지에 대해

묻는 것이라고 방법을 가르쳐준다. 부모가 자식을 대하는 태도에 대해 다 꿰고 있는 케빈이 에바는 무섭기만 하다. 그러나 케빈이 늘어놓는 부모의 자식에 대한 태도는 가족관계의 문제점을 제대로 간파한다. 그저 반나절의 관심만으로 노력을 했다고 말하거나, 오늘 식사 즐거웠다고 말하면서 어깨동무를 하거나 포옹을 해 주는 것이 부모가 하는 전부라는 것이다.

다음의 신문기사는 국가가 부모대신 양육을 책임진 후 생겨난 한계 때문에 결국 가족에게 양육의 문제를 다시 책임지도록 정책화한 영국의 사례를 보여준다.

> 2차 세계대전 때부터 육아 문제가 사회 이슈가 된 영국은 국가에서 나서 전국에 탁아소를 짓기 시작했다. 공장에서 일하는 여성들이 늘어남에 따라 아이들 양육을 가족 대신 국가가 책임지겠다는 취지였다. 그런데 영국 정부의 정책은 곧 한계를 드러냈다. 부모가 아닌 다른 사람 손에 자란 아이들이 부모의 손에서 자란 아이들보다 면역력이 떨어지면서 사망률이 높다는 연구가 잇따랐기 때문이다. 당시 아이들이 부모로부터 떨어져 지내며 애착을 배우지 못해 극도의 스트레스를 받았고, 이로 인해 건강까지 해치게 된 것으로 조사됐다는 것이다. 이 때문에 2차 대전 이후부터 특수한 상황을 제외하고는 보육시설에 아동 양육을 맡기는 것을 금지하면서 부모가 아이를 양육할 수 있도록 국가가 지원하는 정책으로 방향을 틀었다.[21]

부모가 아닌 다른 사람 손에 자란 아이들이 부모의 손에 자란 아이들보다 면역력이 떨어지면서 사망률이 높았다는 연구 결과의 보고는 가족에게 자신들의 자녀는 자신들이 책임을 져야 한다는 구호를 대신하는 호소력을 지닌다. 케빈의 사례처럼 자녀가 부모와 밀착된 관계를 갖는 것만이 최선의 방법이 아니라는 점은 국가적 편의주의식 통계에 의해 간과되었을 뿐이다.

용변가리기를 거부하면서 골탕을 먹이자 에바가 케빈을 집어던진 일에 대해 케빈은 '엄마의 본성이 드러났던 사건'이라고 감옥에서 회상한다. 당시 남편은 용변 가리는 일에 문제를 일으키는 것쯤은 흔한 일로 보았고, 에바는 케빈이 더 어릴 때 자신이 케빈에게 행한 일(우는 아이를 달래지 못하고 아스팔트 공사장의 소음 속에 방치하거나, 아이 앞에서 "난 네가 태어나기 전에 더 행복했어."라고 말하는 등)에 대한 복수심이라고 믿었다. 이런 결과에 대해 관중이 영화의 의도보다 더욱 강하게 모성애를 운운할 수 있다. 아마도 〈내 딸 서영이〉는 드라마의 내러티브 자체에 감정적인 호소력으로, 〈케빈에 대하여〉는 관객들로 하여금 모성애와 부모의 윤리에 대한 죄책감을 끌어낼 것이다. 특히 〈케빈에 대하여〉는 한국 관객에게는 경악만한 내러티브로 전달될 수 있을 것이다. 한국적 상황에서 혈연 중심의 가족제도는 무엇보다 감성에 호소하는 방식으로 오래 존속되어 왔기 때문에 화해 방식과 죄책감의 구도는 호소력이 있다. 그것이 대다수 한국인의 정서이다. 그러나 에바에게 결핍된 것은 출산을 피하지 못하고 임신을 자신의 운명으로 간주한 사실이다. 혹은 임신을 했기 때문에 자신이 자동적으로 아이를 키울 책임을 떠맡은 데 있다.

저메인 그리어Germaine Greer와 같은 학자는 아이는 보살핌과 관심을 받아야 하지만 단 한 사람만의 보살핌과 관심이 필요한 것은 아니라고 주장한다. 낯선 사람들보다 주위 어른들 사이의 마찰과 적의에 더 많이 괴로워한다는 것이다. 지겨움을 느끼고 마지못하여 맡아 강압적으로 키우는 것보다 자발적으로 아이를 맡아 교육하는 한두 명의 여성이 아이를 더 예의바른 아이로 만들 수 있기 때문이라는 것이다.[22] 그리어는 또한 "확실한 것은 아이가 전적으로 마음대로 할 수 있는 한 사람으로부터 너무 많은 관심을 받는데, 어머니와 아이의 친밀함은 생각처럼 지속적이지도 건전하지도 않다."고 주장한다.[23] 케빈이 그러했듯이 "넌 항상 엄마의 기쁨이었다."는 말은 엄마도 아이도 알고 있는 거짓말일 뿐이다.

인간 행복과 '다시-가족'?

과거 노동공동체이자 경제공동체인 가족은 비상시에는 마을이나 일가친척의 원조가 생존 보장 방식이었다면, 지금은 부양비가 불확실한 곳에서 생존 보장은 무엇보다 개인의 과제가 된다.[24] 그렇기 때문에 더더욱 사랑한다는 이유하의 가족 구성원에 대한 자기 동일시가 그 구성원들이 좋아하는 대상을 억압하여 문제를 발생시키기도 한다. 내가 가족을 마치 나 자신인 양 다루는 것이다. 부모가 자식을 위한다는 언어와 행동은 검증 불가능한 "사랑에 대한 표현의 착취"[25]에서 기인한다. 부모의 생각만이 옳으며, 옳은 것에 대한 자신의 의지를 관철시키기 위해 자식의 생각을 부정하는 것, 이것이야말로 타자와 나를 절대로 일치시킬 수 없는 배반적인 가족 사랑의 이름에서 기인한다.

이 때문에 아이들이 어린 시절을 행복하게 기억한다는 것 자체가 어른들의 환상일 뿐이라는 점을 상기할 필요가 있다. 아이들과 어른 사이에는 불평등이 전제되어 있기 때문에 아이들은 자신들의 욕망을 부모로부터 끊임없이 좌절당하면서 성장한다. 유년시절의 기억 속에 술 취한 아버지, 폭력, 빈곤, 그리고 학대와 같은 극단적인 측면들뿐만이 아니라 부모가 투영한 공부에 대한 욕심과 불안감이 어둡게 남아있다. 그렇게 보았을 때 성장한다는 것은 반드시 상실감과 나쁜 방향으로 변화하고 있는 느낌을 수반하는 과정일 수 있다.[26] 가족은 사랑과 결합한 폭력 및 사물화와 그것에 대항하는 기만과 배반으로 엮어진 "오이디푸스적 가족소설 구조"[27]에 의해 특징지어졌기 때문이다.[28]

이러한 내적 갈등을 품고 있는 가족에게 정작 사회적인 강요에 의한 '가족의 가치'라는 것은 여러모로 보아 개인의 행복과 일치될 수만은 없다. 획일화된 가부장제적 가족서사야말로 시대착오적이며 '차이'를 '열등'한 것으로만 바라보는 사회적 · 인종적 이데올로기를 계속해서 지지하려는 암묵적 세력이므로, 사회적 가치와 개인적 가치의 불일치를 인정하고 사회가 요구하는 수많은 역할들의 압박에서 벗어나고자 자신에게만 집중하는 방향으로 진화되고 있는 개인에 주목해야 한다. 가족 문제의 중심에는 집단으로서의 총체성 못지않게 개별적인 구성원이 감춰져 있다. 특히 현대로 오면서 개인화가 발달하였고, 개인화의 과정은 가족의 이름하에 내외적으로 경험하는 개인을 두각 시켰다. 그럼에도 여전히 개인화의 발전과정은 간과하고 가족구조 안의 폭력과 상처를 사회현상의 '원인'으로만 취급하려 한다(사실은 사회현상의 '결과'임에도 불구하고).

20세기 들어 실패와 무능력으로 인해 사회적으로 아버지가 몰락했음에 불구하고 다시금 이상적인 아버지 상, 더 권위적인 아버지 상을 찾는 배경은 아버지의 권력이 사회로부터 우리 자신의 기본 동력을 이끈다고 믿기 때문일 것이다. 그것은 아버지의 권리로부터 분리되어 강화된 어머니의 권리 및, 아이의 권리, 즉 사회가 끼어드는 아이의 복지와 관련해서 축소되고 몰락함으로써 그저 상상적인 아버지일 뿐이다. 이런 결과가 가족에 대한 회의를 가져오고 점차 자기만의 독자적인 삶을 요구하는 개인화를 추구하게 만들어 가족의 종말이나 독신자 사회를 유도하기도 하였다. 그러나 역설적이게도 개인은 공동체적인 결합과 친밀함에 대한 동경을 보이기도 한다. 이것은 사람들이 계속해서 결합 속에서 살아가는 것을 의미하면서도 크기나 책임의 성격, 지속성은 다른 종류의 것으로 바뀌고 '정상 가족'의 개념조차 변화되는 것을 의미한다.

이제 더 이상 한 가지 유형의 가족만을 주장하는 이데올로기는 현실과 부합될 수 없다. 그렇기 때문에 문제가정과 범죄의 온상이라는 낙인에서 자유로울 수 없던 조손가정[29]과 다문화가정의 자녀에 대한 인식부터 바뀌어야 한다. 15년 전쯤보다 두 배가량의 수적 증가(7만여 가구)를 보이는 조손가정의 자녀들은 이전보다 범죄와 연관되는 수에 있어서도 증가했다.[30] 그럼에도 불구하고 조손가정의 수적 증가는 간과하면서 범죄 숫자에만 관심을 기울이면서 '결손가정'임을 탓하는 시각은 바로 오이디푸스적 기만과 배반 속에 성장하는 정상적 자녀의 범죄에 대해서는 간과하는 사회적 모순에서 기인한 것이다. 사실 정상가족처럼 보이는 가족도 내부의 소통 단절로 인해 정서적 문제가 심각한 지경에 이르렀다.

> 집안일은 여성의 지위에 따라 나뉘어졌고, 딸들은 빨래와 실잣기와 베 짜기를 담당했고, 임신한 아내들은 아이를 낳았으며, 나이 많은 아내들은 아이들을 돌보고 훈련시키고 요리를 담당했다. 마찰은 있었지만 고립되지 않았기 때문에 극심한 내적 고민을 끌어안고 있는 상태가 될 기회는 없었다. 가족 문제는 가족회의에서 공개적으로 다루어지고 연장자의 결정을 존중했다. 동거의 동기가 되는 낭만적인 사랑은 전혀 중요하지 않았다. 남성은 자기 집안에 잘 맞는 여자가 들어와 자식을 낳아주길 바라면 그만이었다. 실망과 원한과 권태가 비집고 들어갈 틈이 지금보다 훨씬 적었다. 아이들은 이

가족 체제 덕에 득을 보았고, 그리스와 스페인, 남부 이탈리아의 일부 지역에서는 지금도 여전히 이런 생활을 하고 있다. 할아버지든 결혼하지 않은 삼촌이나 고모든 항상 질문에 답해 주고 이야기를 들려주고 새로운 기술을 가르쳐주고 낚시 갈 시간을 내주었다. 아이들은 혼자 걸을 수 있게 되자마자 닭이나 비둘기장, 새끼 양, 아기를 돌보는 약간의 책임을 맡았다. 아이들은 어른들이 부엌에서 이야기를 나누는 동안 깜깜한 방에 잠을 자러 들어가지 않고 누군가의 품에서 곯아떨어질 때까지 남아서 듣고 배우는 것이 허용되었다. 그러면 어른들은 아이를 깨우지 않고 조용히 옷을 벗겨 침대에 눕혔다. 가정은 모든 연령층을 대변했기 때문에 세대차가 없었다. 그리고 이런 집단생활을 유지하기 위해 서로를 존중하는 강력한 예의범절이 생겨났다.[31]

위와 같이 가장 나이 많은 아버지가 가장이 되어 여러 아들과 아내와 자손들을 다스리는 직계 가족이라 불리는 형태에 속했던 봉건시대 가족이 현대에 와서 자주 회자되는 이유는 가족의 결속에 대한 여러 가지 고민에서부터 기인하는 것으로 보인다. 한 부모, 조손, 무자녀, 1인가구와 같은 반쪽가구가 증가하면서 '가족'은 21세기에 가장 큰 변화를 겪을 조직임에도 불구하고 이런 변화를 가족의 위기로 둔갑시키면서 단 하나의 형태만을 주장하는 것은 바로 가족 이데올로기 때문이다. 위의 예처럼 낭만적 사랑이 중요하지 않고 삶이 바빴던 사람들에게 가족은 극히 자연스러운 공동체였다. 반면, 사랑이 결혼의 주요 동기가 되면서 결혼은 훨씬 더 사적이고 개인적인 것으로 좁혀지면서 거기에 따르는 개인의 책임도 커질 수밖에 없었다.

이는 가족이기주의와도 밀착되어 있는데, 여기에 부담을 느끼는 현대인들에게 바람직한 대안으로 제시될 수 있는 것이 친인척뿐이 아닌 여러 가구가 협동하는 공동체 일 수 있기 때문이다. 어차피 인간이 홀로 살아가기 어렵다면 혈연중심의 오이디푸스적 가족 대신에 한 부모나 조손, 무자녀, 1인가구와 같은 반쪽가구를 다시 공동가족으로 흡수할 수 있는 방안도 가능할 것이다. 그리고 오이디푸스적 가족이데올로기만 폐기하면, 오히려 가족이 위기에 처해 있다는 생각을 버릴 수 있으며 사회문제와 사회 위기의 실상을 드러내는 동시에 결혼과 자녀양육으로부터 많은 것을 기대하지 않을 수 있기 때문에 환멸도 덜 느끼게 될 것이라는 주장들이 제기된다.[32]

최근 일본에서 유행한다는 '세대 공존형 주택'은 무연사회로 인한 고독사 등을 줄이기 위해 신종 가족형태를 권장하는 듯 보인다. 소개된 바에 따르면 젊은 세대와 실버 세대의 교류를 촉진, 상호 이해를 높일 수 있는 데 목적을 두고 '느리게 사는 주택' 프로젝트를 진행하는 것으로, 독신 노인 13명, 자녀를 둔 부부, 직장 여성 3명 등이 함께 살고 있다.[33] 1층은 노인들이 함께 사는 공동 주거 공간이고, 가족과 직장 여성이 살고 있는 2층은 가구마다 독립생활이 가능하도록 주방・화장실 등을 별도로 갖췄다. 젊은이들은 실버 세대와 어울리는 것을 조건으로 집세를 절반 정도 할인받는다.

도쿄에는 이와 같이 홀로 사는 실버 세대, 싱글족, 가족 단위 세대 등 28가구 40여 명이 살고 있다고 한다. 각 가구는 독립적인 공간에서 살지만 식당과 세탁실 등은 공유하여, 번갈아 가며 공동으로 식사를 준비하고 함께 식사하면서 자연스럽게 세대 간에 교류할 수 있다. 물론 젊은이들은 실버 세대와 어울리는 것을 조건으로 집세를 절반 정도 할인받기 때문에 경제적으로 어려운 젊은 계층에게 일방적인 봉사나 희생을 요구하지 않는다는 점에서 실용적일 수 있다. 그러나

'자연스럽게 세대 간에 교류한다'는 내러티브는 표면적으로 명료하지 않은 사실을 이상화하는 것일 수도 있다. 그들이 번갈아 가며 공동으로 식사를 준비한다는 것도 장기적인 차원에서 보았을 때 불투명한 컨텍스트를 내포하고 있다.

그럼에도 불구하고 엘리자베스 벡-게른스하임Elizabeth Beck-Gernsheim은 그의 저서 ≪가족 이후에 무엇이 오는가≫에서 인간이 개인화의 과정에도 불구하고 더 강하게 공동체를 동경하므로 고립에서 군집성으로, 사적인 것에서 공적인 것으로 나아가려 한다고 주장한다.[34] 한나 아렌트Hannah Arendt도 타인의 현존이 필요하지 않은 '노동'의 측면이 있지만 타인의 지속적인 현존에 전적으로 의존하게 되는 '행위'가 인간의 삶을 규명한다고 보았다. 그렇다면 가족 구성은 소멸되지 않을 수도 있을 것이다. 단, 배려와 사랑이라는 정서적 결속에만 국한되는 '이상적인' 가족은 더 이상 불가능할 것이다. 악셀 호네트Axel Honneth의 말대로, 가족에 대한 주된 도전이 사회적 평등에 상응하는 것을 정서적 결속의 지평에서도 찾아내는 것이기 때문이다.[35] 다시 말해, 앞으로 가족은 정서적 결속과 이성적 합의의 올바른 경계에서 균형을 이루기 위해 서로 의사소통하려는 시도를 감행함으로써 담론적 반성의 능력을 만들어 내야만 존속 가능하게 될 것이다.

가정폭력 담론의 재구축

—가정폭력 피해자 담론과 역량강화 연속선[1]

가정폭력이 무엇에 관한 문제인가는 지속적이고도 구체적인 정치적 과제로 인식되어야 하며, 따라서 가정폭력 제도화는 이미 완료된 과제가 아닌 끊임없는 사회적 이해와 법적 해석, 이론적 분석과 정치적 투쟁의 방향과 목적을 구축해야 하는 주요한 장場으로 인식될 필요가 있다. 이 글은 역량강화 연속선 개념을 통해 가정폭력 피해자의 역량강화가 일시적이고 임시적인 수준에서가 아닌 연속적인 수준에서 이루어져야 하고, 그로부터 가정폭력의 본질에 대한 본격적 탐구가 시작되어야 함을 주장한다.

허민숙

사회문제화란 이전엔 전혀 주목하지 않았던 어떤 사회현상을 다수의 사람들이 공공문제로 재인식하는 것을 말한다. 때문에 한 사회의 특정 현상을 사회문제화하기 위해서는 그 문제에 대한 사회적 합의를 이루어 내는 과정이 필요하다.

한국 사회의 가정폭력 담론은 여성운동에 의한 공론화를 통해 '지극히 사적이고 사소한 일'에서 '국가가 개입해야 할 사회문제'로의 성공적 담론 전환 과정을 거쳤다. 그러나 '가정의 보호와 유지'가 입법 목적이 된 법제정과 실행의 결과는 가정폭력을 사회문제화하려 했던 본래 여성운동의 가치와 목표를 실현하는 데 오히려 걸림돌이 되고 있다.

이 글은 이러한 현실 인식을 바탕으로 가정폭력이 다른 방식으로 정의되는 것이 필요하다는 논의를 구체적으로 전개해 보고자 한다. 실제 여성들이 경험하고 있는 가정폭력의 본질과 한 사회에서 통용되는 가정폭력 담론 간의 괴리를 좁히는 것이 가정폭력 문제 해결의 기본적이고 핵심적인 과정이어야 한다고 보기 때문이다.

가정폭력을 다른 방식으로 정의하고, 지금과는 다른 관점에서 바라보기 위해 이 글은 가정폭력 피해자에 대한 그간의 논의를 탐색해 보려고 한다. 가정폭력의 피해, 그리고 가정폭력 피해자가 이론적으로 해석되고 구축된 그 과정을 세심하게 관찰하고, 그 속에서의 논쟁들을 잘 정리하는 것은 가정폭력에 대한 새로운 접근이라는 큰 연구 과제를 완성해 나가는 데 있어서 반드시 필요한 탐구과정이다. 누구에 대한, 무엇에 관한 문제인가를 알아야지만 문제에 대한 대안을 제시할 수 있다는 점에서 그러하다.

가정폭력 피해자/주체 논쟁의 모순과 긴장

가정폭력이 사소한 일이라는 사회 통념에 맞서는 가장 효과적인 전략 중 하나는 가정폭력의 피해가 얼마나 심각하고 위중한지에 대한 사회적 합의를 이끌어 내는 일이었다. 조금도 새로울 것 없는 오래된 현상인 가정폭력이 왜 국가개입이 필요한 사회문제이자 공공문제인지를 설득력 있게 제시하기 위해서는 이 문제가 얼마나 심각한 피해를 동반하는지를 구체적으로 그려내는 일이 필요했던 것이다.

공식적인 법 담론을 통해 가정폭력을 주목해야 할 사회문제로 변화시키려는 노력은 첫째, 가정폭력의 잔혹성에 대한 강조, 둘째, 전형적인 희생자로서의 가정폭력 피해자에 대한 묘사에 그 초점을 두어 왔다.

미국 사회에서 아내구타의 문제가 일반 대중잡지에서 다뤄지기 시작한 것은 1974년의 일로 이때 가정폭력은 잔인한 육체적 · 정서적 폭력의 전형으로 구축되었다.[2] 이는 가정폭력에 대한 대중의 주위를 환기시킴으로 이 문제를 국가가 개입해야 할 위중한 범죄로 다뤄야 하는 현실적 지지기반을 마련하는 데 있어서 필요한 과정이었다. 즉 피해자가 겪은 사건의 잔혹성에 대한 강조는 일상적으로 일어나는 사소한 남녀 간의 다툼으로 가정폭력을 인식해 왔던 사회적 통념에 대한 가장 강력한 도전 방식이었던 것이다.[3] 이러한 맥락에서 가정폭력의 사회문제화 과정에서는 미디어를 통한 재현 방식이 상당히 중요한 역할을 하게 된다. 이런 점에서 가정폭력에 대한 사회적 관심과 국가개입 필요성에 대한 사회적 합의는 가정폭력 문제의 본질에 어떤 변화가 있어서가 아닌 이 문제를 재현해 내고 해석해 내는 방식의 변화에 의한 것이라 볼 수 있다.[4]

잔인하고 참혹한 물리적 폭력의 범주 내에서 가정폭력의 본질을 구축하는 재현 구도 속에서는 필연적으로 그 폭력의 대상 역시 일정한 방식으로 이해되고 해석되어진다. 매 맞는 아내들은 여성 피해자가 가질 수 있는 다양한 특성과 서로 다른 피해의 상황 및 맥락에 관계없이 일정한 전형성을 갖출 것이 전제되었다. 특히 사법 시스템에서 필요로 하는 철저한 희생자의 개념 틀 안에서 가정폭력 피해 여성의 전형성이 구축되었다. 즉 "가엽고, 순수하고, 가정적이며, 순종적인" 여성으로서 피해자가 묘사되었던 것이다.[5] 친밀한 관계 혹은 가족관계

내에서의 폭력을 표현해 주는 언어조차 존재하지 않던 1960년대 미국 사회에서 아동학대가 처음으로 사회적 이슈가 되었을 때 그것이 사회적 저항으로부터 비교적 자유로웠던 이유는 바로 "폭력을 유발하지 않는 결백한 어린아이들에 관한 것"이었기 때문이라는 분석이 있다.[6] 이와 같은 맥락에서 가정폭력 피해자 역시 전형적 여성 피해자로 구축됨으로써 피해사실에 대한 대중의 극적인 관심과 심정적 지지를 보다 효과적으로 이끌어 낼 수 있게 되었다.

가정폭력추방운동의 근본 목적은 가정폭력이 사회에서 용인되지 말아야 한다는 당위에 대한 사회적 동의를 구하는 것이다. 폭력으로부터 자유로운 것은 인간으로서의 기본 권리에 대한 것이라는 주장과 논의, 가정폭력은 여러 사회적 손실과 비용을 초래한다는 점에서 명백히 부정적인 사회 현상이라는 분석적이고 합리적인 주장들은 사회문제로서의 가정폭력을 조명하는 중요한 논리적 기반들이다. 그러나 이때 대중들의 마음을 움직이고 동질화해냈던 것은 이러한 논리적 주장의 명확성이기보다는 폭력에 의해 철저하게 무너진 가정폭력 피해자에 대한 동정심이었다. 이런 면에서 가정폭력추방운동 초창기의 전형적 피해자의 구축은 대중의 관심을 모으고 합법적인 사회운동으로서의 지지기반을 마련하는 데 있어 상당히 효과적인 운동 전략으로 평가된다. 사소한 일로 치부하기엔 너무도 잔인한 폭력과 그 폭력의 희생자로서의 매 맞는 아내라는 가정폭력에 대한 극적인 묘사와 재현 방식은 폭력에 대한 경각심을 높이고 대중적 지지를 확보할 수 있다는 점에서 긍정적인 역할을 하였던 것이다.

그러나 이러한 전략은 가정폭력추방운동을 통해 실제 여성운동이 추구하고 실천하고자 했던 이상과 가치를 실현하는 데 있어서 여러 한계를 노정하고 있는 것이었다. 우선 순수하고 이상적인 피해자로서의 매 맞는 아내의 전형성은

"보호가 필요한 여성에 대한 사회적 설정과 상상"[7]을 그대로 반영한 것이었는데, 백인, 이성애, 중산층 여성을 그 기준으로 한 이러한 진정한 희생자 이미지 구축은 그 이외의 사회적 범주에 위치하는 여성들의 피해사실을 잘 드러내지 못하게 하였다.

그러는 한편, 폭력 피해에도 불구하고 '폭력 관계를 떠나지 않는' 피해 여성들은 '스스로 그 관계를 선택했다'는 점에서 비난받았다. 피해 여성들이 폭력적인 관계에 머물거나, 그 관계로 되돌아가는 것은 개인적인 선택이기 때문에 가정폭력은 명백한 사적 영역의 문제일 수밖에 없다는 주장이 지속되기도 하였다.

가정폭력의 피해자가 되는 것은 결국 개인의 선택에 관한 문제라는 일련의 주장과 의혹에 대응하기 위해 페미니즘은 잔혹한 형태의 폭력이 초래하는 심리적 상해와 상태에 관한 구체적인 경험연구에 매진하게 된다. "매 맞는 아내 증후군Battered Woman Syndrome," 그리고 "학습된 무력감learned helplessness"[8]이라는 개념들은 끊임없이 고강도로 반복되는 가정폭력의 현실과 그 심각한 여파의 희생자로서 가정폭력 피해 여성의 공통된 경험을 드러내 주었고, 이는 특히 법정에서 유용한 전략으로 활용되었다. 또한 가정폭력 피해사실을 구체화하는 데 있어, 이와 같은 지속적이고 반복적인 폭력에 대한 자각은 가정폭력을 일회적이고 일시적인 사건으로 간주하는 기존의 통념이 오히려 비현실적임을 드러내주기도 하였다. 그러나 피해 여성의 손상된 정신적 · 심리적 상태를 강조하며 피해자 비난논리에 맞서는 전략은 그것이 피해 여성의 현실과 경험에 근거한 것일지라도 기존의 환원적 논쟁을 지속시킨다는 점에서 보완논의를 필요로 하게 되었다. 다시 말해 '왜 폭력적 관계에 머무는가?'라는 피해자 비난논리에 대응하기 위해 가정폭력 피해 여성의 정신적 손상과 심리적 감금상태를 강조하는 것은 피해자를 관찰하고 주시함으로써 또다시 폭력의 책임을 피해자에게서 찾으려는 기존의 편향적 태도와 유사한 결과를 초래할 수 있기 때문이다. 문제의 초점을 여전히 피해자에 두고 피해자를 관찰하는 동안, 폭력을 유발하거나 지속시키는 가해 남성, 공동체, 그리고 사회구조의 역할과 책임에 대해 덜 탐구하게 될 수 있다는 지적이 있었던 것이다.[9]

폭력을 개인 태도와 관련된 문제로 축소시키는 것은 폭력발생을 둘러싼 복잡한 과정과 관계들을 단순화한다는 점에 가장 큰 문제가 있다. 가정폭력 피해가 발생하는 바로 그 순간 관계를 청산하고 그럼으로써 피해자가 되지 않을 수 있다는 견해는 피해자들이 떠나려는 시도 자체가 돌이킬 수 없는 치명적 결과를 초래한다는 경험적 사실을 잘 알지 못할 때나 할 수 있는 주장들이다. 마찬가지로, 떠나지 않는 여성들에게 책임을 돌리는 주장들은 관계를 종식시키는 것을 어렵게 하거나 다시 돌아가는 선택을 할 수밖에 없는 여러 사회구조적 원인들을 제대로 파악하지 못한 상태에서나 가능한 논의들이다. 이러한 맥락에서, 가정폭력에 대한 대중적 환기를 위해 순수하고 이상적인 피해자를 구축하는 일이나, 또는 피해자 비난논리에 대한 대응으로 피해 여성의 심리적 공황상태를 강조하는 일 모두 여성을 의존적이며 무기력하게 정의한다는 점에서 재고의 대상이 된다. 피해자의 특징을 여성적 특징에 고착시킴으로써 페미니즘이 해체시키고자 하는 고정된 젠더 개념을 강화하는 점[10]이나, 피해 여성들의 다양한 경험을 드러내지 못하며, 참혹한 결과를 가져오는 폭력만을 '진짜' 가정폭력으로 인식하게 만드는 점들이 비판된 것이다. 그리고 이러한 문제의식으로부터 보다 복잡하고 다층적인 여성의 폭력 경험을 드러내는 것이 필요하다는 논의에 이르게 된다. 매 맞는 여성을 피해자가 아닌 생존자survivor로 보겠다는 개념전환은 바로 이러한 배경 논의 속에서 이루어진 것이다.

가정폭력 피해자를 생존자로 재명명한 이론적 시도는 여성들을 무기력한 희생자로 설정한 그간의 피해자 담론이 폭력에 적극적으로 저항하고, 자신이 처한 상황에서 최선의 전략적인 대처를 도모하며, 생존하기 위해 가능한 모든 노력들을 기울이는 여성들의 경험을 반영하지 못함으로써 오히려 현실적이지 못하다는 반성과 성찰을 통해 발전하였다. 그렇기에 생존자 개념은 여성의 입장에서 피해의 경험을 통찰함으로써 삶의 주체agent로서의 여성 지위를 복구해 낸 것이라 할 수 있다. 무엇보다 생존자 개념은 가정폭력 내지는 친밀한 관계 내에서 폭력을 경험하는 여성들의 구체적 피해 사례와 그 결과로서의 징후에 대한 강조가 본래 의도와는 다르게 '정신적 · 심리적으로 특수하고 이상한 여성들'이라는 편견을 생산하는 결과를 가지고 왔음을 환기시킨다. 비이성적이고 병리적 문제를 가진 사람들로서 피해자를 묘사하는 것은 연민을 자아내는 데 있어서는 효과적이지만, 동시에 비이성적 행동과 판단에 대한 비판과 오명stigmatization을 수반하여 외부의 강력한 개입과 결정을 정당화하는 근거로 활용될 수 있다. 현대 사회의 여성들은 개인적 노력과 성취에 따라 얼마든지 자유롭고 독립적인 삶을 보장받을 수 있다는 믿음과 기대가 보편적인 사회에서 이처럼 '약하고 의존적이며 무기력한' 특성으로 묘사된 폭력의 피해 여성들은 동정의 대상일 수는 있지만 나와 비슷한 정상적 사람일 것이라는, 혹은 나도 같은 경우가 될 수도 있다는 감정이입을 할 수 없는 이상한 사람들로 범주화되기 쉽다.[11] 이러한 문제점으로부터 생존자 개념은 폭력에 의해 철저히 파괴된 여성을 강조하기보단 처참한 폭력과 위기의 상황들을 슬기롭게 대처하고 견뎌내며, 결국엔 극복해 내는 여성의 주체성을 부각시키는 데 중점을 둔다. 여성이 폭력적인 관계를 떠나지 않는 것을 정신이상과 심리적 무력감으로 여기기보다 생존의 기술이자 전략을 위한 주체적 판단에 기인한 것이라 설명하는 것이다.[12]

피해자에서 생존자로의 전환은 여성이 폭력관계에 머무르거나 되돌아가는 동일한 행동에 대해 다른 해석과 의미를 부여함으로써 피해 여성의 비정상성에 집중하는 대신, 그들이 처한 상황과 맥락을 살필 수 있도록 돕는다. 피해 여성들이 간단하게 관계를 정리하고 떠나는 것을 불가능하게 하는 이유들에 대한 탐색을 통해 피해자보다는 가해자의 행동과, 그 행동들을 가능하게 하는 사회적 조건을 보다 구체적으로 살펴보게 하는 것이다. 이럴 경우 우리의 질문은 가해자에게 어떠한 책임을 물을 것인가, 그리고 이러한 폭력을 용인하는 사회적 조건들을 어떻게 약화시킬 것인가로 전환될 수 있고 이는 가정폭력에 대한 새로운 이해의 기회를 마련한다. 자신과 아이를 보호하고 보다 나은 상황을 만들기 위해 노력한 흔적들을 주시하게 함으로써 폭력의 피해자들은 병리적이기보다 이성적이고 합리적 선택과 판단을 행한 주체들로 새롭게 정의될 수 있다. 이는 기존의 피해자 개념이 의존해 있던 전통적 여성성의 문제점을 극복하는 것이기도 한데, 무엇보다 생존자로서 가정폭력 피해 여성의 구축은 폭력피해 여성들에 대한 이해의 폭을 넓히고 감정이입을 가능하게 함으로써 그들을 존중과 존경의 맥락에서 평가하는 대중의 태도변화를 가져왔다는 점에서 의미가 크다고 할 수 있다.[13]

가정폭력 피해자들에 대한 관심과 연민을 자아내는 데 효과적이지만, 가정폭력 피해자를 전형적 틀에 가두는 기존의 무기력한 피해자 개념에서 삶의 책임감 있는 주체로의 개념전환은 이처럼 이 주제에 대한 심도 있는 논의를 이끌고 발전시키는 데 있어 중요한 역할을 하였다. 그러나 동시에 생존자로서의 여성주체성의 복구와 강조는 폭력관계를 주시하고 민첩하게 대응할 수 있는 결단력 있고 합리적인 여성을 상정함으로써 다시금 폭력의 문제를 개인화하는 위험을 내포한다. 즉 폭력 상황에 대처하는 개인의 기술과 판단에 대한 집중은 또다시 관심의 대상을 피해자에게 되돌리고 폭력 상황에 놓인 여성들의 보다 나은 방식에 대한 책임을 강조함으로써 피해자 개인의 대처능력을 문제 삼고 비난했던 기존 논의를 되풀이 할 수 있는 것이다.[14] 생존자 개념은 사회의 구성원을 자신의 의지에 따라 모든 상황을 통제할 수 있는 "완전히 자유로운 주체들"[15]로 전제함으로써 모든 문제의 원인을 개인화하는 기존 담론의 한계를 넘어서지 못하였다. 가정폭력을 발생 · 지속시키는 사회적 조건들을 간과하게 되는 동일한 위험을 여전히 안고 있는 것이다.

유약한 피해자에서 합리적인 생존자로의 개념전환으로도 극복할 수 없는 유사한 한계들은 주체/피해의 이분법 구도로는 여성이 경험하는 폭력을 완전하게 설명할 수 없다는 인식으로 이어졌다. 많은 페미니스트 학자들은 완벽한 피해자와 완벽한 생존자 개념의 추상성을 비판하며 피해와 주체의 상태와 가능성은 그들이 처한 다양한 위치와 맥락에 의해 이해되어야 하는 상호의존적이며 관계적인 개념임을 환기시킨다.[16] 이런 점에서 "수동적이지만 주체적이고, 약하면서도 강하고, 고립되어 있지만 저항적인"[17] 폭력 피해자들의 다양성을 포괄하는 대안적인 개념이 필요하다는 주장이 제기되었다. "희생자이지만 그들 자신의 삶에 충실하려는 적극적인 참여자이며, 두려움에 떨면서도 그들 스스로의 인생을 구하기 위해 끊임없이 노력하는"[18] 가정폭력 피해자들에 대한 상황적 이해의 필요성이 촉구된 것이다. 피해자에서 생존자로의 개념 전환, 그 한계에 대한 인식과 이분법 구도에 대한 비판은 결코, 이 둘 중 더 나은 페미니스트 전략이 무엇인지를 논의하기 위한 것이 아니다. 그보다는 가정폭력 피해 여성이 마주하게 되는 다양한 상황과 맥락을 눈여겨봄으로써 그간의 가정폭력 개념이 단일하고 협소한 방식으로 구축되어 왔던 것은 아닌지를 질문하기 위해서이다. 즉 가정폭력 경험이 피해자 그리고 동시에 생존자의 연속선에서 설명될 수 있다는 점을 통해, 잔인한 신체적 상해를 남기는 폭력만이 우리가 주시해야 할 가정폭력의 본질인지를 되묻는 것이다. 이런 점에서 가정폭력 피해자 논의와 전략들이 가지는 한계와 딜레마에 대한 탐구는 가정폭력추방운동과 가정폭력 재개념화를 재구성하고 전개하는 데 있어, 가정폭력의 범주를 넓히고 피해 경험을 맥락화하는 것의 중요성을 확인하는 것과 관련이 있다.

한국 피해자 지원 서비스와 가정폭력 담론

가정폭력이 사회문제로 인식되는 것의 중요성은 무엇보다 법제화를 통해 가정폭력에 대한 국가차원의 대응 필요성과 책임을 명시하고 그를 바탕으로 가정폭력 피해자를 위한 실제적인 지원을 이끌어 낼 수 있는 제도적 기반을 마련한다는 데 있다. 법제화 이후 한국 사회에 크게 증가한 가정폭력 관련 상담소 및 보호시설, 상담원 교육프로그램을 통한 관련기간 종사자 양성 및 재교육, 경찰개입에서부터 가해자 처벌에 이르는 제도의 개선 등은 가정폭력 보호기관 실무자가 오히려 경찰에 연행되고 조사받던 과거의 일[19]을 떠올려 볼 때, 분명 커다란 변화가 아닐 수 없다. 「가정폭력방지법」에 의거 현 여성가족부는 가정폭력 피해자 보호의 주무기관으로서 "여성에 대한 폭력에 적극 대처하고 여성인권의 보호체계 구축"을 가정폭력 및 성폭력 근절을 위한 정책 목표로 제시하고 있다. 상담소, 보호시설, 여성긴급전화 1366, 여성 · 학교폭력 피해자 원스톱 지원센터를 주체로 여성폭력(가정폭력 · 성폭력) 피해자를 지원 및 보호하는 데 정책의 주안점을 두고 있음을 강조한다.[20]

조직화된 여성운동의 노력과 헌신에 의해 법제화가 이루어지고[21] 인력과 예산을 확보한 주무부서가 가정폭력 근절에 주력하고 있는 점은 가정폭력 피해자들이 가용할 수 있는 지원과 자원이 예전과 비교할 수 없는 수준일 것이라는 것을 짐작케 한다. 이런 점에서 가정폭력이 국가가 개입해야 하는 중요한 사회문제 중 하나로 인식되고 공공정책의 대상이 된 것은 분명 주목할 만한 여성운동의 성과이자 여성정책의 발전이라 할 수 있다. 그러나 이러한 제도개입과 공공정책의 존재만으로 가정폭력에 대한 인식 전환 및 궁극적 해결이 국가적이고도 사회적인 수준에서 진행되고 있다고 낙관할 수 없다는 점 역시 인식되고 있다. 단지 제도적 개입과 보호대책이 존재한다는 사실만으로 가정폭력에 대한 공공정책의 완성도와 의지를 평가하는 것은 충분하지 않다는 것이다. 때문에 가정폭력에 대한 국가정책과 구호조치의 실질적 내용 평가를 통해 해당 문제에 대한 정부차원의 인식 및 태도를 가늠하는 연구에 대한 관심은 증가하고 있다.[22]

긴급출동에 의한 위기개입, 피해자 보호 및 치료, 가정폭력 예방 등을 골자로 하는 정부의 가정폭력 대책은 분명 가정폭력 피해자 지원에 있어서 필요한 조치들이다. 그러나 정부 정책들의 세부적 시행의 과정과 결과, 그리고 그를 통해 이루고자 하는 목표를 살펴보면 한국 사회의 정부 주도 가정폭력 담론이 특수한 형태로 재현되고 고정화되어 있음을 볼 수 있다. 이를 세부적으로 유형화하자면, 첫째, 가정폭력의 위해성을 물리적 폭력에 한정하고 있는 것, 둘째, 가정폭력 문제 해결의 궁극적 목표를 가정보호에 두는 것, 셋째, 사회의 특정 계층이 가정폭력에 보다 많이 연루되어 있을 것이라는 편견을 고착화하고 있는 것 등이 된다. 이를 순차적으로 살펴보기로 한다. 첫째, 2011년 5월 24일 여성가족부는 '가정폭력방지 종합대책'을 통해 가정폭력 사건의 초기대응 강화를 위한 사법경찰관의 주거진입권(피해자대면권) 도입을 인정하겠다고 발표하였다.[23] 긴급출동 및 적극적 위기개입 필요의 강조는 가정폭력신고에 별다른 반응 및 조치를 취하지 않았던 과거 경찰의 안이한 태도가 적절하지 않았음에 대한 경각심을 높이고 가정폭력이 얼마나 위협적인 범죄일 수 있는지에 대한 경종일 수 있다는 점에서 환영할 만하다. 그러나 한편, 가정폭력에 대한 즉각적 위기개입의 강조는 즉시적이고 위협적인 신체적 폭력만을 가정폭력으로 간주함으로써, 가정폭력의 발생을 물리적 폭력의 유무로 판단하게 될 가능성이 높다는 점에서 우려스럽다. 피해자에게 가정폭력은 지금 당장 육체적 상해를 어느 정도로 입었느냐의 문제이기도 하지만 "과거는 물론 폭력현장을 떠나 쉼터에 머무는 현재 그리고 미래까지도 지속적으로 영향을 미치고 공포심을 주는 현재진행형의 문제"이기 때문이다.[24] 따라서 가정폭력 피해자 보호의 사각지대를 없앤다는 것이 정책 고안의 진정한 의도라면, 피해자가 경험하는 폭력의 범주와 형태를 충분히 고려하는 구체적인 작업이 요구된다. 왜냐하면 가정폭력을 즉시적이고 위협적인 폭력으로 간주하며 경찰의 즉시개입을 강조하면 할수록 잔인하고 참혹한 결과를 낳는 폭력만을 가정폭력으로 인지하는 사회적 태도를 확산시킬 수 있기 때문이다. 가정폭력을 끔찍한 결과를 초래할 수 있는 물리적 폭력으로만 인식하는 것은 폭력으로 인한 공포와 두려움이 상당기간 지속적인 위협일 수 있다는 점, 혹은 물리적 폭력이 발생하지 않는 상태에서의 위협과 긴장이 여성의 일상을 지배할 수 있다는 점, 이러한 공포감과 심리적 위축은 인간으로서 누려야 할 삶의 자유를 상당부분 침해하고 억압한다는 점 등을 간과함으로써 폭력의 파생효과를 덜 주목하게 하거나 물리적 손상을 심하게 남기지 않은 폭력을 가벼이 여기게 할 수 있다.

두 번째로 살펴볼 것은 가정폭력을 가정보호의 문제로 보는 보수 담론의 지속적 재생산에 관한 것이다. 가정폭력에 대한 정부대책으로서 즉각적인 위기개입의 후속조치는 피해자를 보호하고 치료하는 것이다. 법제화 이후 가정폭력 관련 상담소 및 보호시설은 양적인 면에서 급격히 증가한 것이 사실이다. 그러나 국고지원 대상이 30% 정도로 낮고, 단기간 입소시설이 대다수이며, 그것도 지역 편중적이어서 실제 피해자를 위한 보다 세심하고 장기적인 지원 대책이 필요하다는 평가가 잇따르고 있다. 현장실무자들은 현재와 같은 6개월가량의 보호시설 단기입소를 통해 피해자가 오랜 기간의 심리적 · 육체적 상처와 상해를 극복하고 더 나아가 자립할 수 있는 사회적 · 경제적 기반을 마련하는 것이 과연 가능한지를 오히려 되묻고 있다. 특히 퇴소 후의 경제적 자립의 확보가 피해 재발방지의 주요한 요건인 가운데, 여성가족부는 「가정폭력방지법」[25]에 따라 가정폭력 피해 여성의 직업훈련 교육 강화, 직업훈련 및 취업알선 등의 자립지원을 정책적 내용에 포함시키고 있다. 그러나 실제 정부의 피해자 지원 대책은 상담을 위주로 한 심리 · 정서적 지원에 치중되어 있다.[26] 이는 우리 사회의 '가정폭력방지 종합대책'의 목표가 여전히 '가정의 해체를 방지하고' '건강한 가정을 만들기 위해'라는 담론에 머물러 있는 것과 관련이 있다. 가정폭력이 여전히 가정보호의 문제라는 시대착오적 담론에 매몰된 상황에서는 젠더 불평등과 같은 불균형적 사회구조, 그리고 성별권력과 직접적으로 연관된 차별과 증오범죄의 맥락에서 가정폭력을 진단하는 시도 자체가 어려울 수밖에 없기 때문이다.

마지막으로, 한국 사회가 가정폭력을 가정보호의 문제라는 보수 담론에 의존하고 이를 재생산함으로써 가정폭력의 문제를 개인화하고 있는 점을 살펴보기로 한다. 앞서 논의한 가정폭력 피해자 보호시설 부족 및 재원 부족의 문제에 대처하기 위해 정부는 피해자 자산조사를 통해 일정액의 자산을 보유한 피해자에게는 지원서비스를 제한하는 정책을 실행하고 있다. 가정폭력 피해자라 할지라도 국가지원이 굳이 필요하지 않은 개인에게까지 공공재원을 과다 지원할 필요가 없다고 보는 것이다. 현장 실무자들은 정부의 바로 이러한 정책들이 가정폭력에 대한 정부의 편협한 이해가 그대로 반영된 것임을 지적한다.[27] 가정폭력 피해는 단지 신체적 상해의 유무에 의해 판단될 수 있는 단순한 현상이 아니다. 모든 경제적 권한을 봉쇄하는 방법으로 피해 대상을 통제하려는 경제적 폭력 역시 빈번하게 발생하는 폭력 유형이다. 만일 정부가 이를 제대로 이해하고 있다면, 보유 재산이 있거나 직장이 있다는 이유만으로 특정 피해자를 국가의 보호대상에서 제외시키는 현재의 정책은 나올 수가 없다. 경제적 폭력에 대한 몰이해는 단순히 자신 명의의 재산은 있으나 실제로 그것을 사용할 수 없는 상황에 놓인 가정폭력 피해자가 국가 지원에서조차 배제되는 문제만을 초래하는 것이 아니다. 자산이 있는 여성들에게까지 국가가 지원할 필요가 없다는 정부태도는 경제력을 갖춘 여성이라면 이 문제를 스스로 해결할 수 있고, 가능하면 개인적으로 해결해야 한다는 의식을 반영하는 것이라 할 수 있다. 이는 사회문제로서의 그리고 공공문제로서의 가정폭력에 대한 국가개입 필요성의 근본 기조를 정부 스스로가 약화시키고 있는 것이며 가정폭력 문제를 개인적인 문제로 축소하려는 퇴보적 경향을 고수하는 것이라 할 수 있다. 나아가 자구책을 마련할 수 없는 가난하고 경제적으로 취약한 폭력 피해 여성들만을 국가지원과 보호의 대상으로 설정한 암묵적인 규정은 가정폭력이 저소득층에서 보다 빈번하게 발생한다는 가정폭력에 대한 오래된 편견에 우리 사회가 여전히 지배받고 있음을 보여준다. 물론 빈곤한 여성이 가정폭력에 보다 더 취약한 것은 사실이다. 빈곤한 여성일수록 폭력적인 상황에 노출되기 쉽고 그 상황으로부터 벗어날 수 있는 자구책을 마련하기 더 어렵다. 그러나 이러한 사실이 가정폭력이 빈곤계층에서 보다 집중적으로 일어나고, 빈곤이 가정폭력 발생의 가장 근본원인이라는 것을 말해 주는 것은 아니다. 빈곤은 여성이 폭력에 취약한 원인이기도 하지만 폭력으로 인해 많은 여성들이 빈곤해지기도 한다.[28] 빈곤과 여성이 경험하는 폭력 간의 긴밀한 관계가 젠더에 기반한 사회적 차별과 불평등의 맥락에서 이해되지 못하는 척박한 논의의 환경에서 가정폭력은 빈곤한 가정의 문제이자 가난하고 자존감 낮은 소수 남성의 분풀이로 해석되기 쉽다. 현재 가정폭력 피해자의 신상명세를 노출시키는 것으로 논란이 되고 있는 새올행정 시스템 도입 역시 가정폭력에 대한 정부의 이러한 편향적 이해에서 비롯된 것이라 할 수 있다. 행정 업무 수행의 효율성을 높인다는 명분으로 정부 지원의 수혜 대상자에 대한 정보를 등록하게 하는 행정 조치는, 피해자는 물론 피해자가 동반하는 아동의 정보를 노출시킴으로써 이들의 안전을 위협할 수 있다. 이는 행정 시스템에 용이하게 접근할 수 있는 사람들 중에 가정폭력 가해자가 있을 수 있다는 점을 전혀 고려하지 않고 있는 정부 인식을 반영하는 것으로 가정폭력 가해자를 사회의 소외계층에 한정하고 있는 단편적 이해를 보여준다.

한 사회에서 가정폭력이 법제화되었다는 것은 가정폭력에 대한 국가 개입 필요와 그 책임을 인정하였다는 것이고 때문에 정부의 주요 임무는 가정폭력이 개인의 일이 아니라는 법제화의 기본 원칙을 정책으로 구체화함으로써 이에 대한 사회적 합의를 확산 및 강화시키는 데 있어야 한다. 현장실무자이자 운동가들은 사회범죄로서의 명문화와 가용한 사회적 · 법적 지원의 확충 등의 긍정적 기능에도 불구하고 가정폭력 피해자들은 여전한 경제적 자립의 어려움과 이혼 후에도 지속되는 폭력으로 인해 고통 받고 있음을 지적한다.[29] 법 시행 10여 년이 지난 시점에서도 현장실무자로부터 가정폭력 피해지원 서비스에 대한 유사한 지적이 지속되고 있다는 것은 가정폭력 피해자에 대한 현실적 이해가 부족하다는 것을 의미한다. 그리고 동시적으로 이것은 우리 사회의 가정폭력 개념화가 복잡하고 맥락적인 피해 현실을 다 담아내지 못하고 있음을 보여주는 것이기도 하다. 이런 점에서, 한국 사회의 가정폭력 피해자 지원 서비스의 문제점에 관한 지금까지의 논의는 피해자 지원 서비스를 재점검하고 개선하자는 논의의 기반이 될 수도 있지만, 그보다는 가정폭력 본질에 대한 사회적 이해가 여전히 부족하다는 것을 확인하는 논의라고 할 수 있다. 여성이 경험하는 폭력에 대한 본질을 제대로 파악하지 못한 상태에서는 피해자를 위한 지원 서비스가 불충분할 수밖에 없고, 지원 서비스의 내용과 질을 개선시키려는 논의 또한 현실적이고 구체적인 수준에서 이루어지기 어렵다. 때문에 가정폭력에 대한 국가와 정부 지원의 효과를 극대화하기 위해선 실행을 문제의 원인으로 지목하기보단 여성이 경험하는 가정폭력이 무엇인지에 대한 분명한 이해를 목표로 하는 것이 필요하다. 가정폭력의 본질을 검토하는 논의의 필요성은 또한, 가정폭력이 무엇에 관한 문제인지에 대한 개념 정의가 그 문제를 해결하기 위한 정책 및 대안의 내용과 방향에 결정적 영향을 미치기 때문이기도 하다.

가정폭력 본질과 피해자 담론 — 역량강화 연속선의 관점에서

가정폭력의 본질을 파악하고 가정폭력 담론을 재구축하는 데 있어 피해자 담론을 주목하는 이유는 가정폭력 피해자에 관한 극적 담론 생산이 가정폭력의 사회문제화에 매우 중요한 역할을 해왔기 때문이다. 즉 피해자와 피해 상황에 대한 극적 묘사는 효과적으로 대중의 이목을 집중시키고 보다 폭넓은 사회적 동의와 지지를 이끌어 냄으로써 가정폭력추방운동의 성장과 발전에 기여하였다. 가정폭력 담론 재구축의 목적이 사실 제도화가 이 문제를 모두 해결하고 있다는 무관심에 경종을 울리며 가정폭력추방운동의 재부흥revitalization을 도모하기 위한 것이라 할 때, 가정폭력 피해자 담론은 그 운동의 전략으로서 충분히 검토되고 활용되어야 할 필요가 있다. 또한, 가정폭력 담론의 재구축이라는 목표가 결국 가정폭력 본질에 관한 면밀한 접근과 본질적 이해의 필요성을 강조하는 것이라면, 가정폭력 피해자의 경험과 입장을 올바르게 반영하려는 노력은 가정폭력 담론을 재구축하는 데 있어 가장 중요한 준거점이 되어야 한다. 앞서 살핀바와 같이, 가정폭력 피해를 둘러싼 페미니스트들의 이론적 · 경험적 논의는 매 맞는 여성들을 극단적인 피해자 혹은 독립적 주체로 이분화하기 보단 연속적인 관점에서 그들의 경험을 통찰해야 한다는 것이었다. 피해자이면서 동시에 생존자이기도 한 가정폭력 피해의 연속적 측면이 가정폭력 재개념화라는 과제를 풀어나가는 것과 어떻게 관련되어 있는 것일까? 이 장에서 주목하고자 하는 역량강화 연속선Empowerment Continuum 개념은 바로 이 질문에 답하기 위해 검토되었다.

가정폭력 피해자를 지원하고 지지하는 궁극적 원칙이자 그 결과가 여성의 역량강화여야 한다는 믿음은 이미 널리 공유되어 왔다. 그러나 그에 비해 역량강화가 무엇을 의미하는지/해야 하는지에 대한 논의는 충분히 이루어졌다고 보기 어렵다. 때문에 이들 논의들은 현재 진행 중이라 할 수 있는데 역량강화를 어떻게 정의해야 하는지, 그리고 어떤 입장과 관점에서 피해자의 역량강화를 평가해야 할 것인지를 주된 내용으로 하고 있다. 그러면서도 이들 논의들은 가정폭력 피해자를 지원하고 지지하는 거의 모든 관련 기관들이 가정폭력 피해자에 대한 역량강화를 최우선의 피해자 구제 및 보호정책의 목표로 삼고 있는 현실에서, 자칫 피해자를 위한 다양한 지원과 지지자의 존재 여부만으로 역량강화의 완성도가 평가될 수 있음을 지적하며 이를 경계해야 한다는 입장을 가지고 있다.[30] 피해자

구제 및 지원 시스템의 구비 자체를 역량강화와 동일시하는 것에 신중해야 하는 이유는 협소하고 단정적 범주에서 역량강화가 정의되기 쉬우며, 그럼으로써 실제 피해 여성의 경험과 필요가 제대로 반영되지 못할 확률이 크기 때문이다. 예를 들어, 자신의 상황을 그 누구보다 가장 잘 파악하고 있는 삶의 주체로서 폭력피해 여성을 인식한다면, 그들의 선택과 결정은 그들 자신의 안전과 생존을 위한 가장 최선의 대안으로 수용되고 지지되어야 한다. 그리고 이것이 역량강화를 이루어 내는 기본 원칙이어야 한다. 하지만 현실은 주로 전문가라 일컬어지는 외부인의 판단과 기대에 의해 피해 여성에 대한 역량강화의 결과가 평가되고 있다. 즉 관계를 떠날 수 있었거나, 가해자의 처벌을 이끌어 냈거나, 가해자가 접근금지 명령을 받았거나, 결국 가해자가 그 명령을 어기지 않고 잘 분리되었거나 등이 역량강화의 평가기준으로 작동한다. 모리슨Adele M. Morrison은 사법적 조치와 그에 순응적인 태도가 피해 여성의 삶에 긍정적 결과를 가져온다 할지라도 이것을 통해 피해 여성의 역량강화가 완료되었다고 보는 것은 문제가 있다고 말한다. 덧붙여 여성이 힘을 얻는 과정에 주목하기보다는 가해자에 대한 법적 처리로부터 피해 여성의 역량강화를 판단하는 것은 남성을 기준으로 여성의 삶을 정의하고 판단해 왔던 기존의 남성 중심적 사고에서 전혀 벗어나지 못했다는 점에서 더욱 문제적이라 비판한다.[31] 가해자에 대한 사회적 단죄와 처리는 가정폭력에의 책임을 묻고 또 예방하기 위해 필요한 사회적 조치임은 분명하지만, 이 자체가 피해 여성보다는 경찰을 포함한 사법부, 즉 국가의 영향력을 강화하는 데 기여하고 있다는 지적도 같은 맥락에서 이해될 수 있다. 이러한 문제제기로부터 현존하는 가정폭력 피해자를 위한 정책 지원 및 사법 조치가 피해자들이 실제로 원하고 필요한 것을 제공해 주고 있는지, 또한 피해자의 현실에서 실행 가능한 것들을 제시하고 있는지, 피해 여성에게 강제하고 있는 부분이 있는 것은 아닌지를 검토할 필요가 있다는 논의가 시작되고 확대되었다.[32] 그리고 이러한 논의들은 피해자가 삶을 다시 일으킬 수 있는 힘을 실어 주는 진정한 의미의 역량강화란 결국 피해자가 위치한 다양하고 복잡한 삶의 여건, 그 안에서 삶을 지속해야 하는 피해자의 상황과 가능한 선택 등을 충분히 고려한 후에야 비로소 가능하다는 것을 보다 분명히 하고 있다. 외부인 혹은 전문가의 관점에서 본다면, 피해 여성이 내리는 어떤 결정과 선택들은 가장 좋은 방법이 아닐 수 있다. 하지만 이때 피해자의 입장과 경험을 세심히 고려하는 역량강화의 기준을 적용한다면, 그 선택과 결정이 최선의 대안이 아니라는 점에 집중하기보다는 무엇이 피해자로 하여금 그러한 결정에 이르게 했는지를 탐색하게 한다. 이처럼 폭력 피해 여성을 위한 역량강화의 종국적 목표가 여성들의 다양한 삶의 경험과 맥락을 반영해야 한다는 의견, 때문에 실제 피해 여성을 중심에 놓고 역량강화의 과정을 구축해내는 것이 필요하다는 인식 하에 역량강화 연속선이라는 개념이 도출되었다. 역량강화 연속선은 가정폭력 피해 여성이 희생자에서 생존자로, 그리고 활동가advocate의 단계로 이동하며 종국적으로는 공동체의 일원으로 참여하는 것을 일컫는 개념이다. 이 개념의 핵심은 폭력의 피해 여성이 즉각적인 보호와 구제를 받는 것이 시급하고 중요한 일이지만 이것이 일시적인 수준에서 그치지 않고 연속적인 수준에서 지속되어야 함을 강조하는 데에 있다. 따라서 역량강화 연속선 개념에서의 여성은 동일한 상태에 머물러 있거나 일관된 모습으로 재현되기보다는 역동적이고 상호작용적인 주체로 표현된다. 즉 피해 여성은 어느 시점에서는 보호와 구제가 필요한 희생자이지만, 그 맥락을 파악해 보니 실은 주체적 결정과 판단을 내린 생존자였고, 지원과 지지를 통해 활동가로 거듭날 수 있으며, 자신의 경험과 입장, 그리고 실천을 통해 공동체의 변화와 발전에 공헌하는 중요한 사회

구성원으로 역할을 다할 수 있다는 것이다. 이런 점에서 역량강화 연속선 개념은 매 맞는 여성들을 피해자화하느냐 아니면 생존자로 호명해야 하느냐의 이분법을 넘어 여성의 피해 경험과 주체성을 모두 복원해야 한다는 그간의 페미니스트 논의의 대안으로 고려될 수 있다.

역량강화 연속선 개념은 이처럼 무엇이 역량강화인가에 대한 질문과 고민들을 재조명하게 한다는 점에서 가치 있는 탐구 주제이다. 그러나 무엇보다 강조하고 싶은 역량강화 연속선 개념의 미덕은 우리로 하여금 가정폭력의 본질이 무엇인가에 대해 다시 질문하게 한다는 데에 있다. 그렇다면 역량강화 그리고 역량강화 연속선 개념은 가정폭력 재개념화와 어떻게 관련되어 논의될 수 있는 것일까? 그것은 다음의 이유에서인데, 즉 가정폭력 피해로부터의 구제를 위해 역량강화 개념이 도출되었다고 보는 것이 옳다면, 역으로 역량강화의 방법과 과정에 대한 비판적 탐색을 통해 가정폭력에 대한 우리의 이해를 점검하고 재고찰하는 것 역시 필요하고 가능한 일일 수 있기 때문이다.

역량강화 개념으로부터 우리가 이해하고 있는 가정폭력의 의미를 재점검하기 위해 가장 먼저 주목해 볼 수 있는 것은 가정폭력 피해자를 위한 가장 핵심적이고 대표적인 제도적 장치인 사법조치에 관한 것이다. 사건의 직접적인 가해자를 엄벌하고 그로써 폭력 예방 효과를 높인다는 점, 무엇보다 가해자 처벌을 통해 가정폭력을 범죄화함으로써 가정폭력이 사적인 문제가 아닌 사회문제라는 것을 상징화하고 공표하는 가장 강력한 도구라는 점에서 사법 시스템의 활용은 이 문제 해결의 보편적 방법으로 널리 인식되고 활용되어 왔다. 앞서 지적했듯이 피해자에게 일정한 구제책을 제공하고 공권력의 힘을 빌려 가해자를 제지한다는 점에서 이러한 사법 시스템의 활용은 훌륭한 선택이자 성과임은 분명해 보인다.

그러나 한편, 가해자에 대한 강력한 처벌을 요구하고 이를 정당화하는 사법 시스템의 구축과 활용은 무엇보다 신체적 폭력의 발생과 그로 인한 심각한 상해를 위주로 가정폭력의 잔인성과 참담함을 증명하는 일을 필요로 하였다. 그리고 이러한 과정은 자연스레 가정폭력을 심각한 육체적 폭력 및 신체적 학대에 국한시키는 결과를 초래하고 강화하였다. 이를 문제시하는 것은 신체적 폭력과 상해가 가정폭력 피해 여성이 경험하는 참담한 현실임을 부정하려는 것이 아니다. 그보다는 물리적 공격과 그에 따른 위해만을 가정폭력을 상징하는 대표적 피해로 여기는 것이 가정폭력의 본질을 상당히 지엽적인 수준에서 이해하는 것에 불과하고, 그와 같은 편향된 이해는 문제를 해결하는 데 있어서도 부분적인 기여를 할 뿐이라는 비판에 주목해 보기 위해서이다. 전 지구적으로 시행되고 있는 수년에 걸친 법개혁에도 불구하고 여성에 대한 폭력이 종식되지 않음을 우려하는 일부 페미니스트 법학자들은 비폭력적 학대에 대한 사법 시스템의 무력함을 비판하고 있는데, 이들이 지칭하는 사법 시스템의 한계란 가정폭력을 판단하는 데 있어 신체 폭력의 발생 유무를 학대입증의 가장 중요한 증거로 삼는 것을 말한다. 이들에 따르면, 물리적 폭력사용은 분명한 학대의 징표이지만, 여성이 현실에서 경험하는 폭력의 본질은 이보다 광범위하기 때문에 이에 대한 법적 개념전환이 우선적인 과제여야 한다는 것이다.[33] 이러한 비판과 우려를 통해 우리는 잔인한 폭력을 가정폭력의 전형으로 이미지화하고, 또 대중으로부터의 연민을 자아낼 수 있는 전형적 피해자 이미지를 전략적으로 활용해 왔던 기존 여성폭력추방운동의 딜레마와 한계를 점검해야 한다는 결론에 이르게 된다. 그리고 어떤 관점과 내용으로 가정폭력을 재개념화할 것인지를 질문하게 된다.

역량강화의 내용과 방법으로 그 사회의 가정폭력 이해도를 측정하겠다는 관점에서 살펴보면, 한국 사회는 「가정폭력처벌법」은 제정했지만, 그를 통해 가정폭력을 범죄화하겠다는 의도는 없었거나 그 의도가 있었다면 실패하였다.[34] 오히려 2007년 '상담조건부 기소유예'를 법제화함으로써 가정폭력 비범죄화를 제도적으로 뒷받침하고 있는 실정이다.[35] 또한 한국 사회의 여성운동은 가정폭력 제도화를 통해 공권력 개입과 국가 예산을 확보하는 데 결정적 기여를 하였지만, 가정폭력 담론을 구축, 점검, 재구축하는 운동의 연속선 기반을 견고히 하진 못하였다. 법 담론을 통하여 그리고 구체적인 제도와 그 실행을 통하여 정부가 가정폭력 담론 생산에 막강한 영향력을 행사할 수 있는 위치를 전유하고 있기 때문이다. 앞서 살펴 본 것처럼, 한국 정부는 폭력관계를 종식시키는 데 있어 가장 중요한 피해 여성의 경제적 독립과 노동시장에서의 성차별을 연관시키지 못하고 있다. 또 사건 발생 이후 안전 확보에 필수적인 주거지원을 일시적인 수준에서 제공함으로써 가정폭력피해자 지원을 빈곤층에 대한 시혜의 차원에서 인식하며, 가정폭력을 일회적이고 사건 중심적인 육체적 폭력의 수준에서 이해하고 있다. 가정폭력의 비범죄화가 제도로 자리 잡고, 가정폭력에 대한 편향적인 이해가 상식처럼 굳어져 가는 한국 사회에서 가정폭력추방운동의 핵심은 따라서 가정폭력에 관한 협소한 사회인식과 태도를 전환하고 올바른 방향의 정책들을 생산하고 조율하는 데에 있다. 이는 다시 말해, 이미 해결된 것으로 간주되는 가정폭력에 대한 제2기의 사회운동이 일어나야 함을 의미한다. 우리의 딜레마가 여기에 있다. 어떻게 기존의 제도화를 성공적으로 이뤄낸 바로 그 전략들—폭력의 잔인함과 피해자의 순수성을 강조하는—의 위험을 극복하면서 문제에 대한 대중적 관심을 확보하고, 재환기할 것인가? 그리하여 가정폭력, 그리고 여성에 대한 폭력이 왜 여성의 자율성 확보와 인권보호의 문제임을 각인시킬 것인가? 이러한 질문들은 가정폭력을 재개념화하고 가정폭력추방운동을 재구성하는 데 있어 우리에게 두 가지 과제가 있음을 명시한다. 즉 가정폭력 제도화의 한계를 분명히 드러내면서도 가정폭력을 극단적으로 묘사하는 전략에 매몰되지 않는 방식이 필요하다는 것이다. 이의 해결을 위해, 가정폭력 피해자/주체 구축 논의의 대안으로 제시된 역량강화 연속선 개념을 그 원칙으로 활용할 것을 제안한다. 가정폭력을 경험한 여성 당사자를 완전한 피해자 혹은 생존자로 이분화하는 것이 현실적이지 않은 것은 이들이 마주하는 폭력의 유형이 극단적으로 분리되지 않기 때문이다. 즉 가정폭력 피해 주체의 정체성과 경험이 연속적인 것은 그녀가 경험하는 폭력이 일회적이거나 일시적인 것이 아닌 연속적인 어떤 것이기 때문이라는 것이다. 버크Alafair S. Burke는 가정폭력이 마치 낯선 이들 사이에서 일어나는 폭력과 동일하게 다뤄지는 것이 문제의 핵심임을 지적한다.[36] 이는 여성이 겪는 가정폭력의 본질을 육체적 상해가 아닌 통제로 이해하는 관점으로 비폭력적 학대들, 즉 정서적 학대와 협박, 무관심, 소외시키기 등을 통한 여성에 대한 통제의 영역이 확대되고 강화되는 방식에 집중한다. 그렇기 때문에 피해자의 심리상태를 추적하여 왜 떠나지 않았는가, 그리고 왜 돌아갔는가를 질문하는 대신 지배하고 통제하려는 가해자의 동기에 초점을 두고 그를 가능하게 하는 총체적 맥락을 살피는 데 주력한다. 즉 가해자들이 위치한 어떤 경제적 · 정치적 · 문화적 지위와 상태가 피해자들에 대한 통제를 용인하고 묵인하며, 지속 가능하게 하는가를 우리가 파악해야 할 문제이자 해결의 지점으로 삼는 것이다. 피해자를 소유, 통제, 지배하는 과정 속에서 육체적 폭력은 있을 수도 있고 아예 없을 수도 있다. 육체적 폭력이 가정폭력 문제의 핵심이 아니라 어떤 하나의 징후symptom에 불과할 수 있다는 주장들[37]은 이러한 통찰로부터 나온 것이다. 여성들은 폭력적 상황에서 육체적 폭력의 직접적 피해자이며, 육체적 폭력이 없는 심리적 · 정서적 피해자이기도 하고, 가해자의 의도를 정확히 읽고 그에 전략적으로 순응하며 폭력을 지연시키는 생존자일 수 있으며, 관계를 종식시키기 위해 할 수 있는 일이 무엇인지를 파악하는 삶의 주체이기도 한 것이다. 이와 같은 맥락에서 피해자/주체의 이분법은 현실적이지 않고, 육체적이고 잔인한 폭력만이 가정폭력으로 개념화되는 것 역시 여성의 경험을 제대로 반영하지 못하고 있는 것이다. 폭력의 연속선 그리고 다층성에 대한 이해는 가정폭력 본질에 대한 탐구의 중요성을 일깨우고, 폭력피해 지원의 방향성을 새롭게 제시한다. 이런 점에서, 가정폭력 피해자의 역량강화가 피해자 지원 서비스가 제공되는 사실여부로 판단되거나 혹은 서비스 수혜의 결과로 여겨져선 안 된다는 주장들은 옳다. 폭력이 복합적 · 연속적인 것이라면 역량강화 역시 복합적 · 연속적 차원에서 이루어지는 것이 필요하기 때문이다. 따라서 역량강화는 여성들이 폭력피해를 입은 후의 피해자 지원서비스를 통해서가 아니라, 여성들이 관계 속에서 통제와 권력을 인지할 수 있는 능력을 키우는 것에서부터 시작되어야 한다. 여성들은 성별화된 권력관계가 일상화된 사회 속에서 살아가고 영향 받지만 교육을 통해 젠더 관계에서의 통제와 지배의 방식을 정상화하거나 낭만화하는 문화적 속성을 통찰할 수 있는 능력을 갖추는 것 역시 가능하다. 젠더화된 통제와 지배관계가 자연스러운 관계 맺기의 과정이자 결과가 아님을 인식하는 사회적 환경이 조성될수록 여성들은 자신들의 자율성을 보장하는 문화와 제도를 향유하게 될 가능성이 높다. 통제의 수단이자 그 결과로서 폭력의 유형이 다양할 수 있으며, 거기에는 비폭력적 지배관계도 포함된다는 폭력에 대한 새로운 이해는 복합적인 맥락에서 폭력을 경험하고 있는 여성에게 필요한 지원과 자원에 대한 논의를 역동적 수준에서 활성화시킬 수 있다. 역량강화 연속선은 여성에게 천부적으로 부여된 자율적이고 독립적 삶을 영위할 개인으로서의 그리고 인간으로서의 권리가 일시적인 수준에서 확보될 수 없음을 강조하는 중요한 개념이다. 그와 동시에 연속적인 역량강화의 필요라는 개념을 통해 여성의 역량약화disempowerment의 연속적 원인을 탐색하게 하는 전환적 개념으로서의 의미도 가지고 있다. 가정폭력의 재개념화를 위한 시도는 여기서 시작될 수 있다. 현장에서 목격해 온 수많은 피해 여성들의 다층적이고도 다양한 경험들과 증언들은 가정폭력의 피해자가 연속적 정체성을 가진다는 이론의 증거이기도 하지만, 연속적 폭력의 본질을 드러내 줄 수 있는 조각들parts이기도 하다. 조각과 파편들을 엮어 내고 패턴화함으로써 가정폭력 재개념화를 위한 실증적이고 설득적인 논의의 기틀을 마련하는 것이 가능하다. 바로 이런 점에서, 가정폭력 재개념화를 위한 앞으로의 연구는 여성들이 겪는 신체적이고 물리적 폭력에 치중하여 폭력의 정도와 빈도를 파악하는 것을 넘어, 그간 폭력이라 여기지 않았던 무수한 통제와 지배의 행동들을 파악하는 것, 그것이 로맨스의 시작이자 과정이 아니라 개인 자율성에 대한 침해라는 논리적 기반을 마련하는 것, 그리고 이를 배경으로, 개인적 통제와 학대를 가능하게 하는 사회적 시스템을 점검하고 변화시키는 것 등을 종합적이고 폭넓게 탐구해야 하는 것이어야 한다.

나가는 글

가정폭력을 개인적이고도 사소한 일이라 인식하는 광범위한 사회 통념에 도전하고 그를 변화시키는 일은 가정폭력추방운동의 가장 우선적인 과제이자 궁극적인 목표라 할 수 있다. 너무 보편적이어서 오히려 정상처럼 여겨지곤 했던 가정폭력에 대한 견고한 통념들을 약화시키는 가장 상징적이고도 실질적인 대안으로 법제화를 통한 국가개입을 선호해 온 페미니스트 전략은 이에 연유한다. 즉 국가와 법에 대한 의존은 가정폭력이 온당한 정치적 과제라는 정치적 · 법적 정당화를 통한 사회 전체의 의식변화가 절실하다는 판단과, 그와 더불어 피해자 지원에 필요한 가용 자원 및 재원을 확보하고 제공하는 데 있어서의 국가의 역할과 의지에 대한 낙관적 기대를 담은 합리적 선택이었다. 실제로도 법을 통한 국가개입의 확보는 가정폭력에 대한 편견을 불식시키고 공공의식을 변화시킨다는 페미니스트들의 근본 목적을 실현하기 위한 구체적이고 영향력 있는 방법들을 제공해 왔다. 무엇보다 법은 그간 권력과 제도권으로부터 소외되거나 배제되어 왔던 매 맞는 여성들의 경험과 관점들이 드러날 수 있는 합법적인 기회를 제공하였으며, 이 과정을 통해 가정폭력과 그 피해 여성들에 대한 이해 및 인식이 기존과는 다른 방식에서 구축될 수 있었다. 즉 법 담론을 통해 여성의 폭력 피해들이 구체적으로 드러나고, 그로써 가정폭력은 공공문제로서의 면모를 갖추게 되었으며, 폭력으로부터 자유로울 여성의 권리에 대한 정치적 이해가 고양될 수 있었다. 그러나 이와 같은 법 담론의 구축을 통한 국가개입의 확보라는 것이 늘 특정한 사회적 배경과 맥락 속에서 이루어지는 것임을 상기할 때, 사회문제 해결을 위한 제도화가 페미니스트의 궁극적 목적을 실현하는 최선의 선택임을 확언하기는 어렵다. 푸코Michel Foucault가 지적하듯이 법을 대표로 하는 제도적 규율들institutional disciplines은 불평등의 문제를 개인화하며 기존의 모든 사회적 권력을 고착화하고 재강화하는 데 있어서도 유용한 도구로 기능하기 때문이다.[38]

이 글에서 살핀 것처럼, 한국 사회에서의 가정폭력 문제의 제도화는 가정폭력에 대한 국가개입을 정당화하고 피해자를 위한 국가지원을 현실화하였다는 점에서 긍정적으로 평가될 수 있지만, 동시에 피해자 지원책의 구체적 실천을 통해 가정폭력의 문제를 개인화하는 보수적 담론을 구축하는 퇴보적 역할을 해오고 있다는 점에서 문제적이기도 하다. 이런 점에서 가정폭력 관련법 제정과 정책수립을 통한 가정폭력 문제의 공식화는 분명 정치적 투쟁과 분석의 산물이지만, 가정폭력에 대한 개념화와 해결 방안을 둘러싼 해석과 재현이 고정되어 있지 않다는 점에서 가정폭력이 무엇에 관한 문제인가는 지속적이고도 구체적인 정치적 과제로 인식되어야 한다. 즉 가정폭력 제도화는 가정폭력추방운동의 목적이자 완성이기보다는 문제에 대한 사회적 이해와 법적 해석, 이론적 분석과 정치적 투쟁의 방향과 목적을 구축하는 주요한 장場으로 인식될 필요가 있다. 제도화에 대한 이러한 이해는 제도화 과정뿐 아닌 그 이후의 페미니스트 정치학의 개입이 얼마나 중요하고 결정적인가를 말해 주는 것이기도 하다.

법제정으로 인해 가정폭력은 완전한 사회통제 하에 놓여 있다는 사회인식과 상징적 제도화가 수반하는 이러한 안이한 현실인식이 오히려 가정폭력 피해자들의 상황을 더 악화시킨다는 주장의 공존과 괴리는 가정폭력이 무엇에 관한 문제이며 어떠한 사회적 대안에 의해 해결될 수 있는지에 대한 심도 있는 토론과 합의가 우리 사회에서 아직 충분히 이루어지지 못했음을 말해 주는 것이다. 현재의 법과 제도가 가정폭력의 근절을 담보하는 데 한계를 보여주고 있다면 법과 정책을 보다 적극적으로 그리고 제대로 실행해야 한다는 요구도 의미 있는 대안일 수 있다. 그러나 이에 앞서 우리 사회가 문제의 본질과 그 사회적 영향에 대해 제대로 파악하고 있는지, 그리고 문제를 바라보는 여러 다른 관점을 얼마나 고려하고 있는지, 그러할 필요가 있다고 생각하는지에 대한 진지한 고민을 다시 시작하는 것이 무엇보다 중요하다. 우리 사회가 가정폭력의 제도화를 통해 문제를 인식하는 계기를 마련하였다면 가정폭력의 재개념화는 문제를 어떻게 인식해야 하는가에 관한 성찰적 제도화에 관한 주문이다. '문제를 어떻게 인식하느냐'가 문제의 본질과 해결에 가장 가깝게 다가갈 수 있는 정도임에는 의문의 여지가 있을 수 없다.

엄마의 폭력
— 모성의 폭력, 폭력의 모성

이 글에서는 그간 가정폭력의 피해자, 혹은 자녀들에 대한 폭력의 방관자 혹은 동조자로만 주로 인식되어 온 엄마의 폭력에 대해 고찰해 보고자 한다. 주류 담론에서는 엄마의 폭력을 정상에서 벗어난 예외적이고 비정상적인 행태로 치부하거나, 해결책을 모색할 경우에도 유년시절에 잘못 형성된 애착이나 성장환경에서 유래하는 초감정 등 개인적 차원의 해결에 집중한다. 유례없이 평등한 양육과 교육을 받고 사회에 진출한 후 '맘'이 된 요즘의 엄마들에게 생애 처음으로 경험하는 성에 기반한 역할은 '엄마' 역할에 대해 한층 강화된 양가적 감정을 불러일으키며, 감정의 부적절한 억압은 일상에서의 '잔소리, 신경질, 히스테리, 극성'으로 표현된다. 여성의 사회참여와 육아에 대한 시선의 변화와 두 영역의 경계를 머물고자하는 사회적 차원의 해결이 필요하다.

최하영

부모와 자녀로 이루어진 핵가족이 더 이상 전형적인 가구가 아님에도 불구하고 우리 사회의 가족 신화는 굳건하다. 가족의 해체와 붕괴 위기에 맞서 차별받던 '다문화'와 '재혼' 가정을 '정상' 가족의 범위로 편입시키는 등(그에 반해 미혼모 가정이나 동성애 가족은 아직 그늘에 가려져 있다) 그 외연을 넓히면서라도 '거친 세상에서 포근한 안식처'이자 효과적인 최소 재생산 단위로서의 가족을 지키고자 한다. 바바라에런라이크Barbara Ehrenreich는 〈오, 가족의 가치라니"Oh, those family values"〉[1]라는 에세이에서 진보, 보수를 막론하고 어떤 진영의 정치가라 할지라도 가족을 비판하거나 가족의 해체를 주장할 바에는 차라리 공짜 마약의 허용을 주장할 것이라는 말로, 미국 사회 내 '가족 신화'의 강고함을 지적한 바 있다. 한국 사회에도 그대로 적용될 수 있을, 이 '가족 신화'는 다음과 같은 우리의 환상과 희망을 담고 있다. "가족 내에서, 아니 오직 가족 내에서만 개인은 그들이 병들었든, 무절제하든, 무력하든, 괴짜이든 간에 '있는 그대로' 사랑받으며, 강한 자(성인, 특히 남성)가 작고 약한 자와 평화로이 공존한다." 그러나 가정폭력 관련 통계가 보여주듯 가정은, 특히 여성과 아이들에게, 결코 안전한 장소가 아니다.

이 글에서는 그간 가정폭력의 피해자, 혹은 자녀들에 대한 폭력의 방관자 혹은 동조자로만 주로 인식되어 온 엄마의 폭력에 대해 고찰해 보고자 한다. 남성의 가정폭력이 물리력 등 가시적인 형태로 주로 나타난다면, 여성의 폭력은 언어폭력이나 정서적 · 심리적 학대 등의 비가시적 형태로 은밀하게 베일처럼 깔려 있는 듯하다. 흔히 엄마의 신경질 · 잔소리 · 히스테리 · 극성으로 표현되며 남성의 가정 내 폭력과 비교하여 대수롭지 않게 여겨지지만, 대부분의 가정에서 자녀의 주 양육자 역할을 맡고 있기에, 자녀에게 상시적이고 형성적 영향을 끼친다.[2]

우울증 등의 병리적 원인이나 경제적 궁핍 등 여성의 가정 내 폭력성을 증대시키는 요인이 존재하지만, 겉으로는 별 문제없이 기능하는 가족 내에서도 그러한 폭력성은 존재한다. ≪감정코칭≫, ≪화내는 엄마가 아이를 망친다≫, ≪엄마수업≫ 등의 책이 화제가 되는 것은 베일처럼 깔려 있는 엄마의 폭력성에 대한 반증이기도 하고, '때리는 엄마'의 죄책감의 표현이기도 하다. 철학자 슬라보예 지젝은 ≪폭력이란 무엇인가≫에서 주관적 폭력의 배후에는 항상 구조적 폭력이 존재함을 지적한다. 아낌없이 주고, 헌신하고, 사랑 가득한 어머니의 뒤에 가려진 엄마의 원한, 분노, 좌절감은 어디에서 오는 것일까?

모성 신화 속 엄마와 현실 속 엄마의 분열

≪당신은 어떤 어머니입니까≫에서 독일의 심리학자 루이 쉬첸회퍼Louis Schutzenhöfer는 어머니와의 관계에 문제를 안고 있는 자녀들의 수치가 대략 40~60%에 달할 것이라고 추산한다.[3] 그는 문제가 있는 어머니/자녀 관계를 유형에 따라 권력형/희생형/자아도취형/애정결핍형으로 나누고 그 양태와 해결책을 모색한다. 절반에 가까운, 아니 어쩌면 절반을 넘는 모자/모녀관계에 문제가 있음에도 불구하고, 이 문제가 공개적으로 진지하게 논의되지 않는 까닭은 가족 신화의 핵심에 존재하며, 그보다 더 강고한 힘으로 불가침의 성역에 남아 있는 '모성 신화' 때문이라고 그는 지적한다. 가족 관계의 특이성과 강력한 모성 신화로 인해 자녀들은 성인이 되어서도 오랫동안 문제를 인지하지 못하고, 인지한 후에도 터놓고 해결책을 구하는 데 있어 어려움을 느끼며, 사회적 의제가 되기보다는 개인의 문제에 머무른다. 이는 가해자인 어머니에게도 자신의 가해자성을 의식, 혹은 무의식적으로 은폐하게 만들거나 비생산적인 죄책감을 일으킨다는 점에서 피해를 일으킨다. 앞서 언급된 에렌라이크가 형제가 공모해 부모를 살해했던 메넨데즈Menendez 사건이나, 부부싸움 끝에 남편의 성기를 절단한 보빗Bobbitt 사건, 혹은 갈등 끝에 아내를 살해한 O. J. 심슨O. J. Simpson 사건 등을 지적하며, 가족이 이상적인 삶의 형태라는 믿음에 균열을 내고자 하지만, 그녀가 든 예들에서도 나타나(지 않)듯 여성, 특히 어머니로서의 여성은 폭력의

가해자 이미지에서는 한 발 비껴나 있다.[4] 쉬첸회퍼는 "다른 모든 신화들이 낱낱이 파헤쳐지고, 터부시되던 것들이 깨지면서 불경하다고까지 할 수 있게 된 오늘날에도 어머니 신화는 여전히 건재하다."고 지적한다.[5] 보부아르를 비롯한 많은 페미니스트들이 이 '모성 신화'를 파괴하기 위한 다양한 개입을 시도[6]했음에도 불구하고 우리는 여전히 '여자는 약하나 어머니는 강하다'고 믿고 싶어 하며, 아이들과 시간을 보내기 위해 펩시콜라의 북미지역 CEO직을 사퇴한 브렌다 반스Brenda Barnes의 결정에 박수를 보내며, '세상에서 태어나 제일 잘한 일은 엄마가 된 것'이라는 여배우의 고백에 공감하며, 평생 자식들을 위해 희생하다 치매에 걸린 어머니를 주제로 한 ≪엄마를 부탁해≫를 읽으며 눈물 흘린다.

사회적으로 편만해 있는 '모성 신화'의 위력과 의식적, 무의식적으로 주입된 어머니상의 효과로 인해 여성들은 출산의 순간 유전자 속의 모성본능이 발현되어 자애롭고 사랑 충만한 어머니가 될 것으로 스스로 기대하고, 주위에서도 그렇게 기대하지만 현실은 그렇지 않다. 2011년 EBS에서 반영되어 반향을 일으켰던 ≪마더쇼크≫ 속 엄마들이 토로하듯, 많은 엄마들이 자신의 모성부족에 당혹해하고, 자신만 그런 것이 아닐까 고민한다.

> 사실 저는 아이를 키우면서 '예쁘다'라는 느낌을 가져본 적이 없어요. 아이가 많이 예민하기도 했고 아이의 울음소리는 늘 제 신경을 곤두세우게 했어요. 아이 눈높이에서 아이의 마음을 헤아리는 엄마가 되고 싶었는데, 지금의 제 모습은 얼음 같은 침묵과 칼날 같은 말들로 상처만 주었던 친정엄마와 꼭 닮아 있어요.
>
> _4세 여자아이 엄마[7]

아이를 잘 키우고 싶어요. 그래서 책도 많이 읽어 주고 노래도 불러주는 등 여러모로 노력을 많이 해요. 그러다가도 아이가 보채기 시작하면 짜증이 일고 화가 너무 많이 나요. 제게 있는 우울증이나 일관성 없는 양육태도로 아이가 해를 입지는 않을까 두려워요.[8]

≪마더쇼크≫는 '옥시토신' 호르몬으로 대표되는 생물학적 모성 본능조차도 모두 동일한 형태로 완벽하게 전수되는 것은 아니며, 생물학적 모성과 더불어 양육에 필요한 기술을 포함하는 문화적 모성은 경험을 통해 습득되어야 하는 것이라고 지적한다. ≪마더쇼크≫는 '부족한 모성의 회복'을 위해, 어린 시절을 되돌아보고 상처를 직면하며, 새로운 태도를 결단하는 과정을 포함하는 상담치료를 제안한다. 그와 함께 아빠의 양육참여로 엄마의 육아 스트레스를 줄이며 "**아직도 우리 사회의 제도적 여건이 충분하지 못해 안타깝지만** 엄마는 자신을 위해 좀 더 **현명해질** 필요가 있다."고 조언한다.[9](저자의 강조) 이는 "호미로 막을 것을 가래로, 아니 포클레인을 가져와도 안될 만큼 나중에 일이 커지니," "어떤 희생을 치르더라도 아이가 태어나서 3년까지는 엄마가 키워라."[10]는 ≪엄마수업≫의 저자 법륜 스님의 조언보다는 현실적인 것이지만, 여전히 개인에게서 문제와 해결책을 찾고 있다는 점에서 부족함과 아쉬움을 남긴다. 2013년 1월 정신과 전문의 이현수가 펴낸 ≪엄마냄새≫는 이른바 333법칙을 제시하며, 3세 이전까지 하루에 적어도 3시간은 아기가 '엄마냄새'를 맡아야 하며, 불가피한 경우에도 3일 이상을 엄마와 떨어져서는 안 된다고 주장하여, 일과 직장 등으로 아이와 떨어져야 하는 엄마들의 가장 아픈 지점을 자극한다.

볼비의 '애착 이론'이 지운 짐

유아기의 안정적이고 원만한 발달을 위해 엄마와 아기의 결속을 강조하는 수많은 육아지침서의 근저에는 영국의 심리학자인 존 볼비John Bowlby의 '애착 이론'이 자리 잡고 있다. 그는 아기가 어머니를 필요로 하기보다는 '욕망'하며, 아버지에 대한 동경과 증오, 공포가 뒤섞인 드라마틱한 환경에서 감정과 정서를 발달, 혹은 억압시켜 나간다는 프로이트의 설명에 대한 대안으로, 아기가 실제로 무엇을 필요로 하는지에 주목하였다. 정신분석학과 더불어 행동학과 진화심리학을 자양분으로 취한 그의 이론은 인간 영아는 생존을 가능케 하는 기본적인 의식주와 더불어 친밀감을 형성할 수 있는 일차적 애착 인물을 필요로 한다고 주장하였다. 볼비는 이 일차적 애착 인물이 누가 되어야 하는지에 대해서는 명시하지 않았으나, 임신과 출산, 수유에서 양육으로 이어지는 생물학적 화살표는 대체적으로 엄마를 향하게 되었다. 그가 한창 애착이론을 발전시켜가고 있던 60년대에서 80년대에 여성의 권리신장과 사회 참여를 주장하던 페미니스트들에게 이 이론은 매우 뼈아픈 지적이자 풀어야 할 난제가 되었다. ≪마더 네이처≫의 저자인 세라 블래퍼 허디Sarah Blaffer Hrdy의 표현에 따르면, "애착이론은 진화의 염산이 페미니스트의 감성에 가장 깊은 화상을 입힐 수 있는 바로 그 지점을 마구 문질러 댔다."[11] 왜냐하면, 볼비의 설명에 따를 때, 아기가 정상애착 외의 불완전 애착, 즉 양가적 애착이나 회피애착 등을 형성하게 되면 유아기의 성장과 발달에 영향을 미칠 뿐만 아니라 성장한 이후에 있어서의 인간관계에서도 공감과 신뢰를 형성하지 못하는 불치의 손상을 입게 되기 때문이다. 앞서 언급한 법륜 스님의 표현을 따르자면, "호미로 막을 것을 가래로, 아니 포클레인을 가져와도 안 될 만큼 나중에 일이 커"진다는 것이다. 이러한 구도에서 육아

이외의 필요나 욕망을 가진 여성은 "수년간 자신의 삶을 유예하거나 무책임한 어머니가 되는 두 가지 선택" 아닌 선택을 강요받게 된다.[12] 경제적 필요에 의해 일을 해야만 하는 엄마는 아이를 제대로 돌볼 수 없는 자신의 처지와 환경을 비탄하게 되며, 경제적 이유 외에 자아실현과 성취에 대한 욕구로 일을 선택하는 엄마는 자신의 욕심 때문에 아이를 망치는 것이 아닌가하는 죄책감에 휩싸이게 된다.

요즘 '맘'들은 '엄마'보다 자유로운가

언제부터인가 ○○엄마라는 말보다는 ○○맘이라는 말이 일상과 미디어에서 더 많이 통용되는 것을 본다. 영어에서 워킹맘working mom이나 싱글맘single mom 혹은 자녀교육에 열성인 사커맘soccer mom 정도로 사용되던 것이 우리말에서는 아예 아이이름 뒤에 맘을 붙이거나(시우맘, 희나맘), 전업맘 · 직장맘 · 맞벌이맘처럼 엄마의 취업 여부를 가르거나, 알뜰맘 · 엉뚱맘 · 날라리맘처럼 다양한 형용사를 붙여 쓰기도 한다. 광범위하게 쓰이다보니 각종 광고와 제품명에서도 '맘'들에게 어필하기 위한 다종의 맘이 출현한다 — 고운맘(카드), 트루맘(분유), 해피맘(물티슈), 튼튼맘(배달 이유식), 베스트맘(학습지, 산후도우미). 국립국어원은 워킹맘에 갈음하는 우리말로 '직장인엄마'를 제안하였지만, 맘과 엄마 사이에는 단순한 영어와 한국말의 차이를 넘어서는 어떤 징후적인 차이가 읽혀진다.

2011년 8월 통계청의 발표에 따르면 2010년 초산모의 평균연령이 30.1세로 사상 처음으로 30세를 넘겼다. 전체 산모의 평균 출산연령도 31.25세로 전해에 비해 0.29세 높아졌다.[13] 30세가 넘어 처음 '맘'이 되는 요즘의 여성들은 이전의 '엄마'들과 비교할 때, 남녀를 덜 차별하는 분위기에서 자라나 높은 수준의 교육을 받고 직장생활을 경험하거나 하고 있다. 인터넷 및 스마트폰 등 첨단 매체의 사용에 있어서도 뒤떨어지지 않는다. 이들 맘들이 운영하는 블로그나 미니 홈피에 들어가 보면, 집안 인테리어에서부터 요리, 육아, 교육, 맛집, 여행, 재테크 등 생활의 다양한 분야에서 나름의 비기秘器를 지니고 화사하고도 즐겁게 생활한다는 인상을 주기에 부족함이 없다. 각종 기업의 홍보 이벤트와 '체험' 행사에 참여해 최신의 전자제품, 유아용품, 교구와 서비스 등을 사용해보는 혜택을 누리고, 이들 중 몇 명의 파워블로거 맘들은 자신의 사이트에서 공동구매를 주선해 막대한 수입을 올리기까지 한다. 누구의 말마따나 '부엌에서 젖을 물리며 전 세계를 상대로 진생쿠키를 판매'하는 일이 이들 '맘'들에게는 허황된 꿈이 아니라 실현 가능한 현실처럼 보인다.

그러나 이들 '맘'들이 이전세대의 '엄마'들과 정말로 다른 삶을 살고 있느냐는 대답하기 쉬운 문제가 아니다. 2011년 12월 통계청의 '맞벌이 가구 및 경력단절 여성통계'에 따르면, 만 15~54세의 기혼여성 986만 6,000명 중, 비취업여성이 408만 100명인데 그 중 임신과 출산 등의 사유로 인해 직장을 그만둔 여성이 190만 명으로 비취업여성의 거의 절반을 차지한다. 그 중 30대가 108만 4,000명으로 전체 비취업여성의 연령대 중 가장 높은 비율을 차지하였다.[14] 취업여성들도 육아와 가사, 직장 일을 병행하는데 있어 어려움과 좌절을 겪지 않는 것은 아니지만, 다른 한편에서는 충분한 교육을 받고 그 결과 획득한 능력을 지닌 수많은 여성들이 "'비생산적인 의존자'라는 오명"[15]을 감수하고 전업주부의 역할을 선택하고 있는 것이다.

이경아는 ≪엄마는 괴로워≫에서 이에 대해 각각 맥마흔Martha Mcmahon

과 부벡Diemut Bubeck의 두 가지 설명을 제시한다. 맥마흔에 따르면, 여성의 다양한 정체성 중 엄마로서의 정체성은 "자아에 파고들어 젠더를 각인시키는, 그래서 하나의 '본질' 같은 것을 만들어 내는 특수한 정체성"이므로 일반적으로는 사회적 지원과 보상에 따라 합리적 협상과 교섭을 하던 여성들이 모성 정체성 앞에서는 상황적으로는 잠시 모성 정체성을 보류시킬 수 있으나 장기적으로는 합리적 계산을 거슬러 모성 정체성을 선택한다는 것이다. 이경아가 평가하듯 이는 매우 본질론적인 설명이다. 부벡은 레비나스의 '타자의 윤리학'을 연상시키는 '보살핌의 윤리'로 여성들의 선택을 설명한다. 레비나스의 '타인의 얼굴'이 "살인하지 말라"는 강한 명령을 가지고 주체를 압박하여, 환대와 도움을 거의 강제적으로 징수하듯이, 자신의 보살핌이 아니면 생존할 수 없는 아이에 대하여 엄마는 '보살핌의 강제성과 타율성'을 깊게 경험한다.[16] 일단 아이와의 상호작용을 통해 '보살핌의 순환the circle of care'에 진입하면, 그것은 물질적 가치는 아니지만 심리적 보상과 에너지를 주기 때문에, 더불어 사회의 젠더 이데올로기가 격려하는 방향이기 때문에, 빠져나오기가 어렵다고 지적한다.[17] 그렇다면 이는 진정한 자발적 선택이 아닌 '강요된 선택'이게 된다.[18] 자각하지는 못하더라도 '강요된 선택'으로 엄마 역할을 감당하게 될 때, 자신을 향하여, 혹은 타인을 향하여 여러 심리적, 정신적 문제가 발생하게 된다. 다음의 예는 그러한 상황에 놓인 한 엄마의 심리를 잘 보여준다.

> 애가 싫은 것을 경험해 봐야 된다니까요, 얼마나 애가 지겨운지. 자기 자식은 다 사랑할 거라고 생각하는데, 그런 조건 속에서 애를 그냥 자꾸만 지속적으로 보는 일이 얼마나 정신적으로 육체적으로 사람을 갉아먹는지 이런 것을 느꼈어요. 진짜 하루 종일 애를 본 사람만이 아는데, 하루만 보는 게 아니라

그 이튿날도 보고 그 다음날도 보고 일주일 내내 보는 거잖아요. 일주일쯤 지나면 모든 식구들에 대해서 피해의식이 생겨요. 퇴근하고 웃는 얼굴만 봐도 싫고요. 아침에 누가 화장하고 나가는 것도 싫고요. [……] 그때는 결혼이라는 것이 어떤 것인 줄도 모르고 무작정 결혼한 내가 너무 바보 같았어요.[19]

이 사례 속의 엄마는 80년대에 대학 운동권에 속했다가 졸업 후 사회 진출을 고민하는 과정에서, 그 시대 많은 여대생들이 그러했듯이 고민을 유예하는 한 방편으로 결혼을 선택하였다. 허디가 솔직하게 표현하듯, 아기는 "자신을 따뜻하고 안전하며 움직일 수 있게 해 주고 자극해 주며 청결을 유지하고 젖과 위생적인 물을 먹이고 …… 계속 보살펴 줄 것이라는 헌신적인 마음을 상냥한 응답을 통해 소통해 주는" 것을 필요로 하는 반면, "매시간 이런 종류의 보살핌을 제공하는 것은 따분한 일"이다.[20] 어머니의 "개인적 취향, 훈련, 기대치, 그리고 일하는 조건"에 따라 아이 키우기가 일상의 차원에서 사실 '성가신' 일이 될 수 있음에도 불구하고 모성에 대한 우리 사회의 뿌리 깊은 신화는, 출산과 육아를 현실의 사소한 불평이 닿아서는 안 되는 지고한 영역에 올려놓고, 현실과 이상 사이의 거대한 분열을 '헌신적인 모성'이라는 이데올로기로 메우고자 한다.

문제 아이의 뒤엔 문제 엄마가, 문제 엄마 뒤에는?

베티 프리단Betty Friedan은 낙태금지법의 폐기를 주장하는 1969년의 연설에서, 여성이 선택의 여지없이 어머니가 되도록 강요당할 때, 그리고 모성이 여성 정체성의 전부를 차지할 때에, 그래서 남편과 자녀를 통해 대리인생을 살 수밖에 없을 때, 그들의 억눌린 분노를 자신들의 몸에 부과하거나, "미묘하고도 은밀한 방법으로" 남편과 아이들에게 분출한다고 역설하였다. 덧붙이기를, 때로는 분출의 방식이 그렇게 "미묘"하지도 않다고 하였다.[21] "결혼이라는 것이 어떤 것인 줄도 모르고," 그저 대부분의 사람들이 하듯 생애주기의 흐름에 맞추어 결혼을 하고 엄마가 된 여성들은 육아의 실제적 부담과 그로 인해 희생되는 독립된 존재로서의 기회들에 대한 좌절감, 모성 신화가 투사하는 이상적 어머니상에 미치지 못한다는 죄책감이 뒤섞인 감정들을 장기간 지속적으로 경험하게 된다. 가족 내의 불균형한 권력관계를 고려할 때, 여성들의 분노감은 남편에게 향하기보다는, 자신의 절대적인 보호 아래 있는 자녀들에게 주로 행사된다. 폭력 행사의 양태가 그리 "미묘"하지는 않더라도, 이것이 여전히 '미묘하고도 은밀'할 수 있는 이유는 양육 혹은 훈육과정의 일부로서 발생하고, 자녀의 '성공'과 '행복'이라는 포장재로 위장되기 때문이다.

≪마더쇼크≫에서는 아이가 무엇을 잘못하거나, 징징대거나, 고집을 피울 때에, 아이의 행동에 비하여 턱없이 지나친 화가 난다면, 해당 감정을 비합리적으로 증폭시키는 '초감정meta-emotion'에 유의하라고 지적한다. ≪감정코칭≫의 최성애는 개개의 사건에 대하여 반응하는 감정 외에 무의식을 관통하여 지배하는 감정을 초감정으로 정의하면서, 엄마 자신이 자신의 어머니와 맺었던 문제적 애착관계에서 원인을 찾는다. 필자는 '초감정'의 존재에는 동의하나 그것이 꼭 엄마가 전대에 맺었던 불안정한 애착관계에서 비롯된다고는 보지 않는다. 그와 더불어, 혹은 그와 별개로 다양한 정체성 중에서 모성 정체성을 선택하도록 강요하는 구조에서 기인하는 '초감정'이 존재한다는 것이 필자의 주장이다.

2000년 소위 명문대생 부모 토막살해살건이 일어나 밀레니엄을 맞은 한국 사회를 충격에 빠뜨렸다. 중산층 이상의 가정에서 태어나 서울 소재 명문대를 다니던 25살의 청년 이은석이 부모를 살해한 것도 모자라 토막 내고 믹서로 갈아 쓰레기봉투에 넣어 서울 각지에 나누어 버린 사건이었다. 이후 이 사건을 조사·연구한 교육심리학자 이훈구는 부모, 특히 어머니의 장기간에 걸친 육체적·정신적 학대로 심리적으로 궁지에 몰린 아들이 정상적 판단 능력을 잃고, 오직 이 상태에서 벗어나야겠다는 일념으로 작동시킨 방어기제로 그의 범죄를 해석하였다.[22] 아들의 손에 죽음을 맞이한 가해자이자 피해자인 어머니는 홀어머니 밑이기는 했으나 경제적으로 유복한 가정의 외동딸로서 각종 예체능 레슨과 개인 과외를 통해, 개인의 적성과 재능을 북돋우는 방향으로 교육받았다. 여고 시절 장래희망에 대통령을 써 놓을 정도로 야심찬 여성으로서 그 연장선상에서 명문여대 정치외교학과를 졸업하였으나, 현실적 장벽을 깨닫고 남편을 통해 꿈을 이룰 생각으로 사관학교 출신의 남자와 결혼한다. 그러나 기대와는 달리 남편이 계급정년으로 예편하게 되자, 그에 대한 실망감으로 결혼 생활에 있어 갈등을 겪게 된다. 애정 없는 결혼 생활 속에서 두 아들의 학업성적에 집착하였는데, 성격이 강한 첫째 아들은 반항심을 표출하면서 오히려 어머니의 인정을 받았으나, 내성적이고 온순한 기질의 이은석은 순종적인 태도를 취함으로써 집중적인 간섭과 비난, 학대의 대상이 되었다. 2011년 서울 광진구에서는 고3 학생이 부진한 성적을 꾸짖는 어머니의 매질을 못 이겨 살해하고 몇 달 동안 방치한 사건이 사회적 이슈가 되기도 하였다. 이 어머니 역시 집안의 도움 없이 일본유학을 다녀올 만큼 당찬 여성이었으나 남편과의 별거 후 자신의 인생이 실패했다고 생각하고 아들의 성공을 남편과 시댁에 보여야겠다는 생각으로 아들의 성적에 집착했다고 한다.

두 사건은 그 극단적 성격으로 인해, 우리가 어머니에 대하여 품고 있던 환상을 깨뜨리고, '모성'에 대하여 다시 한 번 생각해 보게 하지만, 사실 극단적이지 않을 뿐, 우리는 '잔소리, 신경질, 히스테리, 극성, 닦달'로 일상화된 어머니의 분노와 좌절감을 매일 마주한다. 30세 이후에 처음 엄마가 되는 요즘의 '맘'들은 결혼 이전의 비교적 덜 남여차별적인 교육과 자본주의적 효율성에 가치를 두는 사회분위기 속에서 형성된 자아와 결혼 이후에 닥쳐오는 성에 기반한 역할분담과 자본주의적 관점에서는 비효율적인 자아 이미지 사이에서 이전 세대와는 비교할 수 없이 큰 낙차를 경험한다.

영화 〈케빈에 대하여〉(2011)는 여성들이 경험하는 그러한 낙차와 그에서 유래하는 여성의 분노와 좌절감이 자녀와의 관계에 어떠한 영향을 미치는지 '소시오패스'라는 극단적인 설정을 통해 보여준다. 영화는 의도적으로 케빈이 원래 '소시오패스'적인 성품을 지닌 아이였는지, 사랑을 주는 것에 서툴렀던 엄마 에바 때문에 비뚤어진 '괴물'이 되었는지를 명확하게 보여주지 않는다. 사실 케빈이 저지르는 끔찍한 범죄는 극적 효과를 위한 장치일 뿐 이 이야기의 주요 논점은 아니다. 신형철의 평론 〈어떤 사랑의 실패에 대하여〉가 적절히 지적했듯, 케빈이 아버지와 동생, 자신이 다니는 학교의 학생들을 무참히 죽이면서도, 에바는 털 오라기 하나도 손대지 않는 것은, 그녀가 케빈이 벌이는 끔찍한 행위의 유일한 관객이자, 그가 보내는 무의식의 '날 사랑해 주세요'라는 편지의 유일한 수신인이기 때문이다.[23]

문제는 '왜 케빈의 세계에서 그녀만이 의미를 지니는 유일무이한 사람이 되었는가'이다. 신형철은 둘이 하필 사랑을 주고받아야 하는 모자관계로 태어난 것이 '불운'이었다고 표현하여, "간절하게 아이를 기다려왔고 숭고한 모성애를 발휘할 준비가 돼 있는 엄마"를 만났다면 케빈은 좀 더 다르게 자랐을 것이라는 쪽에 방점을 찍는다. 그러나 영화는 오히려 케빈과 에바의 만남은 신의 심술에 의한 일회적인 '불운'이 아니라 구조적인 문제요, 우리 모두의 문제일 수 있음을 보여준다. 여행사를 운영하며 세상을 자유롭게 떠돌던 그녀가 임신과 출산으로 아이와 단둘이 집안에 남겨진 모습은 결혼 전에는 자신의 인생에 대해 여러 가능성들을 열어두고, '나는 누구인가'를 고민하고, 이런 저런 꿈들과 목표를 세웠으나, 결혼, 혹은 출산과 더불어 남편의 꿈, 혹은 자식의 꿈을 자신의 것으로 여기게 된 많은 여성들과 다르지 않다. 이를 연기하고 있는 배우 틸다 스윈턴Tilda Swinton은, 여성에게 부여되는 이 같은 성역할이, 주류 이데올로기가 주장하는 만큼, 자연스럽거나 당연하지 않음을 스크린에서 시각화해 보여준다. 전작들에서, 남성과 여성을 한 몸에 갖춘 안드로지니(≪올란도≫)나, 하얀 마녀(≪나니아 연대기≫), 천사장 가브리엘(≪콘스탄틴≫) 등의 초월적인 존재 등을 표현했던 180cm에 가까운, 중성적 마스크의 이 배우가 울어대는 갓난아이를 보고 어쩔 줄 몰라 하는 장면은, '해부학은 운명'이라는 전제 아래 모성의 신비와 고정된 성역할을 여성에게 부여, 아니 거의 강요하는 것이 프로크루스테스의 침대와 같은 억지임을 강조해 보여준다.

반면, 그녀와 짝을 이룬 남편 프랭클린 역의 배우가 존 C. 라일리John C. Reily라는 것도 의미심장하다. 〈굿걸〉, 〈시카고〉, 〈디 아워즈〉와 같은 작품들에서 가출하거나 바람피우는 아내를 둔 평범, 혹은 그 이하의 무력한 남편을 연기했던 그는 스윈턴과는 대조적으로 지극히 일상적인 느낌을 준다. 영화 속에서 프랭클린은 거의 호인에 가까운 사람으로 그려지지만, 출산 후 커리어를 포기하는 것은 정작, 혹은(우리 사회의 통념에 따르면) 당연히 에바이고, 남편이 퇴근할 때까지 케빈과 에바는 둘만의 세계에 남겨진다. 남편은 도시 생활을 원하는 에바의 반대에도 불구하고 '아이의 행복한 유년 시절'을 위해 시티(뉴욕)를 떠나 교외에 위치한 전형적인 중산층 저택으로 이사를 실행한다. 그 이후 에바는 프리단이 ≪여성의 신비≫에서 묘사한 전형적인 미국 전업주부의 삶에 더욱 더 근접하게 된다. 아이를 학교와 과외 활동에 데려가고, 데려오고, 자기 전에 책을 읽어 주고, 집안을 윤이 나게 가꾼다. 이 기간 동안 영화는 에바의 친구나 케빈의 친구, 혹은 친척들을 전혀 보여주지 않는다. 심지어 '오늘 하루 잘 지냈느냐'는 인사를 건네며 들어오는 아버지의 존재조차도 부수적으로 묘사된다.[24] 존 볼비John Bowlby가 유아의 원만한 인격발달을 위해 필수적으로 보는 '주 양육자와의 안정적이고 지속적인 애착'에서 가장 이상적인 것은 어머니가 주 양육자가 되는 형태이지만, 영화는 둘만이 격리되어 있는 세상에서, 소통하지 못하는 모자관계를 그림으로써, '주 양육자 신화'를 뒤집어 보고자 하는 듯하다. 그런 맥락에서 케빈의 진정한 "불운"은 "간절하게 아이를 기다려 왔고 숭고한 모성애를 발휘할 준비가 돼 있는 엄마"를 만나지 못한 것이 아니라, 엄마 외에는 의미를 부여하지 못하도록 구조 지워진 세계에 던져졌다는 데에 있다. "아이를 키우는 데에는 마을 하나가 필요하다"는 아프리카 속담까지 가지 않더라도, 케빈의 세계에서 아버지 혹은 대행부모Alloparent가 어머니와 비슷한 정도의 의미를 지닐 수 있었다면, 결말은 달랐을 것이다.[25]

나가는 글

케빈과 에바가 맞닥뜨린 삶의 위기에 대해 허디의 통찰은 새로운 관점을 제시한다. "일하는 어머니는 새로운 존재가 아니다. 인간이 존재해 온 대부분의 시간과 인간이 등장하기 이전 수백만 년 동안 영장류 어미들은 생산과 재생산의 삶을 결합해 왔다. 어머니 역할과 일을 조합시켜야 한다는 사실은 언제나 타협을 함축했다.

어머니는 비비나 !쿵 어머니가 하듯 모든 곳에 아기를 데리고 다니면서 그에 따르는 에너지 비용과 효율 저하를 견뎌냈고, 아니면 그 일을 맡을 대행부모를 두었다. 현대의 어머니에게는 오히려 생산과 재생산의 삶을 임의로 구획해 둔 상황이 새롭다. 후기 산업 사회에서 여성들이 '수집'하러 가는 공장, 실험실, 그리고 사무실은 재규어가 넘쳐나는 숲이나 사막을 걸어서 찾아 가야 하는 머나먼 몬곤고 열매 숲보다 아이 돌보기에 훨씬 부적합하다."[26] 사회 일각에서 여성의 권리 신장과 그에 따른 경제활동과 사회참여의 증가로 인해 출산율이 하락하고 양육의 질도 저하되었다는 의견이 제기된다. 그래서 육아와 교육의 진정한 해결책은 그 옛날처럼 엄마가 집에서 아이를 키우는 데 있다는 식의 담론이 통용되곤 한다.[27] 그러나 허디는 인간을 포함한 영장류의 긴 역사에서 사회적 야망은 모성과 대립되는 것이 아니었다고 역설한다. 자식의 생존과 양육에 필요한 자원의 공급과 어머니의 사회적 지위는 직결되는 문제였기 때문에 사회적 지위의 확보는 어머니의 중요한 임무 중 하나였다.[28] 그녀에 따르면 이중임무dual career를 수행하는 어머니는 전업주부 어머니보다 훨씬 먼저 여성의 삶에 들어와 오랫동안 지속된 어머니 상이다. 그렇다면 문제는 다시 어머니의 경제활동이나 사회참여 자체가 아닌 "현대적 일터가 둘 사이의 신체적 분리를 요구"한다는 데에 있다.[29]

수집, 혹은 농경 사회의 어머니들은 대행부모가 부재할 경우, 노동의 효율성 저하와 부가되는 에너지의 소모만 감수한다면 아이를 데리고 다닐 수 있었지만, 산업사회 이후의 일하는 어머니가 아이를 공장이나 회사에 데리고 가는 것은 거의 불가능에 가까운 일이 되었다. 그에 병행하여 사회적 지위의 확보는 아버지의 영역으로 넘어가게 되었다. 남자의 영역, 공적인 영역이 된 경제활동의 영역은 시대의 변화와 여성들의 요구에 따라 여성의 '전문성'은 수용했으나 '모성'을 허용하지는 않았다. 마치 그 둘이 분리 가능한 것처럼 말이다. 후기 자본주의 사회에 진입한 한국 사회에서 백화점, 마트, 박물관, 공연장, 하물며 지하철역에도 수유실이 설치되는데, 대부분의 공장・회사・학교・대학에는 육아시설은커녕 마음 놓고 유축을 할 시설조차 부재한다. 여성 노동자는 있을지 모르나 엄마 노동자는 부재하는 것이다. 소비자로서의 모성은 보호되고 지지되되 노동자로서의 모성은 낯설고 불편하며 무엇보다도 직업이 요구하는 전문성을 저해하는 것으로 여겨진다. 여성들 자신들도 모성의 육성과 존중을 당당히 요구하기보다는 육아의 부담을 지지 않는 유사남성으로 행동하거나, 애써 진입한 영역에서 물러나 육아의 영역으로 되돌아가기를 선택한다.[30] 생후 44일의 젖먹이 딸을 데리고 유럽 의회에 등원한 이탈리아 출신의 리시아 론줄리Licia Ronzulli 의원[31]의 예는 의회와 젖먹이라는 전혀 어울려 보이지 않는 조합에 대한 우리의 이질감이 공적 영역과 사적 영역이라는, 사실은 매우 인위적인 구분에서 유래함을 보여준다.

지금까지 이 글은 엄마들에게 폭력적으로 부여된 모성이 엄마의 폭력을 유발한다는 관점을 가지고, 일상에 두루 퍼져 있지만 가시성을 얻지 못하는 엄마들의 분노감과 좌절감을 살펴보았다. 시중에 범람하는 자녀교육 지침서는 '엄마가 행복해야 아이가 행복하다'는 자명한 원리로 돌아가지만, 엄마의 행복은 자주 엄마의 자녀에 대한 욕심의 절제, 종교적 평안, 심리치료 등의 개인적 차원으로 환원된다. 그러한 해결책들은 개인 차원의 해법을 가져다줄는지는 모르겠으나 문제의 원인으로 작용하는 모성 신화를 해체하기보다는 오히려 강화하는 결과를 초래한다. 엄마폭력의 해결책을 논의한다면 힐링과 명상이 아닌, 모성을 사적 영역에서만 허용한 채로 밀실 숭배하는 닫힌 구조에 논한 논의가 있어야 한다. 허디의 표현을 빌리자면 "양육 그 자체도 양육될 필요가 있다."[32]

03

학교의 얼굴을 한 폭력

청소년 폭력의 뿌리[1]

이 글은 청소년 폭력의 근원을 자학 성향과 정체성의 관계에서 찾고 청소년 폭력에 대한 근본적 해결을 모색한다. 청소년기는 몸의 급격한 변형 및 부모에 대한 수동성과 자율성의 추구 사이에 충돌이 발생하는 시기이다. 자학은 자아의 붕괴를 막기 위하여 수동성에 맞서 정체성을 유지하려는 시도이다. 그러나 실제로 자학은 자기 파괴를 초래하는 정체성의 왜곡이다. 이 글은 청소년들의 자학 성향을 규명하고 통과 의례의 현대적 부활에서 청소년 폭력에 대한 구체적 해결점을 찾고자 한다.

이근세

국내에서 매년 400여 명의 청소년이 자살로 생을 마감하고 있다. 자살은 자신에게 가하는 폭력성의 극단적 형태이다. 자학의 에너지가 타인으로 향할 때 폭력성은 전이되며 또 다른 자학의 원천이 된다. 이러한 악순환의 고리를 끊기 위해서는 청소년 폭력의 근원을 추적해야 한다. 청소년의 폭력성은 사춘기 및 부모와의 관계와 밀접한 관련이 있으며 내면적 위기에서 탈출하려는 시도인 경우가 대부분이다. 이 글은 프랑스의 정신의학자 필립 장메Philippe Jeanmmet 교수의 연구에 의거하여 청소년 폭력의 뿌리를 규명하고자 한다.[2]

청소년기란 무엇인가? 청소년기는 생리적 현상과 사회적 현상의 두 측면에서 규정될 수 있다. 생리적 현상은 사춘기와 연관된다. 사춘기는 호르몬 분비 작용으로 인해 몸이 성인의 상태, 특히 생식生殖 능력을 갖춘 상태로 이행하는 과정이다. 다른 한편으로 사회적 현상 또한 생리적 현상 못지않게 청소년기를 설명하기 위해 중요하다. 청소년기는 사회가 통과 의례를 조직함으로써 생리적 변화에 대해 응답하는 시기이기 때문이다. 전통 사회에서 관습화되었던, 그러나 오늘날에는 큰 의미가 없어져 버린 통과 의례, 구체적으로 청소년에게 적용되는 '입사 의례'는 근친상간을 차단하고 족외혼을 통해 가족과 청소년 간의 적절한 거리를 유지하는 '영역 관리'와 관련된다. 입사 의례의 의미는 청소년의 폭력을 이해하고 해결 방법을 찾기 위해 매우 중요하다. '미성년자'라는 법적 규정을 제외하고는, 현대 사회에서 무엇이 청소년들의 정체성을 규정해 주는지 적합한 답이 없는 상황이다. 고작 수능시험이 우리 청소년들의 성인식 역할을 하고 있을 뿐이다. 성급한 추정일지 모르겠으나, 청소년 자살률의 급격한 증가와 청소년에 관련된 사회적·문화적 장치의 부재 사이에 일정한 상관관계가 있을 것이라는 추론은 가능할 것이다.

청소년기는 모든 인간이 밟아가는 생리적·사회적 단계로서 인격 형성에 본질적 역할을 하는 시기이다. 특히 현대에 와서 청소년기는 영양발달과 위생조건의 변화 때문에 그 기간이 매우 길어졌으며 이는 불확실성과 위기의 과정이 길어졌음을 의미할 수 있다. 청소년에 대한 깊은 이해와 다양한 불행의 예방을 위해서는 청소년 폭력의 심층적 연구가 필요하다. 이 글에서는 청소년 폭력의 근원을 자학의 논리에서 찾고자 한다. 누구도 청소년들의 자학과 자기파괴를 예방할 완벽한 방법을 가지고 있다고 자부할 수는 없다. 그러나 청소년이 자아 발달을 위해 필요로 하는 도움을 받지 못한 채, 자신도 모르게 자기 자신을 향한 폭력의 주체가 되어가는 상황은 용인할 수 없는 일이다. 청소년 폭력의 근저에 자리 잡은 자학의 논리를 파악함으로써 우리는 현대 사회에서 청소년에게 진정으로 필요한 것과 부족한 것이 무엇인지 반성해 볼 수 있을 것이다.

청소년과 몸

청소년기의 특징은 사춘기와 맞물려 있다. 사춘기에 나타나는 급격하고 대대적인 몸의 변형과 이로 인한 의식의 변화는 청소년을 이해하기 위한 중요한 요소이다. 아이가 10~14살 정도가 되는 시기는 잠복기période de latence라고 불리며, 이 시기에 아이의 지적 능력은 고도화되기 시작한다. 실제로 이 시기는 까다로운 수학 문제를 풀 수 있을 정도로 지적 능력이 발달하는 시기로서, 서구적 용어로 표현하자면 "이성의 나이"[3]이다. 이 시기에 아이는 다양한 개인적 · 사회적 학습을 통해 자기의 몸과 환경에 대해 일정 수준의 통제 능력을 획득한다. 그러나 정확히 이 시기에 사춘기가 엄습한다. 사춘기가 도래하면서 청소년은 유년기와 완전히 다른 상황을 급작스럽게 경험하게 된다. 유년기까지 자신을 보호해 주었던 몸은 사춘기와 그 성적性的 작용으로 인해 내면이 적나라하게 노출되는 장소가 된다. 게다가 이성적 능력의 발달 덕분에 청소년은 몸의 급변 현상 및 자신과 부모와의 관계에 대해 질문을 던지게 된다. 특히 유년기에 비해 부모에 대한 생각이 큰 변화를 겪는다. 몸의 변화로 인해 부모는 자신의 이미지로 나타나며, 유아기의 (무의식적) 상기와 함께 부모에 대한 의존성을 다시 불러일으킨다.[4]

청소년은 사춘기를 맞으면서 갑작스런 몸의 변화를 통해 유년기와 단절한다. 이러한 단절을 어떻게 소화하느냐에 따라서 청소년의 인격이 결정될 수 있다. 우선 사춘기의 청소년은 모순을 겪을 수밖에 없다. 성적性的 특성이 드러난 몸은 타인에게 노출될 수밖에 없으며, 동시에 청소년은 내밀함의 필요를 의식하기 때문이다. 노출된 사춘기의 몸, 그리고 내면을 위협하는 성적인 변형이 바로 이러한 내밀함의 필요성을 만들어 낸다. 그래서 이 시기에는 어색함, 수줍음, 창피함, 낯붉힘 등이 특징적으로 나타난다. 실제로 중성적인 유년기의 성장 양상과 사춘기의 징후들 간의 차이는 비교할 수 없을 정도로 선명하다. 청소년은 가려움, 털, 수염, 젖멍울, 변성기, 커져가는 음경, 첫 생리, 첫 사정射精 등의 걷잡을 수 없는 상황을 겪는다. 자신을 변형시키는 어떤 힘을 느끼지만 그것에 대한 무능력을 동시에 체험한다. 자기의 몸이 통제가 안 되고, 몸과 함께 느낌이 변하며, 자신도 모르게 분비물이 흐르는 상태에서 복합적인 정서에 사로잡힐 수밖에 없다.

또한 몸은 청소년 자신이 선택하지 않은 상태를 표출한다. 엄마의 눈, 아빠의 코, 누구의 옆모습, 다른 누구의 머리 등등 청소년에게 속한 것은 별로 없어 보인다. 남자나 여자로, 크거나 작게, 이런 눈·코·귀를 가지고 태어나겠다고 선택한 것도 아니다. 이 가족, 이 나라, 이 시기를 택한 것도 아니다. 내가 선택한 것이 아무것도 없다. 이러한 부조리한 사태에 대해 청소년은 자신의 생각, 신념, 선택, 몸의 변화, 외양, 특이한 옷차림 등으로 맞설 수밖에 없다. 이러한 점이 바로 청소년들이 외모에 그토록 신경을 쓰는 이유이다. 여드름 하나에 인생을 걸 정도로 몸에 집중하는 시기가 청소년기이다.

사춘기가 도래하기 전까지 몸과 자아는 동일했고 단일한 인격을 구성했다. 사춘기가 도래하면서, 개인적인 내적 자아와 물리적 외양, 즉 마음과 몸의 간극이 선명해진다. 그러나 몸의 실재를 의문시하는 모든 관념론은 사춘기 앞에서 약화된다. 청소년은 데카르트가 그랬듯이 몸이 없는 것처럼 가장할 수가 없다. 청소년은 몸의 급변에 직면하여 이론적 의심이 아닌 실천적 의심을 겪는다.[5] 데카르트도 "성숙한 나이"가 되어서, 정신이 "모든 근심에서 벗어나 있고, 은은한 적막 속에서 평온한 휴식"을 취하는 상태에서 성찰을 이어갔으므로, 몸이 없는 척할 수도 있었고 모든 것을 의심할 수 있었겠지만,[6] 그도 사춘기 때에는 그런 엉뚱한 생각은 하지 못했을 것이다.

청소년은 사춘기와 함께 자아의 분열을 겪는다. 자기의 말을 듣지 않는 몸을 의식하지 않을 수 없기 때문이다. 그는 유년기의 상실된 통일성을 결코 원래대로 되찾지는 못할 것이다. 통제되지 않는 몸에 대한 의식은 부모의 유산과 부모와의 관계에 대한 생각을 심화시킨다. 몸은 부모로부터의 유산이다. 청소년은 자신에게 그토록 중요한 몸이 그가 선택한 것이 아니라는 점을 자각한다. 이러한 유산의 무게는 사춘기의 중대한 변형이 자신이 원한 것이 아니라 부과된 것인 만큼 더 무겁게 느껴진다. 자신을 구성하는 것이 자신에게 속하지 않는다는 점을 자각하기 때문이다. 게다가 논리적 생각, 고도의 지적 능력, 타인들, 특히 부모와 자신이 다르다는 의식이 고조되는 바로 그 이성의 나이에 몸의 변화는 부모에 대한 의존성과 수동성을 폭로해 버린다.

> 사춘기와 함께 청소년은 자신이 그의 발달과정의 주인공이 아니라 통제할 수 없는 몸의 인질이라는 점을 자각할 수밖에 없다.[7]

청소년기에 '실존적' 문제가 제기되는 것은 자연스러운 일이다. 사춘기적 몸의 변형을 선택하지도 않았고, 변덕스런 감정을 선택하지도 않았다. 이러한 상황에서 과연 삶이라는 것은 무엇인가? 왜 사는가? 단지 수동적으로 운명을 받아들이기만 한다면, 세계와 삶의 의미는 과연 무엇인가? 혹시 우리는 운명의 꼭두각시가 아닐까? 나만의 것은 무엇인가? 삶이 내 것이 아니라면 죽음만이 내 것은 아닐까?[8] 사춘기는 모든 청소년을 잠재적인 철학자로 만든다. 몸과 '나'의 관계를 묻는 철학적 질문이 구체적으로 제기되는 청소년기의 맥락을 고려하지 않은 채 삶의 의미를 묻는 인문학적 탐구는 어쩌면 지극히 인위적인 지적 유희에 불과할지도 모른다.[9]

사춘기의 모든 청소년은 모순에 직면하게 된다. 사춘기는 부모와의 친밀성에 대한 욕망을 성적性的 특성으로 변형시키고 주변과의 관계를 성적인 것으로 만든다. 따라서 청소년은 엄마를 여자로, 아빠를 남자로 보게 되는 자기의 몸 때문에 부모와 거리를 두어야 하는 필연성과 모순을 겪는다. 엄마와 아빠가 성적 관계에 있다는 것을 모를 수가 없는 노릇이기 때문이다.

몸의 성적性的 특성화는 부모와의 관계를 어색하게 만든다. 청소년은 자신과 부모 간에 거리가 없다는 점을 갑작스럽게 자각하고 거북스러워한다. 사춘기의 청소년은 마치 부모의 현전 자체가 이미 육체적 접촉인 것처럼 자기 영역이 침범된 듯한 느낌을 받는다. 그래서 부모에게 느끼던 매력은 거부와 혐오로 쉽게 변형된다. 무릎에 올라앉아 어리광을 떠는 짓도 멈추고, 늦잠을 즐기며 부모와 함께 뒹굴던 안방 이부자리가 혐오스러워지고 작은 육체적 접촉도 껄끄러워진다.

접촉의 거부, 방안에 혼자 있기, 뻣뻣함, 거짓된 무관심, 퉁명스러움 등과 같은 사춘기의 특징적인 행동들도 이러한 맥락에서 이해해야 한다. 삐침 현상은 유년기 때처럼 부모에게 안길 수도 없고, 그렇다고 자기에게 닥친 일을 이해하지도 못한 채 홀로 울거나 도피할 수도 없는 상황에서 청소년이 드러내는 타협책의 하나이다.

부모에 대한 청소년의 이러한 복잡한 생각에는 매우 중요한 점이 있다. "청소년의 형이상학적 문제"[10]라고 규정될 수 있는 본질적인 특성이 존재하며, 이는 청소년기를 근본적으로 불편하게 만드는 것이다. 그것은 "모순적 감정들의 혼합"[11]이다. 사춘기로 인해 청소년은 유년기의 애착 대상들, 특히 부모에 대해 거리를 두도록 강제된다. 그러나 거리를 둔다는 사실에는 보호 없이 지낼 수 있는 능력과 자신의 개인적 잠재력을 사용할 수 있는 능력을 입증해야 한다는 함의가 있다. 자율의 획득은 필요이고 쾌락이지만, 동시에 위험이고 두려움이다.

청소년에게 핵심적인 난점을 일으키는 몸의 통제에 대한 무능력은 사실 모든 인간 존재가 가진 근본적인 불안과 일치한다. 모든 인간에게 통제 능력 상실에 대한 불안은 미쳤거나 비정상적이거나 타인들과 같지 않다는 심리적 불안으로 나타난다. 이러한 근본적 불안이 청소년기에는 몸과 관련되어 나타나며 몸의 문제는 부모에 대한 종속관계와 연동된다. 보호와 자율에 대한 이중적 욕구는 청소년의 역설이며, 청소년 폭력의 뿌리를 규명하는 핵심적 기제이다.

실제로 청소년에게는 생리적 변화와 심리적 격동 때문에 도움을 바라는 동시에 부모에 대한 의존성에서 탈출하려는 욕구가 병존한다. 청소년은 부모에게 보호받아온 유년기의 안정감과 그러한 보호에서 벗어나고픈 욕구 사이에 놓여 있다. 즉, 보호가 없으면 결여를 느끼고 보호를 받으면 견디기 힘들어 한다.(이것이 사춘기의 특징적인 퉁명스러움과 삐침 현상이다.) 누군가에 대한 과도한 필요는 자기 자신이 불충분하며 의존적이라는 것을 느끼게 하기 때문이다.

이러한 모순은 정상적인 것이지만, 그것을 매우 강하게 겪을 경우 인격 발달 과정에서 트라우마가 발생할 수 있다. 부모에 대한 신뢰가 부족한 청소년은 부모에게 도움을 청하지 않고 다른 탈출구를 찾게 된다. 게다가 자신이 무엇을 원하는지 모르는 상태에서의 모순과 갈등은 세계에 대한 부정적 관점과 부합한다. 그가 몸에 대해 갖는 부정적 생각처럼 일반적으로 세상은 문제투성이기 때문이다. 자연스럽게 청소년은 세계의 불행과 악덕에 집중하게 된다. 스피노자는 부정적 정서에 물든 이들이 다른 비슷한 동료들을 찾아다닌다는 점을 설명하기 위해 한 속담을 인용했는데, 이 속담은 불안을 겪고 있는 청소년의 태도를 적절하게 표현할 수 있을 것이다. "불행한 자의 위안은 나쁜 동료를 갖는 것이다."[12]

그러나 청소년의 불안의 이면에는 주체의 정체성과 전체성에 대한 위협의 문제가 존재한다. 공간의 공유와 타자와의 융합은 한계를 위협하며 자아에게 폭력으로 다가온다. 자학적 폭력은 버림받음이나 자기 영역의 침범에 맞서는 반응이다. 그리고 급작스럽게 맞이하는 청소년기는 부모와의 갈등에서 비롯되었던 유아기의 문제들을 드러내며, 자연스럽게 몸은 해결하지 못한 문제에 대한 해결(복수)의 표현이 된다.

자학의 논리

의존욕구와 해방욕구의 모순은 청소년을 몸에 대한 폭력으로 이끌 수 있다. 통제 불가능한 몸에 대한 의식과 이 몸이 부모로부터 물려받은 것이라는 자각은 몸을 통해 자신의 차이를 드러내고 자율성을 획득하도록 이끈다. 할퀴기/칼빵, 담배빵, 피어싱, 문신 등은 유년기와의 단절을 나타내는 폭력적 통과 의례로서 시련과 고통의 극복 능력을 입증할 기회를 제공한다.[13] 몸의 시련은 청소년이 자신의 가치를 드러내려는 과정이다. 전통적 입사 의례가 사라진 현대 사회에서 청소년들은 스스로 그 의식을 거행하곤 한다. 예를 들어 피어싱(귀뚫기)은 타인에게 자신을 보이고 싶은 욕구, 타인들과의 차이, 자신의 새로운 위상을 드러내는 의례라고 볼 수 있다.[14]

청소년들의 자학이 연상시키는 미개사회들의 입사 의례는 시사하는 바가 크다. 이 사회들은 청소년기가 변화, 동요, 불안정의 시기라는 것을 인지한 것처럼, 청소년기를 세심하게 관리해 왔다. 청소년기의 개방성과 잠재적 위험이라는 이중적 측면이 그들에게 파악된 것으로 보아야 할 것이다. 실제로 청소년기에 대한 입사 의례는 오랫동안 많은 전통 사회에서 조직되어 왔다. 이 의례에서 몸은 본질적인 역할을 한다. 즉, 의례는 단지 언어적 차원이 아닌 몸의 표시를 필요로 했다. 어른들의 비밀스런 세계에 입문하기 위해 청소년의 몸은 몇몇 시련들을 이겨내야 하며 자신의 새로운 위상에 걸맞은 상흔을 지녀야 한다.

> 청소년들에게 적용된 입사 의례들은 모든 의례들 가운데 가장 위험한 육체적 시험을 포함하며 가장 강한 폭력과 함께 몸에 흔적을 남기는 것들이다.[15]

> 의례의 폭력은 청소년이 사회에 나타내는, 그리고 자기 자신에게도 나타내는 위험의 폭력에 대한 응답이다.[16]

레비스트로스는 "전 세계의 그 다양한 사회들이 입사 의례를 관념화하는 과정에서 공통된 양식"을 갖는다고 지적한 바 있는데,[17] 과거의 입사 의례가 나타내는 공통점은 대체로 다음과 같이 정리할 수 있다.

- 몸의 사용
- 폭력을 포함함
- 유년기 및 어머니와의 분리
- 시련을 통한 의례를 거쳐 성인 세계로의 입문
- 모든 의례는 어른들과의 관계 속에서 조직됨[18]

입사 의례에서 고통은 의례를 부과하는 어른들에 대한 복종을 상징하는 동시에 청소년의 힘과 저항능력, 그리고 그의 존재를 입증하는 상징이기도 하다.

이러한 관점에서 볼 때, 입사 의례는 청소년 고유의 모순과 역설에 대한 완벽한 사회적 해답이라고 할 수 있다. 실제로 청소년기의 역설적 측면, 즉 유아기부터 자연스럽게 가져온 부모에 대한 애착과 통제 불가능한 몸, 부모와의 성적性的 관계, 이에 대한 거북함 등으로 인한 거리감, 즉 보호와 자율성의 모순된 관계를 청소년들은 정확히 공식화하지 못한다. 부모에 대한 욕구와 자율성의 추구 사이에 얽혀 있는 복합적 관계를 청소년들이 언어로 형상화하기는 힘든 일이다. 사실 청소년뿐 아니라 모든 인간에게 있어 사유만을 통해 내면을 정확히 규정하고 형상화하는 것은 지극히 어려운 일이며 불가능한 일일지도 모른다. 무한히 많은 요소들이 내면을 구성하며 연결되어 있기 때문이다. 모든 관념론의 한계도 아마 이러한 점에 있을 것이다. 따라서 분산된 에너지를 때로는 폭력적으로 집결시키며 육체적 활동의 협력을 통해 사유의 집중을 실현함으로써 몸과 정신의 공동 표현을 이루어 낼 필요가 있다.[19] 그리고 사유와 행동을 구체화하는 것은 규범화된 전통일 수 있다.

이렇게 볼 때, 전통 사회에서 거행되었던 입사 의례는 사춘기로 인한 변화(아이와 부모의 관계, 사회적 위상, 개인적 영역의 확보)에 대하여 "표상 가능하고 사유 가능한 형태"[20]를 정립해야 할 필요성에 부합한다. 청소년들이 겪는 급격한 변화의 강제성과 폭력적 복종에 의례의 폭력이 맞서는 것이다. 그리고 청소년은 이러한 폭력을 자기 것으로 만듦으로써 수동적 상태에서 능동적인 역할로 이행하게 된다. 청소년에게 있어서 시련을 통해 능력을 입증하는 것은 중요하다. 어려운 것을 극복했을 때 자신의 것이 무엇인지 분명히 알게 된다. 이는 정체성의 문제이다.

반면 오늘날 청소년과 어른의 만남이 어떻게 관리되고 있는지 물어야 한다. 우리는 오늘날의 사회가 통과 의례를 필요로 하는 청소년들을 그대로 방치하는 것은 아닌지 물음을 던져야 한다. 청소년들의 반항, 자신이나 타인에 대한 폭력 및 자살은 합의를 보여주지 못하는 어른 사회의 불확실함에 대한 반응이다. 실제로 현대 사회의 지배적 이데올로기인 (신)자유주의는 많은 경우 청소년에 대한 무관심과 방치로 이해될 수 있다.

이제 우리는 청소년의 자학 논리를 이해할 수 있다. 의존과 해방의 이중적 욕구는 청소년 폭력을 이해하기 위한 열쇠이다. 어른의 도움은 내적 불안정이 강할수록 더 필요해진다. 그러나 어른에 대한 필요는 해방을 추구하는 청소년 자신에게 가해지는 내적 폭력이며, 청소년은 자신의 차이를 보장해 주는 대결을 통해서만 그러한 폭력에 응답할 수 있다. 청소년이 이러한 방식으로 응답하는 것은 실제로는 타인의 품에 안길 필요가 있을 때이다. 그러나 품에 안기면 자신이 아닌 상태가 될 것이라는 공포감이 있다. 이러한 갈등이 바로 청소년의 슬픔과 고독이다. 이러한 슬픔과 고독에서 탈출하는 방식 중 하나가 스스로에게 (품에 안기는) 감각 혹은 느낌을 자신의 통제 하에서 부여하는 것이다.

청소년의 고독과 불안 상태와 관련하여 어른들은 시간이 해결해 줄 것이라고 기대한다. 그러나 이는 수동성과 무능력의 상태가 지속된다는 것을 알려 줄 뿐이다. 청소년은 통제할 수 없고 단지 수동적으로 따라야 하는 시간보다는 공간, 즉 통제의 가능성을 입증해 주는 행동에 의거하기를 선호한다.[21] 수동적이 되기보다는 행동에 옮기는 것, 가출, 반항, 반대가 더 효과적이다. 또는 아무것도 하지 않고 아무것도 원하지 않는 것은 마술적인 효과를 나타낸다. 의도적인 거부, 특히 거식증과 같은 섭식장애는 어른들을 거꾸로 무능력하게 만들기 때문에 청소년은 통제 능력의 느낌을 갖는다.

이렇게 볼 때 자학은 정체성을 방어하기 위해 자신에게 가하는 폭력 형태이다. 즉, 버려진 느낌이나 타인(부모)에게 종속된 느낌을 극복하려는 자기통제 방식이다. 자학을 통한 해결은 언제나 가능한, "손에 잡히는 곳에 있는"[22] 타협책을 제공한다. 자학은 타인의 지배에서 해방되고 지배의 위치를 되찾게 될 가능성(혹은 환상)을 항상 제공한다. '자아', '정체성'에 대한 위협이 자학의 동기이다. 그러나 자학의 핵심적 목적은 상황을 역전시키는 것이며, 대상(타인)과 충동을 자아의 지배하에 두는 것이다. 그 대가가 비록 고통이라고 할지라도, 자아를 대상으로 삼는 것보다 더 효율적인 것은 없다. 성공은 항상 시간을 필요로 하고 불확실하며 타인들에게 의존되는 반면, 자신에게 가한 실패와 고통은 언제나 확실하고 타인의 힘을 필요로 하지도 않는다. 게다가 실패와 고통은 타인을 무능력하게 만들고, 자기에게 해를 가하는 자신의 의지에 타인이 의존되도록 만듦으로써 타인을 관리할 수 있다. 즉, 자학과 고통은 경계를 유지시켜 주며 대상(타인)을 통제한다.

그러나 이러한 자학은 병리상태로 이어지고, 특히 그 극단에는 타인에 대한 폭력과 자살의 유혹이 기다리고 있다. 자기를 할퀴고 담뱃불로 지지는 청소년들은 그렇게 함으로써 불안이 없어지고 부담이 줄어든다고 말한다. 죽기 직전까지 목을 조르고 가슴을 압박하는 위험한 장난(기절놀이) 또한 한계에 접근함으로써 느낌의 통제능력을 입증하기 위함이다. 자신의 한계를 계속 넘어서려는 욕구는 중독 행위에서 선명하게 드러난다. 영화 〈그랑 블루Le Grand bleu〉에서 주인공들은 전문잠수부들로서 점점 더 깊은 바다로 잠수하면서 한계 상황을 즐긴다. 머리를 부숴 버릴 듯한 수압과 죽음의 경계에까지 접근하면서 자신의 능력을 시험하다가, 결국 주인공은 삶을 지켜주던 끈을 풀고 돌고래의 세계, 광대한 바다와 하나가 된다.

자학, 중독, 의존성 행위에는 부족한 것을 채우려는 절대적 욕구가 존재한다. 그러나 이는 자살시도가 아니며 심지어 그 반대이다. 우울감, 불만족의 느낌, 결여감에 저항하는 투쟁이다.[23] 이는 모든 극단적 스포츠의 특성이기도 하다. 그러나 능력을 입증하는 활동이 사회화될수록, 그리고 욕망이 매개와 학습을 통해 이루어질수록, 자아와 타인들 사이에 건설적이고 풍부한 창조가 실현되는 반면, 그러한 활동이 홀로 그리고 학습도 없이 이루어질수록, 그것은 나를 내 앞에 둘 뿐이며 결국 나를 풍부하게 만들어 주지도 못한다. 단지 계속 시작할 뿐이고 중독성으로 더 멀리 들어갈 뿐이다.

거식증(식욕부진증)과 폭식증 등의 병리현상도 내면적 긴장에 대한 출구를 찾으려는 시도이다. 결여와 모순이 표현불가능informulables한 만큼 긴장과 위기는 더 심각하다. 이 병리현상들은 "말하지 않기" 위함이다. 이러한 병리현상들에서는 몸이 말의 자리를 대체한다. 거식증에 걸린 청소년은 그가 발휘하고자 하는 통제의 욕구에 속박되어 있다. 자신의 욕망보다 더 강해지는 것은 능력의 느낌을 제공하기 때문이다. 결여는 욕망의 원천이 되며 자학은 안정감의 일시적 획득이다.

이러한 다양한 자학적 폭력의 끝에는 자살과 타인에 대한 물리적 폭력이 있다. 영화 〈죽은 시인의 사회〉에서 파국을 이끌어 내는 닐의 자살은 연극을 하려는 꿈의 좌절 때문이라기보다는, 의대 진학을 강요해 온 부모로부터의 해방욕구가 자살이라는 마지막 몸부림으로 표출된 것이라고 봐야 한다. 거꾸로 〈케빈에 대하여〉는 부모의 무관심에 대한 보복을 보여준다. 케빈은 마음을 다 주지 않는 엄마의 무관심에 맞서 끊임없이 폭력을 추구하고 결국 참극을 벌이고 마는데, 이는 엄마에게서 버림받았다는 불안감 때문에 계속 엄마를 '소환'하는 몸짓으로 봐야 할 것이다.[24]

자학과 자살시도는 우울감, 버림받음의 느낌, 무능력에 대한 투쟁의 표현으로서 운명의 주인이 되려는 생각이 그 주된 동기이다. 케빈은 자신 대신 타인을 폭력의 대상으로 삼았을 뿐이다. 선택은 인간의 고유한 능력이다. 인간은 파괴성을 통해 자신의 힘을 선택할 수 있는 유일한 생명체이다. 그러나 파괴는 약자의 창조성이다. 무능력이 파괴 욕구로 전환되는 것이기 때문이다. 무능력을 거부하기 위해 모든 것을 불살라 버리면 되고, 사랑하는 사람이 자기를 버린다면 그를 죽이거나, 타인을 죽여서 관심을 끌 수도 있다. 모든 것이 실패할 경우 내가 죽어 버리면 그만이다.

나가는 글

지금까지 우리는 자학과 정체성의 관계를 고찰함으로써 청소년 폭력의 뿌리를 추적했다. 자학은 정체성을 위장된 형태로 표현한다. 자학은 자아의 붕괴를 막기 위한 방편으로 이해될 수 있는 한에서 자아정체성과 관련되지만 실제로 자아정체성을 확보해 주는 것은 아니기 때문이다. 자아를 계속적으로 빈약하게 만들고 나아가 파괴할 수 있는 것이 자학이다.

그러나 자학의 순기능이 또한 가능하다는 점을 우리는 살펴보았다. 특히 몸의 급격한 변형을 겪는 청소년들에게는 몸의 시련을 통하여 자신의 능력을 입증하는 일은 정체성의 확보를 위해 매우 중요하다. 역설적으로 이러한 폭력적 방법이 자학의 역기능을 막는 길일 수 있다. 그러나 이러한 폭력적 방법은 사회에 의해 세심하게 조직되어야만 한다. 최근에 호주의 학교에서 현대식 입사 의례를 시행함으로써 큰 효과를 보았다는 내용의 다큐 방송이 있었는데 이러한 용기 있고 사려 깊은 교육적 시도는 시사하는 바가 크다. 육체적 훈련과 고된 야영이 포함된 긴 여행 프로그램을 시작하기 전에 일종의 '부름의식'이 거행되는데, 이 의식의 구성과 교사의 낭독문은 매우 인상적이다. 어둠이 가시지 않은 이른 새벽에 중학생들과 그들의 부모 및 교사가 산에 올라 절벽 앞에서 부름의식을 거행한다. 이 부름의식은 자녀가 부모에 기대어 살던 어린 시절을 마감하고 새로운 세상으로 들어서는 의례이다. 실제로 절벽 앞에서 어머니가 남자아이의 등을 양손으로 받치고 있는 가운데 교사는 준비한 글을 낭독한다.

> "… 오늘은 여기 있는 학생들 각자의 인생에서 새로운 장을 여는 날입니다. 특히, 어른으로의 삶을 새롭게 시작하는 여러분에게는 더욱 중요한 날입니다.
>
> (학부모 여러분의) 자녀는 지금까지 어린이로 살아왔습니다. 자녀가 자신의 인생을 스스로 책임지는 사람이 되도록 한 걸음 뒤에서 지켜보는

일도 부모에게는 새로운 도전입니다.

(인생을 살면서) 부모님의 지원이 필요한 순간은 여전히 있을 것입니다. 또한 부모님의 도움이 전혀 없이 혼자 앞으로 나아가야 할 시간도 있을 것입니다….”

청소년들에게 신뢰감을 심어 주고 그들을 바깥으로 개방시켜야 한다. 다른 사람들과의 활동으로 열어 놓아야 한다. 부모의 시선 밖에서 일을 성공시킬 기회를 제공해야 한다. 서로 간에 기대가 너무 크면 서로 견디기가 힘들다. 우리의 청소년들이 잠재력 개발이 아닌 부모의 기쁨을 위해서 이 학원 저 학원으로 떠돌아다니는 모습, 그리고 학원등록, 입시설명회 참석, 심지어 도서 대출 등의 모든 절차를 부모가 도맡아하고 있는 모습에 필자는 섬뜩해질 때가 많다. 지나친 ‘가족주의’는 좋지 않다. 핵가족화된 현대 사회에서 가족주의적 재중심화는 매우 강고하다. 세상은 악하고 위험하며 가족만이 안전하고 좋다는 생각은 청소년에게 유해하다. 청소년의 진정한 필요가 무엇인지 알아야 한다.

가장 중요한 것은 부모의 역할과 사회적 장치이다. 몸의 시련을 통해 능력을 입증하려는 청소년의 성향을 잠재력 실현의 방향으로 유도할 수 있는 장치를 마련해야 한다. 우리가 과거의 사유를 거부할 때 과거가 우리를 통해서 사유하는 경우가 있다. 청소년들만의 현대판 성인식이 그 경우이다. 청소년들이 그들만의 입사 의례를 행하도록 방치해서는 안 된다.

소녀들의 폭력, 왕따
— 소녀들의 '관계' 폭력의 구조와 문학적 성장교육

이 글은 학교폭력 담론이 남학생 중심의 물리적 · 신체적 폭력에만 관심을 기울임으로써 심리적 · 정서적 폭력에 제대로 대처하지 못하는 상황을 비판적으로 검토하였다. 소녀들의 왕따 폭력은 소녀 특유의 관계사회에서 관계를 무기화하여 집단이 개인을 관계망에서 고립화하여 죽음에 이를 정도의 괴로움을 주는 행위이며, 폭력의 구조는 '관계'의 친밀성에서 비롯되고, 그 특성상 폭력의 상처는 성인이 되어서까지 지속된다. 최근 소녀 왕따 폭력이 초등학교에서 두드러지고 있다. 어린이문학에 나타난 소녀 왕따 폭력의 특징은 관계의 무기화, 집단화와 동일시, 권력화, 은폐화, 방관과 침묵의 서사를 통해 검토하고 그 대안을 포착하여 문화교육 차원에서 예방할 필요를 강조하였다.

임지연

최근 드라마 〈학교 2013〉과 다큐멘터리 〈학교의 눈물〉은 학교폭력의 현실과 실상을 그대로 노출하였다는 점에서 큰 호응을 얻었다. 순수한 학생들의 꿈과 우정의 성장 서사가 아니라, 신체적 · 정서적 폭력, 질투와 왕따, 위선과 거짓으로 점철된 청소년 폭력 서사가 쓰이는 곳으로서 2010년대 한국 학교의 리얼리티를 보여주었다. 학교폭력은 이제 특수한 몇몇 학생들의 전유물이 아니라, 거의 모든 청소년들이 자유로울 수 없을 만큼 만연되어 있다. 학교폭력은 학교를 구조화하는 현대적 징표가 되어 버렸다.

다양한 제도적 장치를 통한 국가·사회적 노력들, 즉 「학교폭력예방법」, 학교폭력 종합대책, 학교폭력 실태조사 등을 통해 폭력의 양상은 다소 주춤해지고 있다. 그러나 정서적·심리적 차원의 폭력에 대해서는 제대로 대처하지 못하고 있다. 가령 왕따의 문제는 물리적이고 신체적인 폭력에 의해서만 진행되지 않는다. 왕따 현상이 무서운 것은 피해자는 물론 가해자의 경우도 치유의 과정이 길고 어렵기 때문에 건강한 성인으로 성장하는 데 큰 걸림돌이 된다는 데에 있다. 특히 10대 여학생인 소녀들의 폭력 양상은 왕따 현상으로 주로 나타나고 있는데, 이는 정서적이고 심리적인 폭력을 유발함으로써 은밀하고 집단적이고 정서적인 형태라는 점에서 수면 아래로 가라앉는 특성을 갖는다.

가령, 〈학교 2013〉의 경우, 남학생 남순과 흥수를 중심으로 한 일진들의 폭력과 남학생 특유의 신체적 공격성에 초점을 맞추어 드라마가 구성되었다. 이른바 현대판 '말죽거리 잔혹사'의 재현서사가 중심축이 되어 2010년대 한국의 부조리한 학교 상황을 그려내고 있다. 엘리트 하경을 왕따 시키는 여학생 5인방의 행동은 단지 성적과 대학진학이라는 한국적 상황을 보여주기 위한 장치에 불과하다. 또한 다큐멘터리 〈학교의 눈물〉 역시 남학생들의 물리적 폭력에만 초점이 맞춰져 있을 뿐 소녀들의 폭력은 다루지 않고 있다. 이처럼 소녀들의 공격성과 폭력성은 학교폭력의 주변적 상황으로 이해하고 있다는 점을 단적으로 보여주고 있다.

학교폭력 예방을 위한 다양한 제도적 장치들이 여전히 남학생들의 물리적 폭력성을 학교폭력 일반으로 이해하고 있기 때문에 수면 아래에 만연된 정서적이고 심리적인 폭력에 대해서는 손을 쓰지 못하는 한계가 여기로부터 기인한다. 소녀들의 공격성과 폭력성에 대한 이해는 학교폭력의 다양성과 구체성을 이해하고 대처하기 위한 첫걸음이 될 것이다.

이 글은 10대 여학생인 소녀들의 폭력에 초점을 맞추어 폭력성의 구조와 양상, 그리고 어린이 문학작품 속에 나타난 소녀들의 심리구조와 왕따 현상을 분석하고 문학적으로 제시된 해결 방법을 통해 대안을 마련하고자 한다.

왕따, 소녀 폭력의 구조와 특성

소녀 폭력에 대한 몇 가지 오해

소녀들의 폭력은 어디서부터 어디까지가 폭력인지 친밀함인지 식별하기 어렵다. 소녀들의 사회는 정서적 관계로부터 발생하기 때문이다. 이들에게 친밀감과 폭력성은 동전의 양면처럼 구조화되어 있다고 해도 과언이 아니다. 어떤 중학교 교사의 말에 따르자면 "여학생들의 왕따 문제는 대한민국에서 피해갈 수 없다."고 할 만큼 만연되어 있다. 그럼에도 학교폭력 담론에서 소녀들의 폭력 문제가 소홀하게 다뤄지는 이유는 폭력과 친밀감의 영역이 명확하지 않기 때문이다. 그만큼 소녀적 폭력이 이들의 사회에서 은밀하게 고착되어 있다고 할 수 있는데, 여기에는 몇 가지 오해가 있거나 문제접근 방법의 오류가 있다.

첫째, 소녀들의 공격이나 학대는 폭력이 아니라는 오해이다. 소녀들의 폭력은 관계 지향성에서 비롯되기 때문에 남학생들처럼 물리적 폭력 행위가 분명하게 드러나지 않는다. 이들은 언어를 통해 관계를 위협한다. 소녀들에게 요구되는 순수성이나 자존감을 훼손시키는 평범한 언어들이다. 이것은 대체로 농담의 형식을 띠고 왕따의 무기로 활용된다. 그러나 겉으로 보아서는 폭력적이지 않기 때문에 폭력의 범주에서 제외되는 경우가 많다. 그만큼 소녀들의 폭력은 은밀하고 관계적이기 때문에 포착되기 어렵다. 그러나 소녀 폭력의 표면이 매끈하다고 해서 폭력의 범주에서 제외시키는 것은 곤란하다. 소녀 폭력의 구조와 특징이 연구되어야 할 이유가 여기에 있다.

둘째, 소녀 폭력을 청소년 폭력에만 한정한다는 것이다. 즉 초등학교 소녀들의 폭력은 소홀히 다루어지고 있는데, 사실 이들의 왕따 폭력이 가장 극심한 상황에 이르고 있다. 한 연구에 따르면, 왕따의 피해 경험이 있는 학생은 초등학생과 중학생이 고등학생보다 심각한 것으로 조사되었다. 왕따 가해 경험 역시 초등학생에게 가장 높게 나타나고 있다.[1] 이 연구가 10여 년 전의 상황이니 현재 초등학교 왕따 경험은 증가했을 것이다. 최근 초등학교 고학년 소녀들의 왕따 문제는 극에 달했을 만큼 심각하다. 그런 점에서 왕따를 중고등학생에만 초점화하는 일은 난감한 일이다. 최근 한 설문조사에 의하면 초등학생 21%가 왕따 피해 경험자[2, 3]로 나타나고 있는데, 이는 초등학교 교육에서부터 왕따 예방교육이 집중적으로 이루어져야 함을 시사한다. 특히 초등학교 고학년 소녀들의 왕따 현상은 극에 달하고 있다는 점에서 소녀 폭력의 양상 역시 연령이 낮아지고 있다고 볼 수 있다.

셋째, 왕따의 가해자나 피해자의 경우 문제가 있는 가정의 자녀라는 전제도 오류라고 할 수 있다. 이는 왕따 경험을 특수한 몇몇 학생들에게만 나타나는 한정적 폭력으로만 이해할 수 있다. 또한 현대적 의미의 가정의 개념도 상당히 변화되고 있는 상황에서 문제 있는 가정과 문제없는 가정, 즉 비정상 가정/정상 가정이라는 주관적 기준에 의해 왕따 폭력의 원인과 해결책을 제시하기는 어려운 일이다. 이제는 학교폭력의 가해자나 피해자가 문제 있는 가정의 학생이나 성적부진 학생이 아니라, 문제없는 가정의 학생이나 성적이 좋은 학생들의 경우에도 나타나는 경향을 보여주고 있다. 이처럼 학교폭력이나 왕따 폭력은 누구에게나 일어날 수 있는 무차별적인 양상을 보여주고 있다는 점을 간과할 수 없다. 소녀 폭력의 문제는 위와 같은 오해를 피하가면서 올바른 시각을 통해 이해할 필요가 있을 것이다.

관계에 의한 왕따 폭력: 친밀감의 구조와 지속성의 효과

왕따라는 말은 1996년 이후 청소년 사이에서 사용되기 시작한 용어로서 흥미로운 신조어로 사회적 관심을 끌었다. 1998년 말 제주도의 초등학교 6학년 소녀와 울산의 고등학교 1학년 소녀가 왕따를 당해 죽는다는 유서를 남기고 자살한 사건을 통해 왕따라는 용어는 재미있는 특수 신조어가 아니라, 심각한 사회적 현상으로 이해하기 시작하였다. 1999년 국무회의에서 왕따라는 용어 대신 '집단 따돌림'을 사용하기로 결정하고 언론에 권고하면서 집단 따돌림이라는 공식적 용어로 대체되었다.[4] 그러나 2000년대 들어오면서 학교폭력의 양상으로 나타난 왕따 폭력은 '왕따'라는 말로 대중화되는 경향을 보여주고 있다. 왕따란 청소년들 간에 사용되는 은어나 신조어가 아니라, 다수가 특정 개인을 신체적 · 언어적 · 심리적으로 괴롭히는 행위라는 의미로 확산되고 있다. 학교폭력의 뚜렷한 양상으로 나타나는 왕따 폭력은 집단이 개인을 소외시키는 폭력이 아니라, 여기에 물리적 · 신체적 · 경제적 · 언어적 · 정서적 폭력이 더해지면서 이루어진다는 점에서 큰 문제가 되고 있다. 최근 한국 사회의 학생 자살 사건의 배후에는 이처럼 다층화된 왕따 폭력이 개입되어 있다는 점에서 문제적이다.

왕따 폭력에 제대로 대처하기 위해서는 성차에 따른 양상을 살펴보아야 한다. 남학생들의 왕따 현상에는 물리적이고 신체적인 폭력이 개입되어 있어, 학교폭력 담론의 중심에서 다루어진다. 그러나 소녀들의 왕따 폭력은 은밀하고 지속적이고 은폐되어 있어 학교폭력 담론의 표면에 포착되지 못하는 형편이다. 2012년도 교과부에서 전국적으로 실시한 1, 2차 '학교폭력 실태조사'는 학교폭력의 일반적 현상과 객관적 실태를 조사하여 구체적으로 대처하기 위한 국가적 노력이었다. 그러나 학교폭력의 일반적 현상만 추출하고 있을 뿐, 구체적이고 세밀한 폭력 양상은 놓치고 있다는 한계를 보여주고 있다. 초등 · 중등 · 고등학교의 폭력의 양상에 대해 일반화하고 있을 뿐, 성차의 문제를 주의 깊게 고려하지 못하고 있다.

또래집단의 동조현상에 대한 연구에 따르면, 여기에는 성차가 존재한다. 소녀들이 남학생에 비해 동조성향(소속집단의 압력에 얼마나 잘 따르는지에 대한 성향)이 더 높은 것으로 나타났다. 또 교우관계의 불안도 역시 남학생보다 더 높은 것으로 보고되었다. 소녀들은 자신의 교우관계를 더 긴장되고, 질투심과 갈등이 더 많으며 거부와 소외에 대해 더 염려하고, 15세 소녀들이 가장 심한 것으로 조사되었다.[5] 소녀들의 발달 상태가 남학생의 경우보다 집단적 영향을 많이 받으며, 또래 관계를 중시하고, 복잡하고 예민한 사회적 관계를 맺고 있음을 알 수 있다.

일반적으로 남학생들의 물리적 폭력에 비해 소녀 폭력을 상대적으로 비폭력적인 것으로 생각한다. 그러나 소녀들의 사회적 잔인성과 은밀한 폭력성은 남학생들과 폭력의 양상만 다를 뿐 결코 뒤지지 않는다. 왕따 가해자의 경우 남학생보다 소녀들의 경험이 좀 더 많은 것으로 보고된 경우도 있다. 남학생들의 물리적이고 신체적인 폭력을 엄격하고 부정적으로 보는 반면, 소녀들이 가볍게 때리거나 놀리는 등의 행동은 귀엽다거나 장난스럽다는 시각으로 넘어가는 사회적 통념 등이 소녀들의 공격적 행동을 키우기도 한다.[6]

레이철 시먼스의 연구에 따르면 소녀들의 왕따 폭력은 '관계'를 중시하는 소녀 사회의 특징에 의해 비롯된다. 필자는 레이철 시먼스의 연구에 동의하며 소녀 폭력의 특성을 검토하고자 한다. 레이철 시먼스는 소녀 폭력을 "관계적 폭력"[7] 이라는 말로 대체한다. 관계적 폭력이란 관계나 수용, 우정, 소속감의 느낌을 훼손하여 타인을 해치는 것이다. 관계를 무기로 사용하는 일체의 행위가 포함된다. 소녀들의 폭력이 은밀하면서도 무자비한 것은 관계 자체가 이들의 사회를 구조화하는 중요한 기제이기 때문에 이것을 무기화할 때 더 가혹해지기 때문이다. 겉으로 보기에는 상냥함과 우정의 관계를 유지하는 이들의 친밀한 관계성은 그것이 무기화될 때 물리적 폭력 못지않게 치명적이다. 왕따를 경험한 소녀들이 자살과 죽음을 생각할 만큼 가혹하며, 이 두려움 때문에 왕따 폭력을 방조하거나 동조하는 현상이 나타난다.

관계적 폭력은 간접적인 공격과 사회적 공격을 포함한다. 표적과 직접 맞서지 않는 간접적 공격과 희생자의 자존감이나 사회적 위치를 목표로 하는 사회적 공격을 말한다. 관계적 공격의 흔한 형태는 "이렇게 해, 안 그러면 너랑 안 놀아"라고 위협하는 것, 집단적으로 한 소녀를 따돌리는 것, 침묵으로 대하는 것, 비언어적 제스처나 신체언어를 쓰는 것이다.[8]

관계적 폭력의 핵심은 관계에 있다. 여성의 발달단계에 있어 관계성은 남성과는 다른 고유한 측면이다. 여성의 자아인식, 감정이입, 상호성에 대한 연구들은 여성의 발달에 있어 관계의 중요성뿐 아니라, 여성이 남성에 비해 관계 측면에서 더 발달되어 있다는 점이 입증되었다.[9] 이처럼 소녀들은 친밀한 관계성의 사회를 구축하고 있기 때문에, 관계성 자체를 빼앗거나 훼손하는 일은 사회적 죽음이며, 그 사회로부터 완전한 방출행위이다. 소녀들의 우정은 내밀한 비밀을 축적하고 교환하는 행위를 통해 형성된다. 서로 교환한 비밀은 사회적 화폐의 가치를 지닌다고 할 수 있을 만큼 중요한 의미를 갖는다. 그러므로 어느 순간 소녀들의 관계에 문제가 생겼을 때 이들은 서로 나누었던 비밀을 화폐처럼 사용한다. 다른 소녀들에게 비밀을 노출시키는 행위를 통해 상대를 관계망 속에서 배제하고 또 다른 소녀와 친밀한 관계를 형성하게 된다. 이처럼 소녀들의 관계는 은밀하고 내적이기 때문에 겉으로 드러나지 않는다. 여기서 발생하는 폭력성은 식별 불가능할 만큼 미묘하며, 가해자와 피해자의 구별도 어렵다. 그러므로 소녀 폭력의 양상은 이들의 관계망 속에 깊이 들어가 주의 깊게 검토하지 않으면 결코 그 양상을 파악할 수 없으며, 해결도 불가능하다.

소녀들은 고립을 무섭고 두려운 것으로 경험한다. 소녀들의 사회적 자본은 타인과의 관계에 있으므로 고립은 그들의 정체성과 사회적 삶에 직결된다. 대부분 소녀들에게 점심시간이나 쉬는 시간에 혼자 있는 것보다 더 괴로운 일은 없다. 남학생의 왕따 폭력이 물리적이고 신체적인 폭력과 함께 개인을 고립시키는 행위라면, 소녀들의 왕따 폭력은 단지 개인을 고립시키는 것 그자체가 심각한 공격이며 폭력이라고 할 수 있다. 물리적 · 신체적 폭력의 양상이 두드러지지 않기 때문에 이들의 폭력은 조용하고 평화로우며 언제든지 은폐 가능하다는 점에서 포착하기 어렵다는 난점이 있다. 그렇기 때문에 일반적인 학교폭력의 기준을 통해서는 소녀들의 폭력을 이해할 수 없으며, 해결할 수도 없다. 폭력의 성차를 이해하는 일이 선행될 필요가 여기에 있다.

소녀 폭력에서 유의할 점은 폭력으로 인한 상처가 지속성을 띤다는 점이다. 미국 하버드대 연구진에 따르면 또래에게 왕따나 괴롭힘을 당한 사람들의 경우 뇌의 좌반구와 우반구 사이의 정보를 전달하는 데 중요한 역할을 하는 뇌량 등 특정한 뇌 영역에 손상을 받은 흔적이 있다고 한다. 또한 핀란드 연구진에 따르면 왕따나 괴롭힘을 당한 아이들뿐 아니라 적극적으로 가담하거나 소극적이지만 방관했다는 기억을 가지고 있는 아이들도 자살에 대한 위험도가 높아진다고 한다.[10] 이처럼 왕따의 경험은 피해자는 물론 가해자까지 몸 깊이 흔적으로 남아 성인이 되어서까지도 삶에 지속적이고 부정적으로 개입한다.

소녀들의 왕따 문제를 적극적으로 다룬 2012년도 TV 드라마 〈못난이 송편〉의 경우, 왕따를 경험한 소녀들이 성인이 되어서까지 그 그늘에서 벗어나지 못하고 상처로 인해 과거로부터 자유롭지 못한 비극적 삶을 살아가는 여성들의 이야기를 그려내고 있다. 순복과 소정은 초등학교 때부터 절친한 사이였으나, 예쁘고 부자인 소정이가 가난하지만 화목한 집안의 순복의 행복을 질투하면서 순복을 도둑으로 몰아세운다. 이 상처 때문에 순복은 정신 이상이 되었고, 소정은 자기에 갇혀 황폐한 삶을 살게 된다. 사건의 진실을 알고 있으면서 방관자로 침묵했던 드라마의 주동인물인 주희는 이 경험이 자신에게 무의식적으로 큰 상처임을 깨닫고 소정과 순복을 화해시키고자 한다. 여기서 중요한 것은 소녀시절 경험했던 왕따 사건을 둘러싸고 가해자나 피해자, 방관자의 경우 이 사건으로부터 자유롭지 못하다는 것이다. 사건은 깊은 트라우마로 작용하여 소녀들의 건강한 성장을 방해한다. 또한 왕따 폭력은 복잡하고 미묘해서 가해자나 피해자의 양상이 뚜렷하지 않기 때문에 분명한 해결이 어렵다는 사실을 보여주고 있다.

이처럼 소녀들의 왕따 폭력은 은밀하고 불분명하지만 상처는 치명적이어서 성인이 되어서까지도 그 삶에 부정적으로 작용하는 지속성의 효과를 갖는다. 필자는 2012년도 모 대학 글쓰기 수업에서 자선전적 소설쓰기를 한 적이 있다. 이제 막 대학 1학년이 된 학생들은 지난 10대의 삶을 기억하고 성찰하면서 자서전적 소설을 써나갔다. 이 학생 중 흥미로웠던 글들 중의 하나는 왕따를 경험했던 여학생들의 것이었다. 잠깐 소개하자면, 이들의 한 학기 혹은 1년 정도 왕따를 당했지만, 대학생이 된 지금도 이유를 모른다는 것이다. 이유를 모른 채 왕따를 당할 경우 그 괴로움과 고통은 더 강하게 느껴진다. 스무 살이 되어서까지 그 고통을 잊지 못하고 있다가 자서전적 소설을 쓰면서 어느 정도 치유되는 경험을 하고 있었다.

> 그런데 내 의도와는 달리 친구들은 그 후로부터 나를 미워하기 시작했다. '공부를 너무 열심히 한다 혹은 잘한다' 심지어 학기 후반에는 '그냥 하는 짓이 모두 맘에 안 든다'라는 죄목으로. 욕으로 가득 찬 문자메시지와 쪽지도 셀 수 없을 만큼 많이 받았다. 점심시간에는 함께 밥 먹을 사람조차 없어 굶기 일쑤였다. 나는 그런 아이들에게 맞설 용기나 당당함이 없었다. 늘 사람들의 눈치를 보는 아이였고, 중요한 건 내 생각이 아니라 '옆 사람이 어떻게 생각하느냐'였다.
>
> 나는 나를 버리고 떠난 친구들을 보며 그 어린 나이에 죽어 버리고 싶다는 생각도 했다. 너무 무서웠다. 내 곁에 '내 사람'이 없다는 두려움에 매일같이 울며 마음을 졸였다. 그래서 무조건 미안하다고 빌었다. 내가 잘못했다고, 다시는 너희를 배신하지 않겠노라고 사정사정했다.

한 여학생의 자서전적 글쓰기의 일부분이다. 이 학생의 다른 친구는 왕따 폭력을 이기지 못하고 자살하였다고 쓰고 있다. 왕따 경험은 스무 살이 될 때까지도 치유되지 않은 채 깊고 어두운 내면의 저 아래에 자리 잡고 있었다. 글을 써나가면서 죽은 친구와 소녀시절의 왕따 경험과 화해하면서 그것을 자기 삶의 동력으로 이해하고자 한 글이었다. 인용된 글을 읽어 보아도 소녀들의 왕따 폭력은 관계 자체를 무기로 삼아 자행되고 있음을 알 수 있다. 또한 죽어 버리고 싶은 마음이 들 만큼 친구를 잃은 고립된 상태는 가혹한 폭력적 행위임이 자명하다.

따라서 소녀 폭력의 구조가 관계성에서 비롯되어 은밀하고 지속적으로 자행되는 치명적 폭력임을 이해해야 한다. 소녀 폭력의 이해를 통해 왕따에 대한 예방교육과 대처방안을 세밀하게 고찰할 필요가 있을 것이다.

소녀 폭력의 양가성: 강한 착한 소녀되기

앞서 살펴보았듯이 소녀 폭력의 특성은 관계의 구조와 성격에 있다. 그러나 이 관계성 자체가 나쁜 것은 아니다. 관계적 인간은 타자를 고려하는 삶을 지향하기 때문에 시민적 삶으로서 정당하다. 그러나 소녀들의 왕따 폭력은 관계를 무기화하여 타인을 고립시키고 관계의 그물망에서 추방하기 때문에 문제가 된다.

레이철 시먼스의 연구가 흥미로운 것은 소녀 폭력의 배후에 겸손과 절제라는 여성적 본질과 착하고 친절한 소녀에 대한 사회적 요구가 작동하고 있다는 지적에 있다. 소녀들은 상냥함과 귀여움의 사회적 특징을 높이 평가하는데, 이는 '공손한', '정중한', '수동적인'의 의미와 바꾸어도 무방하다. 착한 소녀란 "다른 무엇보다, 예컨대 열정적이고 영리하고 심지어 정직한 것에 앞서 친절한 소녀"라고 정의된다.[11]

이처럼 착한 '소녀 콤플렉스'는 최근 유행하고 있는 '베이글녀'[12]에 대한 사회문화적 요구가 내면화된 새로운 버전이다. 베이글녀라는 현대적 아름다움은 여성에게 주어진 이중적이고 모순적인 사회적 요구이다. 순수하면서도 성숙한 여성에 대한 요구는 여성들에게 일종의 강박을 제공한다. 베이비 페이스에 글래머러스한 몸을 가질 수 있는 사람은 없다. 그런데 베이글녀에 대한 사회적 압력은 소녀 폭력의 숨겨진 원인으로 작용할 수 있다는 점에서 주목을 요한다. 즉 사회적으로 강요되는 성숙한 소녀와 순수한 소녀의 이중적 이미지는 소녀들에게 내면화되면서 자기정체성 형성에 깊이 관여하는 힘으로 작용하기 때문이다. 소녀들은 내면적 · 외면적으로 베이글 소녀가 되어야만 하는 이중적 모순 속에서 자기들의 관계 역시 이중화한다.

소녀 왕따의 방식은 헐뜯기, 없는 얘기 지어내서 소문내기, 불러도 대답 안하기, 벌레 보듯 째려보기, 부탁을 차갑게 거절하기, 중간에 말 톡톡 끊기, 위에서 이상한 손짓 몸짓하기, 투명인간 취급하기 등 다양한 형태를 보여준다.[13] 이러한 방법들은 물리적이고 신체적인 폭력이 아니다. 오히려 비물리적이고 비신체적이며, 비언어적이다. 가해자들의 공격 방식조차 비공격성, 비폭력성을 극대화하여 폭력을 구현하고 있다. 공격 방법은 다분히 우회적이지만, 잔인성은 보이지 않는 만큼 더 극렬하다. 가해자 소녀들 역시 착한 소녀에 대한 사회적 명령에 순응하고자 하는 메커니즘으로부터 자유롭지 못하기 때문에 질투와 분노, 공격성을 역설적으로 은폐하게 된다.

소녀들이 생각하는 이상적인 소녀는 어떤 모습일까?

〈이상적인 소녀의 특징〉

- 아주 말랐다
- 예쁘다
- 멍청하다
- 인기 있다
- 건강하다
- 남자친구가 많다
- 웃는 표정이다
- 행복하다
- 나약하다
- 갈등을 쉽게 해결한다
- 의존적이다
- 성숙해 보인다
- 조종하려 든다
- 성은 곧 권력이라고 생각한다
- 지위가 높은 사람과 낭만적인 연애를 한다[14]

이 목록을 살펴보면 이상적 소녀의 특징은 두 영역으로 정리할 수 있다. 수동적인 소녀와 강한 소녀. 지나치게 소극적이거나 적극적인 소녀들은 왕따의 대상이 된다. 이른바 '튀는' 소녀들은 왕따의 표적이 되기 쉽다. 공부를 너무 잘하거나, 잘난 체하거나, 너무 끼어들거나, 너무 부정적이거나, 너무 소극적이어서 친구들과 대화하기도 어렵거나, 너무 부자거나, 너무 가난한 경우 왕따 폭력의 피해자가 될 수 있다. 주체적이지 않다는 차원에서 '수동적인 소녀'와, 관계에서 형성되는 여성적 권력을 장악하는 '강한 소녀'들이 이상적인 소녀상으로 제시되고 있다. 성숙함과 순수함이라는 모순적 특성처럼, 소극적이면서 동시에 권력적으로 강한 베이글녀적 소녀상을 이들은 이상적 모델로 삼고 있는 셈이다.

따라서 소녀 폭력에 대한 사회적 · 교육적 대응 방안 중의 하나는 소녀들의 정체성 형성과정에서 모순적이고 양가적인 사회적 요구로부터 자유롭게 하여 자신을 스스로 주체화하는 젠더 문화 교육이 필요하다고 할 수 있다.

어린이문학에 나타난 왕따 서사구조와 해결 방식

최근 학교폭력 및 소녀들의 왕따 폭력 경험은 연령대가 낮아지고 있는 추세이다. 고등학생보다 초등학생과 중학생에게서 더 많이 나타나며, 가해 경험은 초등학생이 가장 높게 나타나고 있다.[15] 자기정체성 형성이 급격하게 이루어지는 시기이며, 관계에 대한 중요성이 강화되면서 타인과 자기와의 관계정립에 혼란을 겪는 시기가 초등학생 시기이다. 따라서 왕따 폭력에 대한 예방교육은 초등학교부터 본격화할 필요가 있다. 이 글에서는 동화를 중심으로 소녀 왕따 폭력이 어떤 양상으로 나타나고 어떻게 해결되는지를 살펴보면서 소녀들의 왕따 폭력에 대한 예방과 자기정체성 형성에 도움을 주며, 왕따 폭력을 해결하기 위한 실마리를 제공하는 문학 텍스트를 읽어보고자 한다.

중고생을 대상으로 하는 청소년 문학에서는 소녀들의 왕따를 소재나 주제로 하는 경우는 드문 편이다. ≪베스트 프렌드≫에 실려 있는 〈가식덩어리〉라는 소설에서 고등학교 1학년 여학생을 주인공으로 한 왕따 서사구조를 보여주고 있었다. 왕따를 당하게 된 친구가 전학가게 되자 후회를 하면서 눈물을 흘리자, 반 친구들은 주인공을 '가식덩어리'라고 낙인찍고 왕따 폭력을 가하게 된다. 이 소설에서는 왕따가 되는 과정과 폭력의 양상들에 대해 묘사하고는 있지만, 어떠한 해결책도 제시하지 않고 있다. 폭력의 탈출구가 없는 상태로 소설은 끝이 난다.

초등학교 어린이를 대상으로 하는 동화에서는 상당히 많이 왕따 폭력의 서사구조를 보여주고 있다. 이러한 현상은 초등학교에서 왕따 폭력이 자주 일어나고 있다는 사실을 반증하기도 한다. 이 글에서는 소녀들의 왕따 폭력을 깊이 있게 그려내고 있는 문선이의 ≪양파의 왕따 일기≫ 1, 2[16]와 이윤학의 ≪왕따≫[17]를 중심으로 초등학교 소녀들의 왕따 폭력의 양상과 해결 방식이 어떻게 제시되고 있는지 살펴보기로 한다.

소녀 왕따 폭력 서사의 양상

먼저 문선이의 동화 ≪양파의 왕따 일기≫ 1과 2는 10년이라는 시간을 간격으로 하고 있다. 작가 문선이는 "그동안 어린 친구들한테 ≪양파의 왕따 일기 2≫와 남학생 얘기도 써달라는 요구를 지속적으로 많이 받아 왔고, 교실 내 왕따 현상이 날로 심각해지는 것이 어린 친구들의 편지나 강의를 통해 만나지면서 직접

피부에 와 닿았기 때문"이라고 밝히고 있다. ≪양파의 왕따 일기 2≫는 1에 비해 해결의 방식을 제시하고, 관계에 대한 성찰과 교사의 개입과 함께 해결의 방법을 모색하고 있다.

≪양파의 왕따 일기 1≫에서 양파의 리더인 양미희와 친해지고 싶었던 임정화는 마침내 미희의 성을 딴 '양파'에 들어가게 된다. 양파 아이들은 미희를 중심으로 끼리끼리 어울리며 미희의 뜻에 따라 미희가 싫어하는 아이를 왕따 시킨다. 나중엔 같은 양파였던 정선이까지 따돌리고 도둑 누명까지 씌우려고 했다. 정화는 자기도 왕따를 당할까봐 나쁘다는 것을 알면서도 아무 말도 못했고, 그런 자신이 싫다. 글짓기 대회에 나간 정화는 마음을 솔직하게 털어놓으며 자신을 되찾고 왕따를 두고 보지 않겠다는 글을 쓰게 된다.

≪양파의 왕따 일기 2≫는 양파의 리더였던 미희가 양파에 의해 왕따가 되는 상황을 그리고 있다. 미희를 중심으로 결성된 모임 '양파'의 아이들에게 찍혀 왕따 당하던 정선이가 전학을 간다. 정화는 정선이를 지켜 주지 못했다는 자책으로 힘든 시간을 보낸다. 공부도 잘하고 성격도 싹싹한 전학 온 친구 다솜이에게 아이들의 관심이 집중되자 미희는 양파의 힘으로 다솜이를 밀어낸다. 그러나 양파의 일원이었던 연숙이가 오히려 미희를 왕따 시키게 된다. 왕따를 당하게 된 미희를 위해 정화는 선생님에게 학급의 상황을 말하게 되고, 선생님은 진실게임, 투명인간놀이, 우정쌓기쿠폰 등의 방법을 통해 문제를 해결하고자 한다. 양파는 스스로 해체되고, 아이들은 평화를 되찾기 시작한다.

이윤학의 장편 동화 ≪왕따≫는 왕따 폭력 현상을 주인공의 내면에 집중하여 근원적인 자기 성찰을 통해 주인공 소녀의 내면적 성장과 상처에 깊이 공감함으로써 갈등을 해소하고자 한다. 전학생 임미나가 친구들을 무시하는 태도를 보이자, 짱가라고 불리는 장가연 무리에 의해 가혹한 왕따 폭력을 당하게 된다. 새 신발 버리기, 체육복 바지 가위로 자르기, 숙제 버리기, 성적 수치심 주기, 철저하게 투명인간으로 만들기 등 심한 왕따 폭력을 휘두른다. 미나는 이들에게 굴복하지 않으려고 애쓰지만 철저하게 혼자인 생활을 하면서 괴로워한다. 이때 혼자 사는 무서운 할머니와 친구가 되면서 스스로 왕따가 되겠다던 생각을 버리게 된다. 결국 선생님에게 매 맞는 짱가를 위해 솔직하게 자기의 잘못을 먼저 인정하고, 짱가는 미나 괴롭히기를 멈춘다.

이 동화들은 모두 관계에서 비롯되는 왕따 폭력과 그것을 통해 자기 성장을 하는 초등학교 소녀들에 대한 이야기를 다루고 있다. 어린 소녀들에게 관계는 소녀들의 자본이자 무기라는 이중적 힘으로 작동하게 된다. 잘못 이해된 우정은 폭력적 집단을 형성하고, 개인의 차이와 개성을 스스로 포기하면서 소녀들의 권력화가 이루어지고 있다. 왕따 경험은 소녀 특유의 관계 중심적 사회에서 관계를 무기화하여 개인을 소외시키는 폭력에 다름 아니다. 동화에서 나타난 것처럼 왕따 폭력의 피해자들은 물리적 폭력 이상의 공포와 괴로움을 느끼게 된다.

동화에 나타난 왕따 폭력의 서사에는 몇 가지 특징이 있다.

① 관계의 무기화

동화에 나오는 가해 인물들은 관계를 특수한 자본으로 삼아 특정한 인물을 사회적 관계망에서 소외시킴으로써 죽음과 같은 상황에 내몬다. 또한 피해자나 방관자 역시 관계로부터 소외될까 두려워 가해 집단에 저항하거나 외부 교사에게 도움을 요청하지 않음으로서 폭력을 내부화하여 해결할 수 없게 만든다.

≪양파의 왕따 일기 2≫에서 양파의 리더 미희를 왕따 시키자는

말에 주인공 정화가 반대하자 "너 정말 이러면 우리가 미희 풀어 주고, 너 왕따 시킨다고 하면 어쩔 건데?"라면서 협박하는 말이 나온다. 이는 관계가 치명적인 무기가 되고 있다는 사실을 보여준다.

② 집단화와 동일시

왕따 폭력의 가해자와 방관자들은 특정 인물을 소외시켜 나가면서 더욱 강력한 집단성을 형성한다. 누군가를 왕따 시킨다는 행동 명령을 수행하면서 집단성은 더 강해진다. 여기에는 내부적 동일시의 힘이 작용하고 있다. 가해자와 방관자들은 특정한 누군가를 왕따 시킨다는 동일한 행동을 통해 자기를 집단과 동일시하면서 관계 안에서 존재하고 있다는 안전감을 느끼게 된다.

③ 권력화

주목할 것은 왕따의 현장에는 권력의 힘이 작동하고 있다는 사실이다. 왕따 가해자들이 집단을 형성할 때 거기에는 리더가 반드시 있게 되는데, 리더는 스스로 혹은 타인에 의해 권력의 상징이 되며, 이를 통해 가해자 집단은 권력의 즐거움과 편리함을 향유하면서 왕따 폭력을 지속하고자 한다. '양파'에는 양미희가, '짱가' 무리에는 장가연이 그 역할을 하고 있다. 양미희와 장가연은 집단을 움직이는 힘이면서 학교생활에 지대한 영향력을 행사한다. 특정한 누군가를 괴롭히는 행동 자체에서 권력화가 이루어지는 것이다.

④ 폭력적 방법의 은폐화

왕따 폭력에서 특정한 인물을 괴롭히는 방법은 다양하다. 새 신발 버리기, 체육복 바지 가위로 자르기, 체육시간에 특정인만 공격하기, 놀리기, 책과 공책에 낙서하고 칼로 찢기, 숙제 버리기, 성적 수치심 주기, 이간질시키기, 도둑으로 몰기, 말 안하기, 같이 놀지 않기, 짝 하지 않기 등을 통해 철저하게 투명인간으로 만든다. 결국 학교생활이라는 관계망 속에서 특정인물을 추방하는 폭력행위라고 할 수 있다. 그런데 중요한 것은 이러한 방법들이 외부적으로 드러나지 않는다는 것이다.

가령, ≪왕따≫에서 짱가가 주인공 미나의 체육복 바지에 구멍을 내어 철봉 매달리기를 하는 미나에게 공개적으로 수치심을 주는 사건이 있다. 그런데 짱가는 반팔티를 벗어 미나의 허리에 둘러매 주면서 수치심을 감싸주는 행동을 하게 됨으로써 오히려 선생님에게 칭찬을 받는다. 이처럼 소녀들의 왕따 폭력은 소녀적 교묘함으로 은폐되어 있기 때문에 외부에 드러나기 어려운 특성이 있다.

⑤ 방관과 침묵

왕따 폭력은 시간적으로 지속성을 갖게 되고, 시간이 흐를수록 더 강력한 힘을 형성하게 된다. 여기에는 다수의 방관자의 침묵과 동조행위에 의해 가능하다. 위에서 언급한 왕따 폭력의 '권력화' 역시 다수의 방관자의 침묵과 동조라는 시스템이 가동하기 때문에 가능하다. 양파에 의해 왕따 당하는 친구 정선이와 다솜이를 돕지 못해 내면적으로 갈등을 겪는 주인공 역시 가해자이면서 방관자의 속성을 보여준다. 이는 내부적으로 심한 갈등을 겪으면서 괴로워하지만 용기를 내서 왕따 시스템에 저항하지 못한다. 자기가 왕따를 당하게 될 거라는 공포 때문이다. 이 잠재적 공포가 왕따 시스템을 유지하게 하는 가장 큰 힘이라고 할 수 있다.

소녀 왕따 폭력의 해결 방식

다음은 동화에서 왕따 폭력이 해결되는 방식을 생각해 보자. 세 동화에서 왕따의 문제는 완전히 해결되지 않는다. 소녀 왕따 폭력은 여러 문제들이 중첩되어 있고 특성상 내밀하게 작동하기 때문에 외부적 개입이 어렵다. 그럼에도 동화에는 해결에 대한 몇 가지 단서들이 제시되어 있다.

① 지혜로운 교사의 개입

은폐성과 내밀성이라는 소녀 폭력의 특성상 폭력 시스템은 지속성을 갖는다. 그렇기 때문에 외부적 개입이 더욱 필요하다. 동화에서 소녀들의 폭력을 교사는 알아채지 못한다. 왕따 폭력에 의해 과제물이 없어져도 교사는 전혀 알아채지 못하고 피해자의 과실만 책망하게 되기 때문에 오히려 교사는 의도하지 않았음에도 가해자의 역할을 하게 되는 셈이다. 그런데 지혜로운 교사는 왕따 피해자 소녀의 고백을 듣고 조심스럽게 간접적으로 이 문제에 접근함으로써 자기 성찰을 이끌어 내는 역할을 한다. 즉 직접적으로 가해자를 불러다 다그쳐 자백을 받거나, 경찰이나 폭력대책위위원회와 같은 제도적 방법을 활용하지 않고 근원적인 성찰을 유도한다. 물론 소녀들의 폭력이 물리적 · 신체적 폭력행위처럼 분명한 범죄행위로 드러나지 않기 때문이기도 하지만, 자기와 타인의 관계 자체에 대한 성찰을 통해 실마리를 제공하고자 한다.

② 차이와 개성 인정하기

소녀들의 왕따 폭력 가해 집단의 내부 동력은 동일시에 의한 권력화에 있다. 가해 집단의 구성원들은 주도적 인물의 말에 절대 복종하면서 자기를 집단과 동일시하게 된다. 가령, 짱가는 자기 말을 안 듣는 친구가 있으면 운동장 세 바퀴를 돌게 하거나, 미나를 넘어뜨리고는 친구들에게 내가 미는 거 봤냐고 친구에게 묻지만 친구들은 아니라고 대답한다. 또한 양파의 리더 미희가 왕따의 대상 정선이를 도둑으로 몰자는 제안에 연숙이가 거짓행동을 하게 된다. 가해 집단의 구성원들은 공부도 잘하고, 집안도 문제될 게 없는 우등생이거나 평범한 아이들이다. 그런데도 리더의 수족처럼 행동할 뿐 아니라, 아첨을 떨기까지 한다. 이는 자기를 집단 및 리더와 동일시하고 권력화된 집단의 힘에 편승하고자 하기 때문이다. 자기가 어떻게 타인과 다른지에 대한 성찰을 하지 못하고 있다. 또한 타인 역시 자기와 어떻게 다른 개성을 갖고 있는지 고려하지 못하는 왜곡된 관계를 형성하고 있다는 사실을 알 수 있다. 결국 왕따 폭력의 해결은 차이와 개성을 인정하는 자기 정체성 형성과 동시에 해결될 수 있을 것이다.

③ 상처 공감하기

동화의 주인공들은 타인의 상처를 공감할 수 있는 능력을 가지고 있는 소녀들이다. 양파 일당에게 왕따 당하고 전학을 간 친구 정선이를 바라보며 주인공 정화는 마음이 괴롭다. 그래서 늘 정화에게 미안한 맘을 갖고 지내다가 글짓기 대회에서 왕따에 대한 솔직한 자기의견을 써낸다. 또한 짱가에게 괴롭힘을 당하는 주인공 소녀 미나는 외롭고 이상한 마을 할머니와 친구가 되면서 할머니의 상처를 이해하고 위로하게 된다. 그래서 자기가 괴로울 때마다 나무 밑에 박아 놓았던 못을 빼내면서 내가 누군가에게 상처를 주지 않았는지 성찰하게 된다. 이들의 갈등은 결국 해결의 실마리를 보여주고 있는데, 왕따의 가해자이거나 피해자인 소녀들은 타인의 상처를 이해하게 되면서 왕따 폭력의 시스템을 허물게 된다.

④ 용감하게 말하기

왕따 폭력의 해결에 대한 구체적 방법은 외부의 개입이 필요하다는 것인데, 이때 주인공들은 자기의 갈등 상황과 괴로움을 지혜로운 교사에게 솔직하게 말하거나 공개적으로 말함으로써 가능하게 된다.

> 왕따를 당하는 아이들의 대부분은 자기 자신한테 자신감과 용기가 없다. 그 아이들은 하나같이 나를 왜 왕따 시키냐고 묻지도 못하고, 뭐든지 시키는 대로 허수아비처럼 바보같이 행동한다. 다른 아이들도 마찬가지다. 아무 잘못 없이 당하는 친구를 보면서도 자기도 왕따를 당할까봐 모른 척하는 것은 물론 함께 왕따를 시키기도 한다. 나 역시도 그랬다 하지만 난 이제 더 이상 누군가의 꼭두각시로 살고 싶지 않다.
>
> _≪양파의 왕따 일기 1≫

> "아이들이 제게 다가왔을 때 저는 모두 무시해 버렸어요. 왜냐하면 저는 전학을 자주 해서 친구와 헤어지는 게 얼마나 아픈 건지 잘 알고 있었거든요… 그 친구가 말해줬어요 도망치면 안 된다고. 그러면 외로워진다고… 저는 그제야 제가 겁쟁이라는 걸 알았어요."
>
> _≪왕따≫

위의 인용문은 주인공들이 왕따를 경험하면서 도출해 낸 성찰적 발언이다. 왕따의 경험자들은 내부적 성찰 과정을 통해 자기의 잘못과 오류를 솔직하게 공개하고 있다. 즉 문제를 공론화하는 것이다. 이처럼 솔직하게 말하기는 왕따 폭력 시스템을 허물 수 있는 내적 힘으로 작용한다.

⑤ 관계 갈등을 통한 자기 성장

소녀들의 왕따 폭력은 관계를 중시하는 소녀 사회에서 관계 자체를 무기화함으로써 집단적으로 특정 개인을 심리적·물리적으로 괴롭히는 폭력 행위를 말한다. 어쩌면 왕따 폭력과 같은 상황을 완전히 피해 갈 수 없을지도 모른다. 그러나 관계 갈등이 관계 폭력으로 극단화하지 않도록 예방하고 해결해야 할 필요가 있을 것이다. 동화에 의하면 관계 갈등은 왕따 폭력으로 격화되었다가 지혜로운 교사(할머니)의 개입과 주인공의 내면적 성찰 과정을 통해 해결의 실마리를 제공하고 있다. 결국 동화 속 주인공들은 타인의 고통을 공감하고, 자기의 주체적 개성을 긍정하면서 건강한 관계를 형성하기 위한 준비를 시작한다. 이처럼 관계의 갈등이 폭력에 의해 개인을 죽음으로 몰아넣는 상황으로 치닫지 않고, 갈등을 통해 나의 정체성 형성과 올바른 타인과의 관계맺음을 성찰할 수 있는 성장의 계기로 만들 필요가 있을 것이다.

소녀 폭력 예방의 복잡성과 성장교육

최근 물리적이고 신체적인 남학생들의 학교폭력 양상에 대한 관심과 연구는 지속되고 있으며, 그에 대한 대책 역시 국가·사회적으로 마련되고 있다. 2012년 말부터는 학교폭력의 객관적 지수가 낮아지고 있는 상황이다. 반가운 소식이기는 하지만 학교폭력의 대응 양상이 엄벌주의적 경향으로 나아가면서 생기는 일시적 효과일 수 있다. 경찰과 정부의 개입에 의해 2012년도 학교폭력 사범에 대한 구속이 급증하는 상황에 이르렀다. 이러한 법적 엄벌주의는 가해자 학생의 교육적 계도를 포기한다는 난점, 그리고 학교폭력 시스템을 구조적으로 해결하지 못하고 내면화하는 효과를 낳을 수 있다는 한계가 있다. 엄벌주의로는 학교폭력을 제대로 막아 낼 수 없다. 따라서 문학교육과 같은 폭넓은 예방교육, 성장교육, 인성교육의 차원이 보다 확대될 필요가 있다.

특히 소녀 왕따 폭력의 특징은 관계성으로부터 기인하여, 관계를 자본화하고 무기화하여 특정 개인을 관계망 속에서 추방하여 죽음에 이르는 괴로움을 제공한다. 소녀적 잔인성은 폭력을 은폐하고 지속한다는 점에서 가혹하다. 이러한 폭력의 구조를 이해할 때 학교폭력에 대한 예방을 효과적으로 수행할 수 있을 것이다. 학교폭력을 남학생 위주의 물리적 · 신체적 폭력에만 접근할 때 학생들은 폭력의 도가니에서 헤어 나올 수 없다. 학교폭력 예방은 성차 및 연령에 따라 세밀하게 검토되어야 하며 대응책 역시 구체적으로 제시될 필요가 있다. 소녀 폭력에 대한 연구는 소녀들의 젠더적 특성, 지역적 차이, 감수성의 구조, 사회적 관계, 성장 및 예방교육의 차원에서 복합적으로 접근해야 할 것이다.

폭력과 교육
— 학교폭력에 대한 법정책의 의미와 한계

2011년 12월 대구와 광주에서 학교폭력의 고통으로 중학생이 자살하는 비극적인 사건이 발생하여 전 국민을 슬픔과 충격의 도가니에 빠지게 했다. 이 사건을 계기로 정부는 2012년 2월 학교폭력 근절을 위한 강도 높은 정책을 추진하고 있지만, 커다란 성과를 거두지 못하고 있다. 최근에 또 다시 학교폭력으로 인한 학생자살이 발생하면서, 좀 더 근본적인 학교폭력 예방에 대한 성찰이 요구되고 있다. 여기에서는 학교폭력의 실태와 그에 대한 다양한 법정책의 전개과정을 살펴보고, 그 의미와 한계가 무엇인지 인권교육과 학교폭력 예방의 관계 속에서 살펴보기로 하겠다.

서윤호

학교폭력과 학생자살의 심각성

최근 우리는 학교폭력과 학생자살이라는 걱정스러운 뉴스를 자주 접한다. 2012년 한 해 동안에만 중고교생 15명이 따돌림과 우울증 등으로 스스로 목숨을 끊었다.[1] 학계를 비롯한 전문가들 사이에서는 진작부터 이에 대해 다양한 논의를 진행해 왔다. 그러나 이 문제는 더 이상 학교와 전문가들만의 과제가 아니다. 교육현장과 가정은 물론 언론을 비롯한 사회 전체가 함께 풀어야 할 과제가 되었다. 학교는 우리 모두의 미래를 책임질 인재양성의 산실이라는 점에서 중요할 뿐만 아니라 학생들이 스스로의 삶을 준비하는 삶의 터전으로서도 매우 중요하다. 삶의 터전으로서 학교는 즐겁고 행복한 곳이어야 한다. 폭력이 난무하는 학교를 좋은 삶의 터전이라고 할 수 없다. 생명을 앗아가고 포기하게 하는 학교폭력, 해를 거듭하여 확대되어 온 학교폭력, 다양한 대책에도 불구하고 사라지지 않는 학교폭력의 실상을 바로 알고 그 대책을 마련하는 것이 필요하다.

오늘날 우리 사회에서 학교폭력 사건은 지속적으로 발생하고 있으며, 학생들의 자살 혹은 사망이라는 극단적인 결과까지 나타나면서 사회적으로 커다란 문제가 되고 있다. 2011년 12월에는 대구와 광주에서 학교폭력의 고통으로 중학생이 자살하는 비극적인 사건이 발생하여 전 국민을 슬픔과 충격의 도가니에 빠지게 했다. 이 사건을 계기로 정부는 학교폭력 근절을 위한 강도 높은 정책을 추진하고 있지만, 큰 효과를 거두지 못하고 있다. 2012년 4월에는 경북 영주에서 중학생이 학교폭력으로 인해 자살을 했고, 6월에는 2011년 중학생 자살사건으로 떠들썩했던 대구에서 또 다시 고등학생 김 모(16) 군이 또래의 괴롭힘을 견디다 못해 투신자살을 하는 사건이 발생했다. 김 군의 자살은 자살하기 직전 참담한 상황에서 엘리베이터를 타고 가는 CCTV 화면이 ≪조선일보≫에 공개되면서 커다란 사회적 파장을 불러일으켰다. ≪조선일보≫는 청소년 모방자살에 대한 우려 때문에 학교폭력의 문제를 파헤치면서도 자살학생과 직접 관련된 사진을 1면에 싣는 것을 금해 왔으나, 고심 끝에 학교폭력으로 숨진 대구 고교 1학년생 김 모(16) 군의 마지막 모습을 1면에 싣기로 결정했음을 밝히고 있다. 이 학생이 얼마나 고통에 시달리고 있었는지 한 장의 사진이 여실히 보여주고 있다. 자살

당일 오전 11시 28분 대구 한 아파트 엘리베이터 CCTV에 잡힌 김 군이 축구공 하나를 가슴에 안은 채 엘리베이터에 힘없이 쪼그려 앉아 눈물을 훔치고 엘리베이터 문을 만지작거리며 자살을 결심하는 참담한 모습을 본 사람들은 그저 망연자실할 수밖에 없다. 김 군은 7시간 뒤 15층에서 몸을 던졌다.

2013년 3월에는 경북 경산시 아파트 23층에서 고교 1년생 최 모(15) 군이 뛰어내려 숨졌다. 숨진 최 군의 가방에는 공책 2장 분량의 유서가 들어 있었다. 최 군은 유서에서 학교폭력은 금품 갈취, 언어폭력, 사이버폭력, 빵 셔틀 등이 있으며, 자신은 2011년부터 현재까지 5명으로부터 폭행 및 갈취 등 괴롭힘을 받았다고 털어놓았다. 유서에서 최 군은 자신을 포함해 학생들이 학교폭력에 여전히 '무방비 상태'임을 호소하고 있다. 최 군이 다녔던 중학교는 이 같은 사실을 전혀 몰랐다고 한다. 담임교사였던 B씨 등은 최 군이 학교폭력 상담을 요청한 적이 없다고 말했다. 최 군을 괴롭힌 5명도 모두 징계를 받거나 문제학생으로 지적된 적이 없었다. 최 군의 유서에는 현재의 학교폭력 단속에 대한 비판의 글도 적혀 있다. "학교폭력은 지금처럼 단속을 하면 100% 못 잡아냅니다. 반에도 화장실에도 CCTV가 없어요. 그나마 CCTV가 있어도 화질이 안 좋아 판별하기 어려워요. (학교는) 돈이 없어 CCTV를 설치하거나 교체할 수 없다는데 나는 그걸 핑계라고 생각합니다. CCTV의 사각지대에서는 아직도 학생들이 맞고 있어요." 이 학교 건물과 복도에 설치된 CCTV는 모두 19대이다.[2] 최 군의 자살은 학교폭력 예방대책이 제대로 실효를 거두지 못하고 있음을 보여준다.

학교폭력의 실태

1990년대 초 학교폭력이 사회적 관심사로 등장한 이래 많은 대책과 관심이 이루어져 왔다. 학교폭력은 그 정도가 더 심각해지고 있으며 큰 사회적 문제로 대두되고 있다. 특히 학교폭력 예방을 위한 다양한 노력에도 불구하고 학교폭력 문제를 해결하기 위해 시행되는 대책들은 실효를 거두지 못하고 있다. 학교폭력을 예방하기 위해서는 정확한 학교폭력의 이해와 실태를 파악하는 일이 매우 중요하다. 학교폭력에 대한 실태조사는 조사를 행한 기관에 따라 그 현황이 많이 다르고, 학교와 학교폭력의 특성상 은폐 · 축소되거나 신고되지 않는 사례가 많아 정확히 학교폭력의 실태가 어떠한지 알기 쉽지 않다. 이러한 전제에서 최근의 학교폭력에 대한 실태조사를 살펴보면 다음과 같다.

교육과학기술부의 학교폭력 실태조사는 2012년에 두 차례에 걸쳐 진행되었다.[3] 1차 조사(1월 18일~2월 20일)에서는 전체 응답자 139만 명 중 12.3%인 17만 명이 최근 1년간 학교폭력 피해를 경험한 적이 있다고 응답하였고, 지역별로는 강원이 15.1%로 가장 높고, 대구가 9.1%로 가장 낮게 나타났다. 1차 조사에 대해서는 조사방법과 결과발표 등과 관련하여 다양한 비판이 가해졌다. 1차 조사에 따르면, 학교폭력의 피해유형은 협박이나 욕설, 정보통신망을 이용한 욕설과 비방 등 언어폭력(51.2%)과 집단 따돌림(13.3%)이 전체 응답유형 가운데 64.5%를 차지하고 있으며, 최근 1년간 학교폭력이 많이 발생한 장소는 교실(25%), 화장실 또는 복도(9.6%), 온라인과 휴대전화(7.7%) 순으로 나타났다. 2차 조사(8월 27일~10월 12일)는 불참 의사를 밝힌 전북교육청을 제외한 전국 16개 시 · 도의 초등학교 4학년부터 고등학교 3학년까지 약 514만 명의 학생을 대상으로 실시되었고, 대상학생의 73.7%인 379만 명이 참여했다. 1차 조사 참여학생이 140만 명(25%)이었던 것에 비해 2차 조사의 참여율은 대폭 향상되어 조사 결과에 대한 신뢰도 역시 높아졌다. 이와 같은 참여율 증가는 학생들의 참여가 용이하도록 학기 중 온라인 조사로 변경하고, 멀티미디어 콘텐츠를 활용한 예방교육 기능 추가 및 조사참여 홍보를 강화했을 뿐만 아니라, 1차 조사 발표 이후 '학교폭력을 밝히면 해결할 수 있다'는 인식이 높아짐에 따라 학교폭력 해결을 위한 교육현장의 적극적 관심과 노력이 확산되고 있기 때문인 것으로 보인다.

피해 경험이 있는 것으로 응답한 학생은 전체 응답 학생의 8.5%인 32만 1천 명으로, 이 중 13만 6천 명(42.4%)이 2개 유형 이상 중복피해 경험이 있는 것으로 나타났다. 1차 실태조사 피해 응답은 17만 명으로 전체 응답의 12.3%이었다. 피해 응답 학생은 초 13만 4천 명(11.1%)>중 13만 6천 명(10.0%)>고 5만 천 명(4.2%) 순으로 많았고, 남학생(20만 3천 명, 10.5%)이 여학생(11만 8천 명, 6.4%)보다 피해 경험이 훨씬 많은 것으로 나타났다. 유형별 피해 건수는 총 56만 건으로, 심한 욕설(19만 건, 33.9%)>물건(돈) 빼앗김(9만 1천 건, 16.2%)>집단 따돌림(6만 4천 건, 11.4%) 순으로 응답했으며,[4] 특히 심한 욕설 등 언어폭력은 57%가 다른 유형의 학교폭력과 함께 발생하는 것으로 나타났다. 피해 빈도(1주일 1~2회 이상)나 지속 정도(4개월 이상)가 심각한 피해는 11만 건(전체 피해의 19.6%)에 달해, 학교폭력 문제에 대한 적극적 해결 노력과 관심이 지속적으로 필요한 상황이다.

학교폭력으로 인한 피해 학생들의 정서적 고통 역시 상당하여, 피해 학생의 46.4%(14만 9천 명)가 피해 경험 이후 '힘들었다'고 응답했으며, 특히 '집단 따돌림'(75.2%)과 '사이버 괴롭힘'(65%)에 대한 주관적 심각성이 가장 높은 것으로 나타났다. 피해 학생의 경우 학교 및 가정생활 만족도가 매우 낮게 나타났고, 피해 학생의 24.2%(7만 7천 명)가 가해 경험도 있는 것으로 응답했다. 학교폭력은 주로 학교 안(61.6%),

〈 유형별 피해 건수 비율 〉

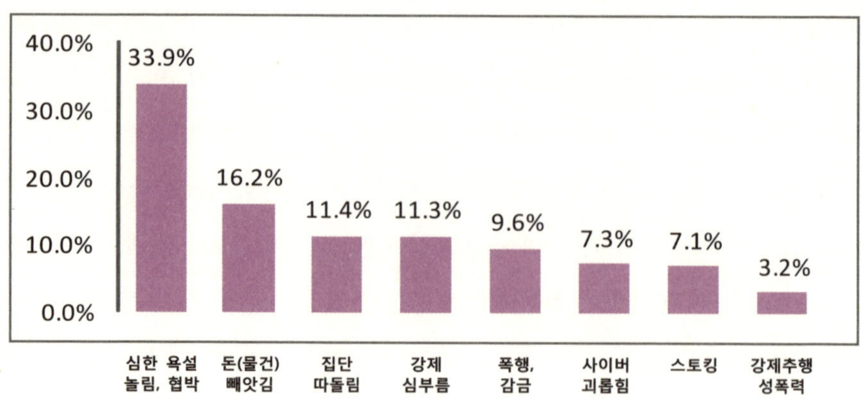

일과시간 중(53.3%)에 발생했고, 피해 사실은 가족(28.5%) >친구 · 선배(19.1%) >학교(15.0%) 순으로 알리되, 알리지 않는 경우도 25.7%나 되는 것으로 나타났다.

2012년 3월 7일 경찰청의 실태조사는 학생 9천 명, 학부모 3천 명을 대상으로 학교폭력 피해 경험과 발생 정도에 대한 생각 등 학교폭력 관련 피해 실태와 인식, 경찰이 추진 중인 학교폭력 관련 시책에 대한 인지수준과 학교폭력 피해 시 신고 의향 등을 조사한 결과, 전체 학생의 17%가 최근 6개월간 학교폭력 경험이 있었고, 학부모들은 12.2%가 자신의 자녀가 학교폭력 경험이 있다고 응답했다. 학교폭력에 대해 얼마나 심각하게 생각하는지에 대한 응답에서는 학부모(45.4%)가 학생(20.3%)보다 25% 이상 높게 나타났고, 응답에 대한 동조화 분석을 통해 학생들이 구타(63.5%), 금품갈취(60.8%)보다 집단 따돌림(76.2%), 빵셔틀 등 심부름 강요(70.4%)를 훨씬 심각하게 받아들이는 것으로 나타났다. 경찰시책에 대한 인지도 및 신고의향 조사에서 학생은 순찰 · 캠페인 등 학교폭력 관련 체험 프로그램(31.6%)을, 학부모는 신고전화 117(33.1%)을 가장 많이 알고 있는 것으로 응답했고, 학교폭력 피해 시 경찰에 신고하겠다는 응답은 학부모가 82.7%, 학생 67.0%, 친구의 학교폭력을 목격했을 경우 신고의향은 60.6%로 나타났다.[5]

학교폭력의 유형

학교폭력의 유형을 보면 크게 신체에 가해지는 물리적 폭력과 집단 따돌림과 같은 정신적 폭력을 들 수 있다. 신체적 · 물리적 폭력은 신체폭행, 금품갈취, 교사체벌 등을 포함하고 있으며, 집단 따돌림에는 상대 안하기, 집단 괴롭히기 등을 포함하고 있다.[6]

신체적 폭력

최근의 조사에 의하면 직접 신체적 · 물리적 폭력피해를 당한 1098명의 학생 중 폭행을 당한 학생이 635명(57.8%)이며, 금품갈취는 463명(42.5%), 교사체벌 394명(35.8%)으로 나타났다. 특히 폭행에 의한 신체적 피해를 청소년들이 가장 많이 당하고 있는 것으로 보인다. 그리고 이러한 신체적 · 물리적 폭력은 단순히 폭행, 금품갈취 등 하나의 피해로 나타나는 것이 아니라 '금품갈취를 위한 폭행', '힘을 과시하기 위한 폭행' 등 복합적으로 일어나는 경우가 많다. 경기도 교육청(2012)의 최근 3년간 학교폭력 발생 현황을 살펴보면 2009년 1307건 중 신체폭행 852건, 협박 56건, 금품갈취 116건, 집단 괴롭힘 96건, 기타 187건으로 나타났으며 2010년은 두 배 증가한 2014건이었다.

집단 따돌림

집단 따돌림은 현재 "왕따"라는 말로 사용되고 있으며 현재 청소년 폭력 문제 중 가장 심각한 사회문제를 일으키고 있다. 최근 578명을 대상으로 실시한 집단 따돌림 조사와 관련된 한 연구 결과를 살펴보면 다음과 같다.[7] 현재 반에서 왕따를 당하는 학생이 몇 명 있는가?에 대한 질문에 1명 154명(26.6%), 2명 140명(24.2%), 3명 96명(16.6%), 4명 11명(1.9%), 5명 이상 22명(3.8%), 없다 155명(26.8%)로 나타났다. 이 결과로 볼 때 2명 이상 따돌림을 당하는 학생의 비율이 73.2%로 나타나 학교에서 왕따를 당하는 학생이 많이 있는 것으로 나타났다. 친구를 왕따 시킨 경험에 대한 질문에 "있다"라고 응답한 학생이 211명(36.5%), 없다고 응답한 학생이 367명(63.5%)으로 나타나 10명 중 약 4명이 친구를 왕따 시킨 경험이 있는 것으로 나타났다. 친구를 왕따 시킨 이유에 대해 왕따를 시킨 경험이 있는 학생 211명 중 65.4%(138명)이 "친구가 따돌림 당할 만한 행동을 해서"라고 응답을 하였으며, "친구들이 따돌려서" 23명(10.9%), "친구가 바보 같아서" 29명(13.7%)으로 나타났다. 또한 "심심해서 따돌렸다"는 응답도 1.9%로 나타나 따돌림을 하는 학생들은 특별한 이유가 있기보다는 다분히 자신의 마음에 맞지 않을 때 따돌림을 하는 것으로 보인다. 왕따를 시킨 후의 느낌에 대해 왕따를 시킨 경험이 있는 학생 중 "후회했다" 86명(29.4%), "미안한 느낌이 들었다" 66명(27.5%), "죄책감이 들었다"라고 21명(13.3%)이 응답을 한 반면에 "재미있었다" 17.1%, "기분이 좋았다" 1.9%, "별 느낌이 없다" 10.9% 등 별 죄의식을 느끼지 못하는 청소년도 30%로 나타나 왕따의 심각성을 보여주고 있다.

최근 학교폭력의 주요 특징

학교폭력이 사회문제가 되는 것은 학생들을 교육하는 학교에서 폭력이 발생하여 신체적 · 정신적 발달 시기에 있는 청소년들에게 심한 정신적 고통을 준다는 데 있다. 청소년기는 매우 심한 감정변화로 인해 자신의 이성을 통제하기 어려운 시기이다. 이 시기를 잘 극복하면 긍정적인 방향으로 나아가지만, 그렇지 못할 경우 실패와 좌절의 악순환을 가져오고, 문제에 부딪히게 되면 반사회적 폭력행동에 의존하기도 한다. 과거의 학교폭력은 소수의 문제 학생에 의해 주로 발생했으나, 최근에는 다수의 학생들에 의해 반복적으로 이루어지고, 물리적인 신체 폭력에 한정되지 않고 정서적 폭력의 형태로 이루어지는 하나의 문화현상으로 변질되고 있다. 최근 학교폭력의 주요 특징은 다음과 같다.

첫째, 학교폭력의 최초 발생 연령대가 점차 낮아지고 있는 추세이다. 통계에 따르면, 피해 학생 중 53.6%가 초등학교 때 최초로 학교폭력 피해를 경험했고, 가해 학생 중 58.0%가 초등학교 때 최초로 학교폭력을 가해했다고 한다. 과거 중 · 고등학교에 주로 발생했던 학교폭력은 이제 초등학교 때부터 경험하는 것으로 나타나고 있다.

둘째, 중학생들의 학교폭력 발생 비율이 가장 높은 상황이다. 학교폭력대책자치위원회 총 심의건수 중 중학교가 차지하는 비율이 전체의 69% 수준이다. 2010년 심의건수 총 7823건 중 초등학교가 231건(3%), 중학교가 5376건(69%), 고등학교가 2216건(28%)을 각각 차지하고 있다. 국민신문고에 신고된 학교폭력 관련 민원도 지속 증가하고 있으며 중학교의 증가율이 초등학교의 7배, 고등학교의 2배 수준이다.

셋째, 학교폭력 가해와 피해의 악순환 현상이다. 최근 학교폭력은 집단으로 가해자가 되는 경우가 많고, 그 중 일부는 이미 피해자로서 폭력을 당한 학생들도 있어 가해자와 피해자의 구별이 불분명하다. 학교폭력 피해 경험이 있는 학생이 다시 폭력을 당하지 않기 위해 다른 학생에게 폭력을 행사하는 경우와 같이 학교폭력은 피해와 가해의 악순환이 반복된다. 학교폭력의 악순환 고리를 끊는 교육이 필요하다.

넷째, 언어적 · 정서적 폭력의 증가와 폭력의 지속성이다. 단순한 신체적 폭력이 아닌 강제적 심부름(46%), 사이버폭력(34.9%), 성적 모독(20.7%) 등 언어적 · 정신적 폭력이 증가하는 추세에 있다. 언어적 · 정신적 폭력은 인터넷과 스마트폰, SNS 등을 통해 손쉽게 반복적으로 이루어지고 있어 문제가 더욱 심각하다. 또한 가해자가 주위에 알린 피해자에게 보복 폭행을 하거나(44.0%), 처음 피해를 가한 학생이 친한 주위 학생과 함께(33.4%) 폭력을 행사하는 등 학교폭력 가해자 중 2회 이상의 경험이 있는 학생의 비율이 무려 61.1%나 된다.

다섯째, 학교폭력의 집단화 경향이 뚜렷하다. 학교폭력 피해 학생 중 66.2%가 2명 이상의 가해자에게 폭력을 당하고, 가해 학생의 수가 '6명 이상'인 경우가 16.3%나 되는 등 학교폭력의 집단화가 가속화되고 있는 실정이다. 무엇보다 학생들이 피해를 입지 않기 위해 일진 등 조직에 가입하거나, 학교별 일진이 정보를 공유하여 피해자를 지속적으로 괴롭히는 현상까지 나타나고 있다.

여섯째, 학교폭력에 대한 인식과 대응 수준은 매우 낮은 편이다. 가해 학생들이 학교폭력을 사소한 장난으로 인식하거나 학교폭력을 목격하는 제3자들은 방관하는 경향이 많다. 또한 학교폭력에 대한 온정주의적 시각으로 인해 처벌보다는 교육적 차원의 계도 조치에 치우쳐 학교폭력의 심각성을 반감시키고 있다. 학부모는 아이들은 싸우면서 자라는 것이 당연하다며 학교폭력의 원인을 피해 학생으로 돌리려는 경향도 있으며, 교사는 학교의 부정적 이미지를 유발하고 신상의 불이익 등을 우려하여 학교폭력을 은폐·축소하려는 경향이 강하다.

학교폭력 예방대책 추진 과정

정부는 학교폭력 문제가 사회문제화될 때마다 다양한 정책들을 마련해 왔다. 그동안 추진해 온 범정부 차원의 학교폭력에 대한 대책을 정리하면 다음 [표 1]과 같다.

정부는 2004년에 「학교폭력 예방 및 대책에 관한 법률 및 동 시행령」을 제정하고,[8] 이후 '학교폭력 예방 및 대책 5개년 기본계획'을 수립하는 등 정부 차원에서 수차례 학교폭력 근절대책을 추진하였는데, 대책은 학교폭력의 원인을 개인·가정, 학교, 사회·정부의 세 가지 그룹에서 찾았다. 개인·가정 요인으로는 학생의 자아 통제력 및 타인 존중의식 미약과 가정폭력, 해체가정의 증가, 학부모의 자녀 과잉보호 및 학벌·입시 위주의 교육관 등을 꼽았고, 학교 요인으로는 인권·자율·책임을 중시하는 학교 풍토 조성 미흡과 일부 교사의 학교폭력에 대한 미온적 대처, 교권 실추, 교원 부족으로 생활지도에 전념할 수 없는 교육현장을 지적하였다. 사회·정부의 요인으로는 물질만능주의, 향락주의적 사회 분위기와 학벌 중심의 사회, 온·오프라인상의 유해환경 범람, 가·피해 학생의 선도 및 보호 지원을 위한 시스템 및 프로그램 부재, 범정부 차원의 유기적 노력 부족 등이 거론되었다. 대다수의 학자들도 학교폭력의 원인을 이와 유사하게 분석하고 있으며, 학업 스트레스를 해소할 수 있는 감성교육과 신체활동을 할 수 있는 기회가 적었다는 점을 개인적 요인으로 지적하고 있고, 교사의 임용, 연수 단계에서 생활지도에 대한 실천적

[표 1] 정부 차원의 학교폭력에 대한 연도별 추진 대책

1995년	학교폭력 근절 대책 수립 - 주관 국무조정실, 협력 교육부, 경찰청, 검찰청 등 관계 기관 - 교육부 학교폭력 예방 근절 대책본부, 교육청 대책반 운영
2004년	학교폭력 예방 및 대책에 관한 법률 제정 - 지원체제 구축, 학교폭력대책기획위원회(교육부), 전담부서(교육청), 학교폭력대책자치위원회(학교) - 5년 주기의 학교폭력 예방 및 대책 기본계획 수립
2005년	1차 학교폭력 예방대책 5개년 기본계획 수립(2005~2009년) - 폐쇄회로 CCTV 설치 등 예방대처를 위한 초기 시스템 구축 - 학교폭력 예방 근절 지원 추진체 운영 활성화, 학교폭력 예방 근절을 위한 교육 및 지원 강화, 교원의 학생 생활지도 전문능력 제고, 피해자 보호 및 가해자 선도 강화, 학교폭력 예방 근절을 위한 사회적 분위기 조성
2007년	학교폭력 예방 근절 15대 중점과제 발표 - 피해 학생 보호 등 예방 대처를 위한 인프라 구축 - 비행학생별 대책: 보호관찰학생과 교사 1:1 멘토링 사업 - 학교위험도별 대책: 배움터지킴이, 전문상담교사 배치 - 관련 법령 개정: 가해 학생 부모 특별 교육, 인터넷 사용시간 제한, 책임교사 수당 및 가산점 부여 - 학생·학부모·교원 교육: 연 2회 폭력 예방교육
2008년	안전한 교육환경 조성 방안 발표 - 학교폭력에 성폭력 추가
2009년	법률 개정 - 학교폭력전담기구(전문상담사, 보건교사, 책임교사 등) - 폭력추방의 날 운영, 2차 학교폭력 예방대책 5개년 기본계획 수립(2010~2014년) - 학교폭력 안전인프라 확충, 맞춤형 예방교육 강화, 단위학교의 대응능력과 책무성 제고, 가해자 선도·피해자 치유 시스템 질 제고, 존중과 배려의 학교문화 조성, 지역사회와 함께하는 학교안전망 구축
2011년	폭력·따돌림 없는 학교 만들기 추진 계획 발표 - 학생안전보호인프라 선진화, 학교폭력 예방교육 내실화, 민·관협력체제 강화 법률 개정 - 학부모위원 과반수 이상 위촉, 회의소집 요건(피해자 요청, 신고 접수 시) 완화, 학부모 대상 홍보물 연 1회 이상 제작·배포, 학교폭력 회의록 공개
2012년	폭력 예방대책 - 학교생활기록부에 가해사실 기록, 굿바이 학교폭력 어플 보급, 117 학교폭력신고센터 설치, 학교폭력 은폐 교사·교장·장학사 징계, 상담교사 1천8백 명 배치, 반복학생 강제유급·권고자퇴·강제전학, 연 2회 학교폭력 실태조사, 학교폭력 담당교사 인센티브 제공 등

전문성을 키울 수 있는 프로그램의 부족을 학교적 요인의 하나로 꼽고 있다. 아울러 사회환경 요인으로 인터넷 등 통신매체의 발달로 폭력영화, 만화 등 유해 영상매체에 접근이 용이하여 청소년들의 폭력에 대한 인식이 무뎌지는 경향이 많아졌다는 점도 지적하고 있다.

정부는 위와 같은 학교폭력 원인 분석에 기초하여 2005년에 "학교폭력 예방 및 대책 5개년 기본계획"을 수립하여 추진하였는데, 그 내용은 우선 범정부 차원의 '학교폭력대책기획위원회'를 구성하여 운영하고, 시 · 도 교육청별로 학교폭력대책 전담부서를 두며, 지역단위에 '학교폭력근절추진협의체'를 두고, 각 학교에 '학교폭력대책자치위원회'를 구성하여 운영하는 등 학교폭력 근절 지원 추진체 운영을 활성화하고, 학교폭력 예방 · 근절을 위한 교육 및 지원을 강화하는 한편 학교폭력 피해 신고 및 상담을 활성화하고 학부모 교육을 실질화하며, 교원의 연수강화를 통한 학생 생활지도 전문능력을 제고하겠다는 것 등을 포함하고 있다. 그밖에 피해 학생의 치료 및 재활을 지원하고 가해 학생에게 다양한 선도 프로그램을 제공하며, 학생 자율활동 활성화, 온 · 오프라인상의 유해환경 모니터링 및 단속 등 사회적 분위기를 조성하는 것 등이 있었다.

이러한 계획에 따라 정부는 학교폭력 대책을 시행하여 일정한 성과를 거두었으나 몇 가지 문제점도 드러내었다. 기존의 학교폭력 대책은 학교 현장의 근본적인 변화를 이끌어 내지 못하였으며, 학교폭력 문제의 직접적인 당사자인 학생, 교사, 학부모가 함께 학교폭력 근절을 실천하도록 지원하는 정책 및 제도 개선이 부족했고, 가장 근본적인 대책인 학생들의 배려 · 공감 · 협동심을 키우는 실천 중심의 인성교육에 대한 체계적인 정책 추진이 미흡했다. 구체적으로는, 성적 중심의 입시 위주 교육으로 핵심가치인 '인성' 교육에 다소 소홀했고, 학교 또는 학급별 교육목표에 인성 함양 요소가 연계되어 있지 못해 학생발달 단계별 인성교육 실천이 미흡했으며, 학생들이 타인의 감정에 공감하고, 소통하며, 갈등을 해결할 수 있는 실제적 능력 함양을 위한 실천 · 체험 중심의 교육이 부족했다. 또한 신고전화가 교과부 · 여가부 · 경찰청 등 각 기관에 산재하여 신고자의 혼란을 가중시키는 등 신고 및 조사 과정에도 문제가 있었고, 가해 학생에 대한 조치와 피해 학생 보호에도 충분치 못했다는 지적이 제기되었다. 아울러, 학교폭력 사안에 대한 교사의 권한 · 역할이 부족하고 개입이 곤란하였으며, 규칙을 준수하는 학교문화가 정립되지 않았다. 즉, 학교에서 타인을 배려하고 법과 질서를 존중하는 민주시민의식과 준법정신을 체득할 수 있는 다양한 교육프로그램이 제공되지 않았고, 학교생활규칙 등 학생들의 생활을 규율하는 규칙이 문서상으로만 존재하고 인성교육 차원에서 적극적으로 활용하지 못해 학생들이 규칙 준수를 터득할 학교문화를 정립하지 못했다는 것이다.

2012년 학교폭력 근절 종합대책의 주요 내용과 문제점

2012년 12월 대구 학생자살 사건이 발생한 후 정부는 각계 전문가들의 의견을 수렴하여 2월 6일 "학교폭력 근절 종합대책"을 발표했다. 정부는 '학교폭력 없는 행복한 학교'를 목표로 그동안의 학교폭력 대책이 가진 문제점을 해소하고 변화된 여건에 부응하는 방향으로 "학교폭력 근절 7대 실천 정책"을 발표하였다. 여기에는 '사소한 괴롭힘도 폭력'이라는 인식하에 학교폭력에 철저히 대응한다는 직접대책 네 가지와 학교-가정-사회가 함께 인성교육을 실천한다는 근본 대책 세 가지를 포함하고 있다.

직접대책으로는 먼저, 교원의 생활지도 역량을 지원하고, 학교장에게 가해 학생에 대한 즉시 출석정지 조치권을 부여하고 복수담임제를 도입하는 등 학교폭력 대응에 대한 학교장과 담임교사의 권한과 책무성을 강화시켰다. 아울러 학교폭력 신고 대표전화를 통합하고 피해 학생에 대한 우선적 보호와 치유를 지원하도록 했으며, 학교내 갈등과 문제를 학생 스스로 해결하는 건전한 또래문화 조성과 학교단위에서의 체계적인 학교폭력 예방 활동을 강화하고, 학부모교육을 확대하는 한편 학부모의 책무성을 강화하였다.

근본대책으로는, 교육 전반에 걸쳐 인성교육을 실천하며 인성관련 학생부 기재를 내실화하고 이를 입학전형에 반영하며, 가정과 사회의 역할을 강화하여 가정과 사회의 교육적 기능을 회복하고, 게임 · 인터넷 중독, 음주 등 학교폭력과 관련이 높은 유해요인으로부터 학생들이 벗어날 수 있도록 법령을 개정하고 치유활동을 확대하였다. 이를 도표로 정리하면 [표 2], [표 3]과 같다.

2012년 2월의 학교폭력 근절 종합대책은 인성교육을 통해서 학교폭력의 원인부터 근본적으로 개선하겠다는 의지를 표명하고 이 부분을 주요한 방향으로 정하여 다양한 실천방안을 제시하였다는 점에서 의미가 크다. 정부에서는 대책 시행 후 전반적으로 "학교폭력은 범죄"라는 인식이 확산되고 학교 현장의 분위기도 점차 바뀌고 있다는 긍정적인 평가가 나오고 있지만, 실제 현장에서 추진되는 학교폭력 근절 종합대책의 세부과제 추진 상황을 모니터링하고 점검한 결과, 정부의 노력에도 불구하고 일선 학교의 사안대처 능력이 부족하고 사건을 축소 · 은폐하는 경향이 남아있는 등 여전히 대책 보완이 필요한 부분이 있는 것으로 파악하고 있다. 학교 밖 생활지도와 관련해서도 학원에서의 따돌림, 방과 후 축구모임에서의 폭력 등으로 학생이 자살하는 사건이 일어나는 등 여전히 방과 후 활동, 학교

[표 2] 학교폭력 근절 7대 실천 정책

목표	학교폭력 없는 행복한 학교		
직접대책	'사소한 괴롭힘'도 '범죄'라는 인식하에 철저히 대응		
	1. 학교장과 교사의 역할 및 책임 강화		
	대처 권한 부족 및 학교폭력 은폐	⇨	대처 권한 및 역할 대폭 강화 은폐시 엄중조치로 책무성 확보
	2. 신고-조사체계 개선 및 가·피해 학생에 대한 조치 강화		
	신고번호 분산 체계적 대응체계 부재 처벌 및 보호조치 미흡	⇨	신고체계 일원화 조사·지원기능 체계화 가해/피해 학생 조치 강화
	3. 또래활동 등 예방교육 확대		
	건전한 또래문화 미형성	⇨	학생간의 자율적 갈등 해결 학교단위 예방교육 체계화
	4. 학부모교육 확대 및 학부모의 책무성 강화		
	참여 부족, 무관심 책무성 미흡	⇨	학부모 교육·자원봉사 확대
근본대책	학교-가정-사회가 함께 인성교육 실천		
	5. 교육 전반에 걸친 인성교육 실천		
	학업성취 수준은 높으나 인성·사회성은 낮은 수준	⇨	바른생활습관, 학생생활규칙 준수 등 실천적 인성교육 추진
	6. 가정과 사회의 역할 강화		
	민·관의 유기적 대응 미흡 가정의 교육기능 약화	⇨	민·관 협력체제 강화 가정의 교육기능 회복
	7. 게임·인터넷 중독 등 유해 요인 대책		
	교육적 시각에서 심의·규제기능 미흡	⇨	게임·인터넷 심의·규제 및 예방·치유교육 확대

[표 3] 학교폭력 근절 7대 실천 정책의 구체적 내용

1. 학교장과 교사의 역할 및 책임 강화	1) 학교장의 역할 및 책무성 강화 2) 담임교사의 역할강화 및 생활지도 여건 조성 3) 교원 양성-임용-연수 단계에서 생활지도 역량 강화
2. 신고-조사체계 개선 및 가·피해 학생에 대한 조치 강화	1) 117 학교폭력신고센터 설치 및 조사기능 강화 2) 학교폭력 은폐 방지를 위한 제도 개선 3) 피해 학생에 대한 우선적 보호와 치유 지원 4) 가해 학생에 대한 엄격한 조치 및 재활치료 지원 5) 일진 등 학교폭력 서클 엄정 대응
3. 또래활동 등 예방교육 확대	1) 건전한 학교문화 형성을 위한 또래활동 지원 2) '사소한 괴롭힘'도 폭력임을 단계적으로 교육 3) 학교폭력 예방 사이버상담 지원
4. 학부모교육 확대 및 학부모의 책무성 강화	1) 자녀이해 지원을 위한 학부모 교육 및 교육정보 제공 대폭 확대 2) 교사-학부모 간 소통 강화 및 학부모의 책무성 제고 3) 교육기부형 학부모 학교참여 활성화
5. 교육 전반에 걸친 인성교육 실천	1) 바른 인성의 기초를 형성하는 '3~5세 누리과정' 운영 2) 배움이 실천으로 연결되는 프로젝트형 인성교육 실시 3) 중학교 체육활동 대폭 확대 4) 학생-학부모-교사가 함께 학생생활규칙을 통해 인성교육 실천 5) 인성 관련 학생부 기재 강화 및 입학전형에 반영 6) 생활지도 등 인성교육을 잘하는 교원과 학교 우대 7) 시·도 교육청 평가를 통해 책무성 확보
6. 가정과 사회의 역할 강화	1) 가정과 사회의 교육적 기능 회복 2) 가정과 사회의 참여 확대를 위한 홍보 및 캠페인 추진
7. 게임·인터넷 중독 등 유해요인 대책	1) 게임·인터넷 중독 예방을 위한 제도 개선 추진 2) 게임·인터넷 중독 예방교육 강화 및 치유 활동 확대 3) 흡연·음주 치유 및 예방 프로그램 활성화

밖 또래모임, 사설학원, 지역상가, 근린공원 등에서 발생하는 학교폭력은 대책의 사각지대로 상존하고 있다. 아울러, 법령에 대한 이해 부족, 학교폭력에 대한 안일한 인식 등으로 무거운 사안임에도 절차에 따른 조치를 취하지 않고 학교 내에서

[표 4] 학교폭력 근절 종합대책에 대한 찬반론

쟁 점	찬성론	반대론
근본대책성	임기응변식 대증요법을 탈피하려는 의지 표현	전시행정의 성격과 입시위주 교육풍토를 불식하기 위한 근본대책의 부재
사전예방성	사후대책보다 사전예방에의 주목	예방보다 사후대책에의 치중
현실적합성	현실성을 높인 정책의 제시	학교현장에 적응하기 어려운 정책
합리적 당사자관계	학교의 권한 · 책임 강화와 가해 학생 · 학부모에 대한 책임 제고	여전히 학교 중심적인 대책과 교사의 책임과 부담만의 증가

자체 처리하고 가해 학생에 대한 조치도 미흡한 경우도 있는 것으로 파악하고 있다. 또한, 담임교사, 생활지도교사 등의 책임과 업무가 증가함에 따라 담임을 기피하는 경향이 많아지고 있다. 학교폭력 예방교육을 연 2회 이상 실시하도록 의무화하고 있으나, 학부모 교육을 가정통신문으로 대체하거나 학교 강당에서 학생 · 교직원이 함께 학교폭력 예방교육을 하는 등 형식적으로 이루어지는 경우가 있는 것으로 나타났다. 이러한 정부의 학교폭력 예방대책에 대해서는 찬성과 반대의 평가가 서로 엇갈리고 있다. 이를 도표로 정리하면 [표 4]와 같다.

여기에서는 비판의 관점을 중심으로 학교폭력 예방대책의 문제점을 간략하게 살펴보겠다.

첫째, 언론, 경찰, 교과부 등의 처벌위주의 여론몰이, 일망타진의 강경 대응 방식이 되풀이되고 있다. 사건 등이 사회적 이슈가 되면 실태조사, 처벌 강화 등 다양한 대책이 전국을 휩쓸지만, 오히려 대다수 학생을 잠재적 범죄자로 취급하거나 학생, 학부모, 국민들에게 불안감을 조성하고 있다. 이와 같이 학교에 대한 불신을 조장하는 방식은 학교폭력의 원인에 대한 사회적 논의를 외면하고 근본적인 해결책을 제대로 찾지 못하게 한다. 매년마다 정학, 퇴학 등 처벌을 강화하거나 소년범의 연령을 낮추는 등 학교로부터 가해자를 분리하는 대책에 치중하고, 피해 학생에 대한 치유 및 재발 방지 대책은 마련되지 못한 채 전학이나 징계가 학교폭력의 유일한 대책이 되고 있다. 그리고 학교, 교사의 책임을 강조하지만 일시적인 방편에 불과하다. 학교폭력이 발생하거나 은폐하는 경우 교사와 교장, 교육청 장학사를 징계하겠다는 대책은 학교폭력 발생의 원인에 대한 근본적 성찰이 없는 정부의 무책임을 드러내는 것이다. 또한 생활지도담당교사에게 가산점 등 인센티브를 주거나 학교폭력이 줄어든 학교를 포상하는 방안 등은 오히려 생활지도마저 경쟁하게 함으로써 오히려 권위적인 학생생활지도나 사건을 은폐하는 결과를 가져올 수 있다.

둘째, 상담전담교사, 사회복지사 등 실질적으로 학교폭력 예방과 치유 및 교육프로그램을 진행할 인력이 부족하다. 전국 1만 1300여 개 초중고 중 전문상담교사 수는 883명, Wee센터에 심리상담사 773명이 배치되어 있는 실정이다. 학교폭력예방법에 전문상담교사를 의무적으로 배치하겠다고 하지만 공무원총량제 등 예산과 인력 수급의 문제로 실효성이 없으며, 최근 교과교사 중 상담교사 자격증을 소지한 교사들을 학교폭력담당 상담교사로 대체하겠다는 방안도 임시방편에 지나지 않는다. 또 학교폭력은 예방 인력을 확충하는 방식으로 해결되지 않는다. CCTV, KT텔레캅, 안심서비스, 스쿨폴리스(배움터지킴이, 학교보안관 등)을 예방 인력 및 장비를 학교에 배치해 왔으나 성과는 미미하다. 최근 교과부가 학교안전 보조인력으로 공익근무요원 등을 추가 배치한다고 해서 해결될 문제가 아니다. 총기나 마약 소지가 일반화되어 있는 미국, 영국 등의 국가에서 무관용원칙과 함께 추진하고 있는 것이 학교경찰관제도지만 교육적 관점에서 접근하지 못하고 있다는 비판을 받고 있다.

셋째, 학업중단 학생 비율이 현저히 증가하고 있다. 2007~2009년 3년 동안 학업중단 고등학생이 10만 명으로 하루 평균 87명꼴이다. 특히 학교 부적응으로 학업을 중단한 학생은 2007년 10969명, 2008년 10415명, 2009년 16267명으로 전체의 43.3%를 차지하고 있다. 학업중단 학생을 대상으로 한 조사(2004)를 보면 교과에 대한 흥미상실(43.9%), 친구 · 교사 · 학교와의 갈등(39.0%), 가정에 대한 불만(23.7%), 학교로부터의 자퇴압력(22.4%), 경제적인 문제(15.8%) 순으로 학교를 떠나고 있다. 서울의 경우 2011년 고등학교 중퇴자는 5615명인데, 학업중단의 이유로 왕따 · 폭력으로 인한 피해와 학교생활 부적응 학생이 40%에 해당된다. 서울 지역의 중고생 32.5%가 학교중단을 고민해 본 적이 있다. 전국적으로는 13.2%, 서울에서는 15.5%의 초중고생이 학교를 그만두고 있는 상태이고, 학교 밖 청소년의 규모는 최근 6년간을 종합해 보면 전국적으로 29만 3천 명에 이르고 있다.

넷째, 어린이 · 청소년의 행복지수, 사회적 역량이 OECD회원국과 비교해 볼 때 꼴찌 수준에 머물러 있다. '2011 한국 어린이 · 청소년 행복지수 국제비교' 조사를 한 결과 한국의 행복지수는 OECD 23개 회원국 중 3년 연속 꼴찌를 차지하고 있다. 특히 주관적 행복지수의 경우 평균점수(100점)보다 34점이나 낮은 65.98점으로, 꼴찌에서 두 번째인 헝가리(86.7점)와도 20점이나 차이가 난다. 2009년 국제교육협의회(IEA)가 세계의 중학교 2학년 학생 14만 6백여 명을 설문한 'ICCS(국제 시민의식 교육연구)' 자료를 보면 36개국 중에서 청소년의 사회적 상호작용 역량이 0.31점(1점 만점)으로 35위이다. 지역사회단체와 학내 자치 단체에서 자율적으로 활동한 실적의 비중이 높은 '관계 지향성'과 '사회적 협력' 부문의 점수가 모두 36개국 중 최하위(0점)이다. 또한 ICCS 설문에서 정부를 신뢰한다고 밝힌 한국 청소년은 전체의 20%에 불과해 참여국의 평균치인 62%보다 3분의 1에 불과하다. 한국 아이들은 학교를 믿느냐는 질문에도 45%만 '그렇다'고 답해 ICCS 평균인 75%보다 훨씬 비율이 낮다. 2008년 이후 학생 사망 원인을 보면 1위가 자살이다. 10대 청소년이 하루 한 명꼴로 스스로 목숨을 끊고 있다. 통계청에 따르면 지난 2010년 10~19세 청소년 자살자는 353명이었다. 하루에 0.97명이 자살한 셈이다. 자살의 원인도 부모의 지나친 기대와 간섭 · 통제에 따른 스트레스가 원인이 되기도 하고, 왕따와 구타 등 학교폭력에 시달리다 극단적인 선택을 하기도 한다.

경찰청의 입장

이러한 비판에도 불구하고 최근 경찰청은 다음과 같은 브리핑 자료를 내놨다.[9] 경찰청은 지난 한 해 학교폭력 근절을 위해 학교전담경찰관을 배치하고 학교와 공동대응을 강화한 결과, 학교폭력 피해 경험률이 2월 대비 9%p(17.2% → 6.2%) 감소하는 등 소기의 성과를 거두었으나, 학교폭력이 여전히 존재하고 이로 인해 피해를 당하는 학생들이 적지 않다는 점에 주목하여, 기존 제도를 보완 · 발전시키는 외에 전담 인력을 증원 배치하는 등 '학교폭력 제로Zero 환경 조성'을 위해 총력을 다하겠다는 계획을 밝히고 있다. 우선 학교전담경찰관 167명을 증원 배치하고, 이들을 중심으로 학교폭력이 심각한 학교를 선정, 집중 관리해 나간다고 한다.[10] 한편, 경찰청은 3월을 학교폭력 집중 관리 기간으로 정하고, 가용 인력을 총동원하는 등 가시적 예방 활동으로 학교폭력 분위기를 선제적으로 제압해 나갈 계획이다.

새 학기가 시작되는 3월은 각 학교별 일진 등 세력이 규합되거나 학생 간 서열이 형성되는 시기인 만큼, 학교폭력 예방을 위해 일진경보학교를 중심으로 일진 등 폭력써클 신규 형성을 사전 차단하는 한편, 학교폭력 가해 우려가 높은 학생 중 새롭게 중 · 고등학교에 진학하는 학생에 대해서는 학교전담경찰관이 1:1 개별 면담을 통해 건전한 학교생활을 영위해 나갈 수 있도록 사전 지도해 나갈 방침이다. 아울러 집중 관리 기간 동안 학생 · 교사 · 학부모 · NGO 등과 합동으로 등하교 시간대 학교 정문 및 주통학로 주변에서 대대적인 캠페인을 실시하고, 지역경찰 · 기동대 등 가용 인력을 최대한 동원하여 그 효과를 극대화해 나갈 방침이다. 또한 전 국민이 동참하는 학교폭력 근절 분위기 조성을 위해 개학 전 '경찰서-교육지원청-학부모 단체' 간 간담회를 실시하고, 입학 · 개학 시즌에 맞춰 학부모 대상 가정통신문을 통해 경찰의 학교폭력 정책을 널리 알리는 한편, 학원연합회와 협조하여 전단지 등으로 학교폭력 신고번호 117 홍보를 강화해 나갈 예정이다.[11] 경찰청의 대응 방식은 아직도 초기 강경 진압적인 방식을 중심으로 이루어지고 있음을 알 수 있다. 이러한 대응 방식이 효과를 거둔다고 해도 장기적으로 지속될 수 없음을 알아야 한다.

인권교육과 학교폭력 예방

2011년 대구 중학생자살 사건 이후 학교폭력과 학생자살은 더욱 심각한 사회적 문제가 되었다. 이에 대한 정부와 언론의 대응 방식은 학교폭력과의 전쟁선포, 처벌강화 등 실질적인 예방정책을 제시하지 못하고 후속적인 대책만 반복하면서 학교가 폭력의 온상인 것처럼 국민들에게 불안감을 조성하고 있다. 2004년 「학교폭력 예방 및 대책에 관한 법률」을 제정하고, 2005년부터 학교폭력 예방대책 5개년 계획을 세우고, 2012년에는 학교폭력근절 종합대책을 마련하고 있지만, 매년 학교폭력 사건이 터질 때마다 책임을 학교나 교사, 가정에 돌리거나 실질적 학교폭력 예방보다는 가해 학생 격리 및 교사, 학교, 교육청 장학사 등에 대한 처벌 강화, 스쿨폴리스 제도와 공익요원 배치 등의 후속대책 논의에 매몰되고 있어 학교폭력의 문제가 근본적으로 해결되지 못하고 그대로 반복되고 있다. 학교폭력 및 집단 따돌림 등 문제행동이 왜 일상화되고 있는지 그 원인에 대한 논의가 필요하다. 원인을 진단한 후 체계적인 대응방안을 강구해야 함에도 불구하고 효과 없는 후속대책에 몰두하고 있는 것은 안타까운 일이다. 학교폭력의 원인으로 개인적 특성(공격성, 인정욕구, 사회성 부족 등 또래집단의 역학)과 학교환경 외적인 요인들(가족 붕괴, 폭력물 · 게임 등의 소비, 경제적 빈곤 등)도 중요하다. 그러나 가장 중요한 것은 배움의 공간인 학교에서 폭력, 따돌림, 학습거부, 교권침해, 부모공격 등 파괴적이고 공격적인 행동들이 왜 일어나고 있는지 살펴봐야 한다. 이런 논의의 귀결은 학교의 민주적인 운영구조, 학교 구성원들의 자치와 협력의 학교문화, 학생 개개인의 배움과 성장을 도와주는 교육과정 등 새로운 학교 혁신으로 나아가야 한다.

현재의 논의에서 중심을 이루고 있는 피해자 신고와 가해자 처벌, 부실 처리한 학교나 행정기관의 징계로 이어지는 학교의 학교폭력 예방대책은 사후의 처리와 관련된 대책이다. 이러한 대책은 인간관계 속에서 차별과 배제, 폭력의 문제에 저항하고, 서로 간의 갈등을 중재하고, 관리하는 능력을 키워 주지 못한다. 인권교육의 강화는 학교폭력을 예방하는 핵심이다. 사람관계를 인권친화적으로 회복하고, 서로 존중하고 배려하며 공동체의 문제를 해결하는 민주주의 생활경험을 확대할 필요가 있다. 또한 교사와 학생 모두 연수나 교육을 통해 비폭력대화기법, 갈등중재방법, 자기갈등관리능력 등 관계회복을 위한 능력을 가져야 한다. 교사도 이해중심의 학습, 협동학습, 프로젝트 학습 등을 통해 학생 간 협력적인 참여를 이끌어 내고 학생들도 학생회, 동아리 및 학교 밖 지역사회 단체 등에 적극적으로 참여할 때 폭력에 대항하는 능력과 관계회복을 위한 사회적 역량도 향상되고 자존감도 높일 수 있다.

지난 수년 동안 학교폭력의 형태와 발생 건수, 학업중단 및 탈학교 학생은 초등학교부터 대학교까지 매년 기하급수적으로 증가하였다. 학교폭력 문제의 원인은 치열한 입시 경쟁 교육, 오직 성적만을 중시하며 친해야 할 친구와 경쟁하고, 학급과 학급 간에 경쟁하고, 학교와 학교가 경쟁하는 교육 시스템이다. 일제고사로 학생을 줄 세우고, 학생을 체벌까지 하면서 입시경쟁으로 내모는 이기적인 학부모, 학교 관리자, 교사들이 구조적으로 얽혀 있다. 경쟁만능의 교육정책으로 학생 · 학부모 · 교사 모두 지쳐 있고, 정서적 공감대가 바탕이 되어야 할 친밀한 관계가 서로 배타적으로 되어 버렸다. 학생 간의 따돌림과 폭력, 학생과 교사 간의 갈등, 학생과 학부모 간의 배타적 갈등은 이미 사회적 문제가 된 지 오래다. 학생의 인권이 존중되지 않고 문화적 · 경제적 · 심리적 · 정신적 처지에 따라 차별되는 학교문화가 변해야 한다. 거대학교, 과밀학급, 교사의 행정업무과중, 획일적인 교과 중심의 교육과정은 재미없는 열악한 학습환경과 비민주적인 교사와 학생 간의 관계를 만들고 있다. 학급당 학생 수 등 교육여건을 최우선적으로 개선해야 하고, 관료적 행정적 통제로 학교와 교사, 학생의 자율성을 억압하고, 학교를 입시교육의 전쟁터로 만들고, 천문학적인 공교육비를 개인에게 부담시켜 온 교육 시스템을 국가가 책임지고 개선해야 한다. 부모의 경제적 처지와 상관없이 교육기회가 보장되고, 민주시민, 미래사회의 창의적 인재로 성장할 수 있도록 교육내용 및 학교구조를 바꿔야 한다.

왕따, 따돌림의 피해자 또는 가해자라 할 수 있는 학습부진 · 학습포기 · 학업중단 위기에 처한 학생, 사회성이 부족하거나 정신적 스트레스 또는 우울증이 심한 학생들을 파악하고 치유하고 해결하는 것도 중요하다. 지나친 경쟁과 1등 신화가 학교성적, 학부모의 경제적 지위, 또는 신체적 조건(힘) 등에 따라 인정받고 싶어 하는 욕구가 내면화되면서 오늘의 가해자가 내일의 피해자가 되는 등 순환적인 형태로 확대되고 있다. 이러한 집단 따돌림과 폭력이 구조에서 학생들에 대한 지도방안과 치유 및 교육 프로그램을 연구할 필요가 있다. 또한 교사들의 생활지도 전문성과 문제 해결 능력 향상을 위한 교육이 필요하다. 교사들에게 갈등 해결, 비폭력 대화능력, 문제학생의 조기 진단과 지도능력 등을 배양하는 하는 것은 교사와 학생 간의 관계복원, 신뢰회복 및 교육적 권위를 바로 세우는 데 중요하다. 가해 학생의 경우도 범죄자라는 인식보다 개선 가능하고 회복 가능한 인간성에 대한 교육적인 신뢰에서 출발하여 공격성 등 내재된 폭력의식을 치유하고, 대안적 교육프로그램이나 반성적 활동 등을 통해 성장해야 한다. 학교로부터 배움으로부터 격리하여 배제하는 것은 또 다른 사회문제를 낳고 이로 인한 사회적 비용만 증가할 뿐이다. 무관용의 처벌이 아니라 적극적인 인권교육적 관점과 화해협력의 평화적 관점에서 교육기회를 박탈하지 않는 합리적인 교육벌이나 대안교육을 모색해야 한다.

04

살아남은 자의 힘

폭력의 방관자들
—“누가 내 이웃입니까?”

이 글은 최근에 보도된 바 있는 이른바 ‘인도 버스 성폭행 사건’을 말머리 삼아, ‘이웃’에 관한 물음을 던진다. “내 이웃이 누구입니까?” 우리는 이 질문에 관한 답을 ‘선한 사마리아인’의 얘기 속에서 얻는다. 아니, 답을 얻는다기보다는, 답의 실마리를 얻는다고 함이 더 정확할 것이다. 거기서부터 누가 내 이웃인지 좀 더 명확히 규정해야 할 일은 그 글을 읽고 그 질문을 자신의 것으로 삼는 이의 몫일 것이다. 이 글의 첫 장에서 나는 이웃을 이웃으로 만드는 것이 무엇인지, 이웃의 본질을 밝히고자 하였다. 그리고 두 번째 장에서는, 누가 내 이웃인지 안 지금, 기독교 율법(또는 지역적으로 내려오는 격언)에서 명하듯, 나는 내 이웃을 나 자신같이 사랑할 수 있는지. 그러한 계율 또는 격언의 의미에 관해 생각해 보고자 하였다.

이은정

2012년 12월 16일 인도 뉴델리에서 일어난 버스 성폭행 사건은 인도 사회뿐 아니라, 이 사건을 지켜본 많은 이들을 놀라게 했다. 단지 사건의 잔혹한 성격 때문이 아니다. 그보다 더 많은 사람을 놀라게 한 것은 행인들의 무관심이다. 사건을 요약하자면 이렇다. 남자친구와 영화를 보고 집으로 돌아가려고 버스에 올라탄 여대생을 여러 명이 집단으로 성폭행한 것도 모자라, 남자친구와 함께 실컷 두들겨 팬 뒤 길가에 내버린 것이다. 그런데 더욱 놀라운 일은 지나가는 이들 가운데 그 누구도 온몸이 찢기고 발가벗겨진 그들에게 다가가 구원의 손길을 뻗치지 않았다는 사실이다. 구원의 손길은커녕, 그들의 상처 난 알몸을 가릴 만한 천 조각 하나 건네지 않았다고 한다. 심하게 장기가 파손된 여대생은 그 뒤 병원으로 옮겨졌으나 끝내 숨을 거두고 말았다. 이웃의 아픔이나 불행에 무관심한 인도인들의 이런 태도와 관련해서 인도 안팎에서 여러 목소리가 나온다. 물신주의로 치닫고 있는 인도 사회가 전반적으로 인간성을 상실했다고 성토하는 이도 있고, 전통적인 도덕과 가치가 무너졌다고 걱정하는 목소리도 높다. 이런 얘기들이 그렇다고 전혀 새로운 것만은 아니다. 우리 사회에서도 비슷한 유형의 사건들이 발생할 때마다 흔히 듣게 되는 얘기들이다. 그런데 이와는 좀 다른 관점에서 사건을 보고자 하는 시도가 있다. 1월 5일자 ≪월 스트리트 저널*The Wall Street Journal*≫에 글을 기고한 루파 수브라마냐Rupa Subramanya는 경제학 개념인 '보상incentive'과 진화생물학의 이타적 행동을 통해 인도인들의 방관자적 태도를 설명하고자 한다. 그의 얘기를 들어보자.

> 생물학의 관점에서, 인간 사회에서든 동물의 왕국에서든 이타주의란 부서지기 쉬운 개념이다. 인간 존재에 잠재된 이타적 경향은 무엇이든 그와 동등하게 강력한 자기 보존의 인간 본능과 대립한다. 더 구체적으로 말하자면, 이타적 충동에 이끌린 어느 '구원자'라도 자신이 앞으로 치러야 할 '비용' 대비 어려움에 부닥친 누군가를 돕는 데 이득을 재볼 것이다.[1]

글쓴이는 여기서 스스로 인식하지 못하나, 자기모순을 범하고 있다.

그가 사회 문화적 관점이 아닌 진화생물학적 관점에서, 이기심과 동등하게 인간의 잠재적 본능으로 보는 이타심은 그렇지만 그가 생각하는 것처럼 이기심과 동등한 지위에 오지 않는다. 그의 맨 마지막 문장은 이타심과 이기심을 동등하게 보는 그의 처음 견해를 부정한다. 왜냐하면, 만일 그가 말한 바대로 남을 돕고자 하는 '이타적 충동'에도 자신이 치러야 할 비용이 너무 크다고 판단될 때, 이를 행동으로 옮길 수 없다면 적어도 자신의 이익에 반하지 않는 한에서, 오직 개인은 자신의 이타심을 실천으로 옮길 수 있을 뿐이라고 말해야 하는 까닭이다. 다른 말로 하면, 이기심과 이타심이 충돌할 때, 이타심은 이기심을 넘어서지 못한다. 이타심과 이기심이 서로 같은 힘으로 맞서기는커녕, 이기심의 우위를 우리는 여기서 확인할 뿐이다. 그런데 이기심의 우위는 단지 '적어도 자신의 이익에 반하지 않는 한에서'와 같은 소극적 표현으로 나타나지 않는다. 그보다 더하여, 곧 자신의 이익에 반하지 않을뿐더러, 자신의 이익에 따라, 그리고 그러하였을 때만, 개인은 자신의 이타심을 정당화할 수 있으며 그를 행위로 옮길 수 있다고 말해야 하겠기에 그러하다. 글쓴이는 그가 끌어들이는 '보상' 개념에 관해 이 글에서 정확히 밝히지 않지만, 아마도 사회적 인정이 이에 해당하지 않을까 싶다. 결국, 내가 남을 돕고자 하는 데는 사회적 보상 심리가 작용한다고 볼 수 있을 것이다. 그리고 그러한 심리가 이기심에 이바지함은 잘 알려진 사실이다. 만일 이타심에 손을 들어주는 것도, 반대로 이타심에 제지를 가하는 것도 이기심이라면, 이기심과 이타심을 서로 대립하는 두 마음으로 보기보다는, 지젝이 주목하듯, 이타심을 이기심의 연장으로 보는 것이 더 맞지 않을까? 지젝은 이기적인 관점을 바탕으로 이타적인 규범을 도출해 내는 일이 얼마든지 가능하며, 이타주의는 이기주의적인 자기애의 진짜 반대말이 아니라고 말한다.[2] 지젝이 생각하듯, 이타심은 이기심과 그 태생을 달리하는, 그와 상반된 마음이 아닌, 이기심에서 파생하고 이기심에 바탕을 둔, 그 확장된 모습이 아닐까? 그렇지만 이러한 지젝의 생각에는 문제가 있다. 이타심은 또한 이기심을 제지하고, 이기심에 반하여 행동하게 하는 원동력이 되지 않는가? 다른 사람을 향한 폭력 행위를 순수하게 이기적인 행위로 규정할 수 있다면, 그 행위 앞에서 우리를 주춤하게 하는 강한 동인이 되는 것이 이타심이지 아닐까? 인도에서 일어난 버스 성폭행 사건에서나, 성폭행과 구타를 당한 뒤 버려진 두 연인한테 보인 행인들의 무관심한 태도에서 마비된 것은 또한 이기주의적인 자기애를 넘어선 이타심이지 아닐까?

루파 수브라마냐의 글로 되돌아와 보자. 이타적 충동에 이끌린 어느 '구원자'라도 자신이 앞으로 치러야 할 '비용' 대비 어려움에 부닥친 누군가를 돕는 데 이득을 재본다고 했을 때, 여기서 그가 말하는 '비용'이란 '경제비용'이 아닌 '시간비용'이다. 사건에 휘말린 사람이 경찰서나 사법 당국에 출석해서 진술하고 조사를 받으면서 보낼 물리적 시간이 이에 해당한다. 결국, 사람들은 다른 사람을 도왔을 때, 자신한테 올—물리적 또는 정신적—불이익 때문에, 그를 위험에 내버려 둔다는 결론에 이르게 된다. 생업에 얽매인 가난한 인도인들이 경찰서나 사법 당국을 오가며 소비하게 될 숱한 시간은 그들의 생업을 위협하기에 충분할지도 모른다. 게다가 섣불리 인명을 구조하려다 언제 끝날지 알 수 없는 민·형사상의 소송에 휩싸일지도 모르는 일이다. 이에 글쓴이는 유럽에서 시행하고 있는 '선한 사마리아인 법Good Samaritan Law'을 인도에서도 제정해야 한다고 주장한다. 선한 사마리아인 법은 자기 또는 제3자를 위험에 빠트리지 않으면서 위험에 처한 다른 사람을 구조할 수 있음에도 구조하지 않은 자를 처벌토록 함으로써 '구조의 의무'를 명시함과 함께, 구조하는 과정에서 일어날 수 있는 실수들에 대해 고의 또는 중과실이 아닌 한 민·형사상 책임을 묻지 않는 법률상 면책을 기재함으로써, 구조한 사람을 법적으로 보호하고자 하는 취지에서 만들어진 법이다. 그 취지의 선함에도, 선한 사마리아인 법은 선행을 강제한다는 점에서 이미 선한 사마리아인의 선행과는 거리가 멀다고 할 수 있겠다.

선한 사마리아인 법은 그 이름이 암시하듯 ≪신약성서≫에 나오는 사마리아인의 얘기에 그 유래를 둔다. ≪신약성서≫, 〈누가복음〉 10장에는 강도를 만나 거의 죽어가는 이를 보살펴 준 선한 사마리아인의 얘기가 나오는데, 이는 "누가 내 이웃입니까?"라는 물음과 관계한다. 율법에 이르되, "네 이웃을 너 자신같이 사랑하라." 하였으니, 예수는 이처럼 하면 살리라고 하였다. 그러나 묻건대, "누가 내 이웃입니까?" 예수는 이에 강도를 만나 옷가지를 빼앗기고 흠씬 맞아 다 죽어가는 이를 보고도 다른 쪽으로 가버린 제사장과 레위인의 얘기를 들려주고, 여행 중에 그 옆에 이르러 그를 보고 가엾이 여겨서 그를 치료해 주고 돌보아 준 사마리아인의 얘기를 들려준 뒤, 이들 가운데 누가 그의 이웃인지를 묻는다. 이들 가운데 자비를 베푼 자이니, 예수는 가서 이처럼 하라고 한다. 여기서 우리는 위험에 처한 이를 보고도 아무것도 하지 않고 지켜만 보거나, 다른 길로 피해 지나가는 이는 선한 사마리아인도 악한 사마리아인도 아닌, 단순히 '이웃이 아닌 자'라고 생각해 볼 수 있을 것이다. 그런데 성경을 따르면, 타인을 돕는 데 자신이 앞으로 치러야 할 비용 대비 이득을 재보는 자 또한 '이웃'이라 할 수 없을 것이다. 누가 내 이웃인지 예수는 이를 비유를 통해 나타내 보여주었다면, 이를 개념화하고, 좀 더 뚜렷하게 드러내는 것은 우리의 몫일 것이다. 누가 내 이웃입니까? 이에 더 나아가 물어야 할 것은 그 누구를 누구로 만드는 '그것'에 관해서이다. 무엇이 선한 사마리아인을 '이웃'이게 하는가? 무엇이 내 이웃을 '이웃'이게 하는가? 이웃의 본질에 관해서 물어야 한다.

누가 내 이웃입니까?

이 질문과 관련해서 가장 좋은 예가 어린아이를 돌보는 어머니의 예일 것이다. 그리고 프로이트가 '이웃Nebenmensch'이라는 용어를 꺼내 오는 것도 바로 이러한 예에서이다. 어린아이의 울음을 들은 어머니는 자신이 앞으로 치러야 할 비용 대비 이득을 따짐 없이, 울음을 듣자마자 바로 아이에게 달려간다. 무엇이 그를 이러한 행동으로 이끄는가? 진화 생물학적인 관점에서, 우리 존재 어딘가에 각인되었을 이타적 충동이 아니다. 진화 생물학자는 그 어딘가를 아마도 DNA라 할 것이다. 곧, 유전적으로 각인되었을 이타적 충동이나 본능이 아니다.[3] 어머니는 아이가 불편해하거나 고통스러워하면 이를 곧 알아차린다. 그리고 아이한테 곧장 달려간다. 아직 미성숙한 아이는 스스로 자기 자신을 도울 수 없다. 프로이트는 아이의 이러한 상태를 'Hiflosigkeit'라 하였다. 그리고 아이가 자기 자신을 도울 수 없는, 그러한 근원적 상태Hiflosigkeit; détresse를 '모든 도덕적 동기의 원천'이라고 하였다.[4] 어머니를 아이에게 지체 없이 이끈 것은 다른 것이 아니다. 고통에 관한 이해와 자기 자신을 도울 수 없는 아이의 근원적 상태, Hiflosigkeit이다. 여기서 고통에 관한 이해는 물론 아무것도 매개로 하지 않는 직접적이고 근원적인 이해이다. 앞서, 강도를 만나 거의 죽어가는 이에게 선한 사마리아인을 이끈 것은 연민pity이었다. 연민의 감정은 고통에 관한 이해에 근거한다. 그러한 이해를 선행하거나 동반함 없이, 어떤 연민도 동정도 자비도 있을 수 없을 것이다. 다른 한편으로, 극심한 고통 속에서는 아무도 스스로 자기 자신을 도울 수 없다. 극심한 고통은 스스로 자기 자신을 도울 수 없는 근원적 상태를 가리킨다. 다른 사람의 고통에 귀 기울이여, 도움을 주는 이는 그렇게 하는 것이 그에게 이로운지 해로운지를 따지지 않는다.

그에 앞서, 모든 생각에 앞서, 그는 바로 행한다. 그가 바로 행할 수 있었던 것은 다른 아무것도 아닌 오직 연민에 바탕을 둔 까닭이며, 견딜 수 없을 정도로 깊은 고통 속에서 자기 자신을 도울 수 없었던 자와 달리, 그 자신 도울 수 있었던 까닭이다.

제사장과 레위인 또한 도울 수 있었으나, 돕지 못했다. 그들은 선한 사마리아인과 달리 아마도 자신이 앞으로 치러야 할 비용 대비 이득을 따졌기 때문이요, 더 근본적으로는 연민에, 근원적 고통에 관한 이해에 바탕을 두지 않았던 까닭이다. 여기서 근원적 고통에 관한 이해는 다른 것이 아님을 짐작해야 한다. 그것은 곧 스스로 자기 자신을 도울 수 없는 근원적 상태에 관한 이해이며, 우리는 그 상태가 무엇을 뜻하는지 배워서 알거나 생각해서 알지 않고 바로 안다. 우리는 모두 그 상태 속에 있었던 까닭이다. 그것은 타인의 삶이기에 앞서 내 삶이었고, 타인과 내가 공통으로 나눠 갖는 것이다. 타인과 내가 공통으로 나눠 갖는 그것이 곧 나와 그 사이에 진정한 의미에서 '이해'를 있게 하는 것이며, 교감이나 공감, 더 나아가 동일시('함께-느낌'으로서 같아지기)[5]를 있게 하는 것이다.

이제 나는 한발 더 이웃 개념에 다가간 거 같다. 이웃은 그것이 아닐까? 같은 것을 나눠 갖는 이가 아닐까? 그렇다면, 생각이나 이념을 공유하는 자는 내 이웃인가? 그리고 그렇지 않은 자는 내 이웃이 아닌가? 마찬가지로, 종교나 문화를 공유하는 자는 내 이웃이고, 그렇지 않은 자는 내 이웃이 아닌가? 느낌이나 정서를 공유하는 자는 내 이웃이고, 그렇지 않은 자는 내 이웃이 아닌가? 이는 성경에서 뜻하는 바로서 이웃도, 내가 찾는 근원적 · 철학적 의미에서 이웃도 아닐 것이다. 선한 사마리아인은 그러한 것과 상관없이 스스로 도울 수 없는 자를 도왔으며, 나는 그러한 것에 앞서, 그러한 것을 뛰어넘어, 근원적 의미에서 존재하는 이웃을 그 본질적 의미에서 찾는다. 만일 같은 것을 나눠 갖는 이를 이웃이라 했을 때,

그 같은 것이 무엇인지, 그 내용을 분명하게 하여야 한다.

독일어에서 Nebenmensch는 '이웃'을 가리키는 복음서의 용어와 일치한다. Nebenmensch는 '~곁에', '~옆에', '~와 나란히'를 뜻하는 Neben과 '사람'을 뜻하는 Mensch를 합한 말이다. Nebenmensch는 말 그대로 '옆에', 또는 '곁에', 또는 '나란히 있는 사람'이다. 내 옆에 또는 내 곁에 또는 나와 나란히 있는 사람이 곧 내 이웃이다. 그러나 모니크 슈나이더와 달리, 나는 이웃 개념에서 '공간적 함축'이 중요하다고 생각하지 않는다. 모니크 슈나이더는 〈과학적 심리학 초고〉에서 나타나는 프로이트의 이웃Nebenmensch[6] 개념을 분석하면서 다음처럼 적는다.

> [프로이트의 Nebenmensch] 분석에서 공간적 함축은 본질적이다. 거기에는 아이와 바로 근접한 곳에 자리한 사람, 곧 목소리가 닿을 수 있는 거리에 있으면서 아이의 울음에 가장 먼저 반응하리라고 생각되는 사람이 관계한다. 울음을 듣고 도움을 주는 이를 Nebenmensch로 놓았다.[7]

물론 내 울음을 들을 수 없는 곳에 자리한 사람이 내게 도움을 줄 수는 없을 것이다. 내 고통에 귀 기울이고 도움을 주려면 먼저 공간적으로 어느 정도는 가까이 있어야 한다. 그러나 그렇다고 공간적으로 가까이 있기에 내 이웃이 내 이웃으로 되는 것은 아니다. 공간적 의미에서, 얼마나 많은 이웃이 나의 불행에 무관심한가? 인도 버스 성폭행 사건에서 문제가 된 이웃이 또한 바로 그러한 이웃이다. 공간적 의미에서 이해한 이웃이다. 그런데 그들은 타인의 불행을 보고도 모른 척 지나쳤다. 그들은 또한 나의 불행을 보고도 멀리 피해 갈 것이다. 그럼에도 아직 내 이웃인가? 단지 공간적으로 가까이 있다는 이유만으로, 가까이 있는 이인가? 공간적 거리는 내 이웃을 내 이웃으로, '가까이 있는 이'로 만들지 못한다. 불어에서 'Prochain'은 복음서에서 말하는 '이웃'을 가리킨다. 말 그대로 '가까이 있는 이'이다. 이웃 개념에 담긴 '옆에', '곁에', '나란히', '가까이'와 같은 용어가 함축하는 것은 내가 생각하기에 공간적 거리가 아니다. 모니크 슈나이더가 생각하는 것과 정반대로, 공간적 거리는 이웃 개념에서 비본질적이다. 프로이트 글에서 Nebenmensch가 나오는 대목을 보자.

> 지각이 주는 대상이 주체와 닮았다고, 이웃ein Nebenmensch이라고 가정하자. 그것이 불러일으키는 이론적 관심은 그것이 최초의 만족 대상을 구성할 뿐 아니라, 그와 함께 게다가, 도움을 줄 수 있는 유일한 힘이면서, 최초의 적대 대상을 구성한 '그러한' 대상이라는 사실로 설명된다. 이 이웃 곁에서, 존재는 결과적으로 앎을 배운다. 그 상황에서, 이웃에서 나오는 지각의 복합체는 일부 새롭고 비교할 수 없다. 대략 시각 영역과 관련해서는 그의 '특징들'을 예로 들 수 있을 것이다. 하지만 다른 시각적 지각들, 예를 들어 손의 움직임은 주체한테 그 자신의 시각적 인상들을, 곧 그 자신의 몸에서 나오는 인상들을, 그 인상들이 완벽히 닮은 것을 지닌다는 점에서 상기시킨다. 그 인상들과 함께 그가 겪은 움직임에 관한 기억은 결부되어 있다. 대상의 다른 지각에서도 마찬가지이다. 예를 들어 그가 소리 지를 때, 그 소리는 주체한테 그 자신의 소리와 그 자신의 고통스러운 경험에 관한 기억을 깨운다. 이처럼 이웃의 복합체는 두 요소로 나뉜다. 한결같은 구조로 특징지어지는 하나는 '사물'로서, 일관된 전체로 남는다. 반면에, 다른 하나는 기억 덕분에 '이해'될 수 있다. 다시 말해 고유한 몸에서 나오는 전언에 연결한다. 지각 복합체와 관련된 이러한 나눔을 우리는 '식별한다erkennen; reconnaître'고 말한다. 그것은 '판단Urteil; jugement'을 포함하며 마지막에 이르게 되는 판단에 그 목적을 둔다.[8]

프로이트 글에서 Nebenmensch는 '주체와 닮은semblable au sujet'이다. 이 말에 나는 잠시 멈추어야 할 것이다. 라캉이 '거울 단계stade du miroir'를 발표한 뒤로, — 라캉을 읽은 — 많은 이가 여기서 '상상적 자아moi imaginaire'를 떠올릴 것이다. 그러나 나와 닮은 이는 라캉이 생각하듯 나와 닮은 모습을 지닌 자가 아니다. 겉으로 드러난 외면적 현실로서 닮은 이가 아니다. 거울에 비친 (또 다른) 나가 아니다. 프로이트의 이웃은 주체의 '바깥 모습'과 닮은 이가 아닌 '주체 그 자신'과 닮은 이이며, 이런 의미에서 '타자autrui, autre'이다.

타자는 나와 '다른' 주체이기에 앞서, 나와 다른 '주체'이다. 타자를 내게 다른 무엇 — 책상이나 의자와 같은 세계의 사물 — 이 아닌 타자 — 살아 있는 주체 — 이게 해 주는 것은 '같음'이다. 책상은 예를 들자면, 나와 다르지만 타자가 될 수 없다. 타자를 다른 사물과 구별하게 해 주고, 그를 그것 — 타자 — 이게 해 주는 것은 그도 나와 같은 주체라는 사실에 관한 인식이다. 손의 움직임에서, 나는 무엇보다도 먼저 그 안에서 움직이고 느끼는 주체이다. 외적 움직임(밖에서 본 움직임)은 내적 움직임(안에서 느낀 움직임)을 끊임없이 복제하고 이중화한다. 시각적 인상은 이와 같이 이중화된 구조로 되어 있으며, 그렇기에 그리고 오직 그러할 때에만 '내 자신의' 인상이다. 이와 달리, 타자에 관한 시각적 인상은 내적 움직임을 동반하지 않는다. 그럼에도 그것은 내 움직임과 '완벽히 닮은 무엇'을 지닌다. 내가 움직이는 것과 같은 방식으로 그것은 움직이며, 내가 느끼는 것과 같은 방식으로 그것은 느낀다. 내 움직임 안에 내가 살듯, 그 움직임 안에는 나 아닌 다른 주체가 산다. 나와 같은 자격에서 주체라고 말할 수 있는 이가 거기 산다. 같은 방식으로 움직이고 느끼지만, 그 움직임과 느낌은 서로 섞이지 않는다. 내 안의 움직임과 느낌이 온전히 내 것이듯, 그 안의 움직임과 느낌은 온전히 그의 것으로 남는다. 마찬가지로,

내가 내 안에서 고통을 느끼는 것과 같은 방식으로, 타자도 그 안에서 고통을 느낀다. 같은 고통이지만, 나는 타자의 고통을 내 안에서 느끼지 못하며, 타자 또한 나의 고통을 그 안에서 느끼지 못한다. 같은 삶으로 묶였으면서도, 그와 나는 서로 나뉘고 구별되는, 온전한 개체이다.[9] 타자는 이처럼 나와 '다른' 삶이지만, 나와 다른 '삶'이다. 그렇기에 그와 나 사이에 '이해'가 가능하며, 타자를 아는 일은 아주 새로운 앎이 아닌, 되아는 일re-connaître이다. 거기서 아주 새로운 것, 곧 나와 비교할 수 없는 것은 그의 '외면적' 그리고 '우연적' 특징들이다. 예를 들어, 얼굴의 선이나 머리의 생김 따위이다. 그러한 외면적 · 우연적 특징들은 사실 타자에게서뿐 아니라, 나한테서 발견될 때 또한 내가 내 안에서 느껴 알던 것과는 매우 다르고 새로운 것이라는 점에서 또한 '새롭고 비교할 수 없는' 것이다. 그리고 내가 내 삶으로부터, 내 안의 느낌과 인상으로부터, 타자를 타자로 '되 아는' 것과 마찬가지로, 내가 내 몸을 다른 몸이 아닌 내 몸으로 아는 일은 내 삶으로부터, 내 안의 느낌과 인상으로부터, '되아는' 일이다. 내 몸은 그것을 끊임없이 복제하고 이중화한다. 그 몸은 '내' 몸이며, 또한 새롭고 비교할 수 없는 몸이다. 타자(타자의 몸)에 관한 인식(되앎)과 나(내 몸)에 관한 인식(되앎)에서 다른 게 있다면, 첫 번째 인식은 간접적으로 일어나는 반면에, 두 번째 인식은 직접적으로 일어난다는 점이다. 내 몸이나 타자의 몸은 모두 현존présentation하지 않고, 재현존représentation한다. 내면적 삶과 우연적 · 외면적 특징들로 된 — 초월적 또는 객체적 — 몸에 관한 지각의 이중성은 타자의 몸에 관한 지각만이 아니라, 또한, 그리고 그보다 앞서, 내 몸에 관한 지각을 특징짓는다.

프로이트의 정의를 따르면, 결국 Nebenmensch는 무엇보다도 먼저 나와 닮은 이, 나와 같은 주체이다. 그런데 여기서 이웃은 아직 타자이다. 타자를 나아가 이웃으로 만드는 것은 무엇인가? 타자의 신음을 듣고 그 신음이 뜻하는 것을 이해하는 일은 우리가 머리로 무언가를 이해하는 일과는 다르다. 고통에서 일어나는 그 신음은 마치 보이지 않는 경로를 타고 내게 전이되듯 내게로 옮겨온다. 타자의 고통은 어느덧 내 고통이 되고, 타자와 더불어 나 또한 그처럼 아파져 오기 시작한다. 나와 타자 사이를 막고 선, 그와 나를 온전한 개체로 하고, 그와 나를 가르던 벽을 허물고, 그와 내가 더는 나뉘지 않는, 그의 고통인지 나의 고통인지 더는 분간할 수 없는, 마법 같은 일이 일어나는 때가 바로 그때이다. 그와 내가 독립되고 개별적인 주체에서 이웃으로 되는 때가 바로 그때이다. 그와 내가 같은 것을 나눠 갖는 때이며, 함께-느낌pathos-avec으로서 같아지기, 동일시가 일어나는 때이다. 이때 그와 내가 나눠 갖는 것은 다른 것이 아니다. 그 안에서, 내 안에서, 자신을 느끼기를 멈추지 않는, 자신을 느끼는 속에서 고통으로도, 기쁨으로도, 슬픔으로도 되는, 삶 바로 그것이다.

Nebenmensch는 결국 같은 삶을 나와 나눠 갖는 이이다. 그와 내가 같은 삶 — 고통이나 기쁨 따위 — 를 나눠 가질 수 있는 건 그와 내가 근원에서 같은 삶으로 묶인 까닭이다. 근원에서, 그 삶은 촉발성affectivité을, 파토스pathos를 본질로 하고, 내재성immanence을 또한 본질로 한다. 모든 주체는 이 내재적 삶 안에서만 주체일 수 있다. 자신의 촉발 속에서, 다시 말해 느끼는 일에서, 그것은 고통으로 또는 기쁨으로 또는 슬픔으로 또는 다른 무엇으로 된다. 근원에서, 또는 본질에서, 같은 삶이기에, 한 삶은 결코 다른 삶에 무관할 수가 없다. 보이지 않는 끈으로 묶여 있듯, 한 삶의 생성devenir은 다른 삶의 생성에 영향을 미친다. 나와 다른 이가 서로 동화同化될 수 있는 것은 다시 말해 내가 그와 동일시할 수 있는 것은 내 안의 삶과 그 안의 삶이 근원에서 다시 말해 본질에서 같은 까닭이요, 하나가 예를 들어 고통으로 현실화effectuation할 때, 다른 하나도 그와 같은 때에 고통으로 현실화하는 까닭이다.

이제 나는 Nebenmensch가 함축하는 'neben'이 뜻하는 바가 무엇인지를 명확히 할 수 있을 거 같다. 나와 같은 삶을 나눠 갖는 자가 이웃이라면, 이웃의 자리는 세계의 공간 속이 아니라, 그와 내가 공통으로 갖는, 근원적 또는 본질적 의미에서 삶 속에 있다. 오직 거기서, 그는 내 곁에 또는 내 옆에 또는 나와 나란히 또는 나와 가까이 있으며, 있을 수 있다. 다시 말해, 이웃 개념에서 근접성은 공간적 거리가 아닌, 근원적 또는 본질적 거리를 나타낸다. 근원에서, 다시 말해 본질에서, 그와 나는 동등한 자리에서 어깨를 마주하고, 서로 근접한다. 그와 나의 근접성은 삶으로부터 온다. 세계는 그와 나를 가까이 놓지 못한다. 한 배에서 태어난 형제가 그러하듯, 그와 나를 묶고 근접하게 하는 것은 그와 나를 있게 하고, 그와 내가 나눠 갖는 근원적 또는 본질적 삶이다. 이웃은 오직 거기, 삶 속에 있으며, 그 밖에서 결코 만날 수 없다. 근원에서 다시 말해 본질에서 나와 닮고, 근원적 또는 본질적 삶에서 나와 가까이 있는 이가 바로 Nebenmensch이다.

이웃의 본질을 밝힌 지금, 나는 이제 내 이웃을 나 자신같이 사랑할 수 있을까? 이 격언 또는 계율을 이기주의적인 자기애를 넘어선 이타주의로 나는 제시할 수 있을까?

네 이웃을 너 자신같이 사랑하라

≪문명 속 불안≫ V장에서, 프로이트는 의아해한다. 어떻게 내 이웃을 나 자신같이

사랑하는 일이 있을 수 있는지 그는 되묻는다. 이 계율 앞에서 그는 한 발짝도 나아가지 못한다.[10] 그가 생각하기에, 이 계율은 매우 이상해서 이미 익숙한 그것을 처음으로 듣는다고 상상할 때 그저 놀라움을 금치 못할 것이라고 말한다. 왜냐하면, 그의 사랑은 무척 소중해서 아무에게나 함부로 나눠 줄 수 없는 까닭이라고 그는 덧붙인다. 그런데 이는 나르시시즘의 표현이다. 나르시시즘은 말한다, "나는 나만을 사랑해." 그리고 만일 나 밖에 다른 누군가를 사랑해야 한다면, 그 사람은 내 사랑을 받을 자격이 있는 사람이어야 한다고 프로이트는 얘기한다. 이때 자격의 기준이 되는 것이 또한 나르시시즘이다. 나르시시즘은 여기서 세 가지 상황으로 나타난다. 첫째, 나와 너무나 흡사하여 타자 안에서 나 자신을 사랑할 때. 둘째, 흠잡을 데 없이 완벽해서 타자 안에서 나 자신의 이상을 사랑할 때. 셋째, 친구의 아들이 잘못되었을 때, 친구와 고통을 나눠 가져야 하므로, 친구의 아들을 사랑해야 할 때. 이 세 가지 상황은 모두 하나로 귀결된다. 곧, 나르시시즘으로. 다시 말해, "나는 나만을 사랑해." 프로이트는 이 세 가지 상황에 들어가지 않는, 그가 전혀 알지 못하는 누군가를 그저 나와 같은 땅 위에 살고 있다는 이유에서 그 자신처럼 사랑하는 일은 결코 일어날 수 없다고 말한다.

내 이웃을 나 자신같이 사랑하는 데 장애가 되는 것이 나르시시즘이라면, 이타주의를 실현하기 위해서 내가 넘어서야 할 것은 결국 나르시시즘인가? 아니면, 나르시시즘은 프로이트가 생각하듯 넘어설 수 없는 걸까? 그런데 프로이트는 이타주의를 실현할 수 없는, 나르시시즘보다 더 중요한 이유가 있다고 말한다. 이웃은 단지 내게 무관심한 존재가 아니라, 어쥙하고는 거리가 먼 모질대로 모진, 태생에서부터 잔인하고 공격적인 존재라는 것이다. "인간한테 이웃은 단지 가능한 보조자이자 성적 대상일 뿐 아니라, 유혹의 대상이다. 인간은 그의 이웃을 대가로 그의 공격적 필요를 충족하고자 하고, 이웃의 노동을 보상 없이 착취하고자 하고, 이웃의 동의 없이 그를 성적으로 이용하고자 하고, 이웃의 재산을 가로채고자 하고, 이웃을 모멸하고자 하고, 이웃한테 고통을 주고자 하고, 이웃을 박해하고자 하고, 이웃을 죽이고자 한다."[11] 이런 이웃을 나 자신같이 사랑하는 일은 단지 나 자신의 이익에 반할 뿐 아니라, 이웃의 이익을 위해, 그의 공격 욕구 충족에 이롭도록, 나 자신을 희생하는 일이 될 것이다. 상황이 이러하다면, 이웃을 나 자신같이 사랑하는 일은 불합리할 뿐 아니라, 사리에 맞지 않는 일이 될 것이다.

그런데 프로이트는 여기서 이웃을 잘못 이해하고 있지는 않은가? 자신의 공격 욕구를 없애고자 남의 아픔이나 고통을 배려함 없이 남을 해하는 이는 더는 내 이웃도, 누구의 이웃도 될 수 없다. 조금의 거리낌이나 반성하는 사유로 말미암은 죄책감 없이, 남을 해하는 일을 일삼는 이러한 자는 같은 삶을 나눠 갖기는커녕, 주체적 내재적 삶을 한갓 '그것'으로 환원한다. 그의 이로움을 위해서만 오직 쓸모 있는 '그것'은 더는 그한테 삶도 주체도 되지 못한다. 그자한테 그것은 책상이 그러하듯 죽은 사물에 지나지 않으며, 그자는 그것을 그가 하고 싶은 방식대로, 그가 하고 싶은 것을, 그가 하고 싶을 때 언제나 할 수 있는 '그것'으로 끊임없이 대상화한다. 이러한 자가 이웃이라면 '누가 내 이웃입니까?' 묻지 않았을 것이요, 이웃인 자와 이웃 아닌 자를 나누지 않았을 것이다. 인도 버스 집단 성폭행범들한테 그들의 희생자는 이웃이 아닌 '그것'에 지나지 않으며, 그들의 행위는 삶을 능멸하고 깎아내렸다는 데서 심각한 '모독죄'[12]에 해당할 것이다.

이웃 되는 자는 자신의 공격성이나 폭력성을 남한테 함부로 드러내지 못한다. 이웃을 때리느니, 차라리 애매한 사물을 부술 것이요, 그러지도 못한다면, 좀 더 드문 때에, 차라리 자신의 뺨을 칠 것이다. 만일 맹목적인 공격성에 사로잡혀 그의 이웃을 쳤을 때도, 곧 뉘우치고 아파하는 자가 이웃일 것이다. 공격성이나 폭력성은 이처럼 그의 이웃 앞에서 더 나아가지 못하고—나르시시즘의 관점에서는 이를 설명할 수 없다—안으로 굽는다.[13] 여기서 공격적 감정은 다른 감정으로 바뀌어야 한다. 그렇지 못했을 때, 계속되는 자신의 공격성에, 이를 달리 해결하지 못하고, 개인은 자기 자신을 학대하게 될 것이다. 그러나 어떤 이유로, 공격적 감정이 변화하지 못하고 지속해서 나타나는 때가 아니라면, 공격적 감정은 어느 순간 또는 반복해서 일어났다가도 다른 감정으로 차차 바뀌기 마련이다. 자신의 광분을 못내 참지 못하고 폭력으로 이를 표출하려는 자라도 이러한 그의 모습에 놀라워하거나 두려워하는 그의 이웃을 보고는 이내 자신의 감정을 누그러트리기 마련이다. 이때 공격성을 낳은 분노나 증오심은 다른 감정, 예를 들어 슬픔이나 회한으로 바뀐다.

이웃을 나 자신같이 사랑하는 일은 이러한 일이 될 것이다. 그것은 나르시시즘을 곧 이기주의적인 자기애를 넘어선다. 이기주의적인 자기애보다 더 근원적으로 일어나는 까닭이다. 그보다 앞서, 그 모든 득실을 따지기에 앞서, 자발적으로 일어나 즉각적으로 행동하게 하는 그 마음은 어려움에 부닥친 사람을 돕거나, 남을 함부로 어려움에 빠트리지 못하게 한다. 여기서 이웃을 '나 자신같이' 사랑하는 일이 어떤 것인지를 분명히 해야겠다. 나 자신같이 사랑한다 함은 '내가 나를 사랑하듯'이 아니다. 아주 제한된 상황이 아니고는, 내가 나를 사랑하듯 남을 사랑하기는 쉽지 않다. 나는 나이고 남은 남이지 않은가. 나와 남이 같을 수는 없다. 내가 나를 소중히 하고 사랑하는 데는 뚜렷하고 직접적인 이유가 있지만, 나와 분리할 수 없고 내가 직접 겪는 '내' 살이고 '내' 삶인 까닭이지만, 내가 전혀 직접 느끼지 못하고 따라서 알 수도 없는 남은 그렇지 않다. 남은 그야말로 나와 '무관한' 삶이다.

아주 제한된 상황에서도, 사실 엄밀히 말해, 내가 나를 사랑하듯 남을 사랑하는 일은 일어나지 않는다. 거기서도 내가 사랑하는 것은 결국 나 자신이겠기에. 프로이트의 항변은 여기서 그 모든 힘을 얻는다.

그렇다면 어떻게 하는 것이 '나 자신같이' 사랑하는 일인가? '나 자신같이'에서 '나 자신'은 나와 남이 구분되기에 앞서, 다른 모든 것과 차별되는 온전한 나이기에 앞서, 나 자신이다. 나를 나 자신이게 하고 타자를 그 자신이게 하는, 나와 그를 모두 자기 자신이게 하는, 나와 그가 서로 구분되지 않는, '같은 바탕'에서 나 자신이다. 그 바탕은 삶의 바탕이다. 거기서 타자 경험은 가능해진다. 거기가 아닌 다른 곳, 세계에서는 타자를 경험할 수 없다. 세계에서 우리가 만나게 되는 타자는 실제 존재로서 타자가 아닌, 표상된 또는 재현존하는représenté 것으로서 타자이다. 만일, 프로이트가 생각한 대로, 내가 받은 인상으로부터, 내 안의 삶으로부터, 타자를 구성하는 것이라면, 그처럼 구성된 것이 타자라면, 그리하여 그 밖에 실제 타자가 어떻게 있는지 전혀 알 길이 없다면, 타자를 존재한다고 말할 수 있을까? 타자 존재를 증명할 수 없다면, 그 존재를 부정하는 것이 마땅하지 않을까? 그렇지만 나한테 타자 존재는 너무나 실제의 성격을 띠기에, 그 존재를 나는 잘못된 믿음이나 허상인 것처럼 부정할 수가 없다. 단지 순진한 믿음이 아니라면, 어디서 어떻게 나는 타자를 경험하는가? 왜냐하면, 그 경험에 타자의 실제 존재는 바탕을 두어야 하는 까닭이다. 그 경험에서 타자의 실제성은 와야 하는 까닭이다. 프랑스 현상학자 미셸 앙리Michel Henry(1922~2002)는 세계 속에서가 아닌, 삶 속에서, 모든 이는 저마다 타자를 경험한다고 말한다. 그리고 그렇기에, 다시 말해 세계 속에서 그러하기에 앞서, 삶 속에서 타자와 관계하기에, 세계 속에서 만나는 타자가 실제 존재일 수 있는 것이다. 어떻게 세계 속에서 그러하기에 앞서, 삶 속에서 타자와 관계하는지, 앙리는 이에 대답한다.

> 어떻게, 타자 경험에 관해 여기서 한마디 해야 한다면, 공동체 성원들은 모두 세계 속에서 그러하기에 앞서, 삶 속에서 타자와 관계하는가? 모든 생각을 피해 가기에, 가까스로 생각할 수 있는 이 최초의 경험에서, 살아 있는 자는 타자가 그렇지 않은 것처럼 그 자신에 대해서 있지 않다. 주체도, 지평도, 의미도, 대상도 없이, 그는 순수 느낌pure épreuve일 뿐이다. 그가 느끼는 것은 똑같이 그 자신이요, 삶의 바탕le Fond de la vie이요, 이 바탕인 것으로서 타자이다. 그는 결국 타자가 바탕에 대해 하는 자신의 느낌으로서, 타자를 바탕에서 느끼지, 그 자신 속에서가 아니다. 그 느낌은 자아가 그 안에 바탕을 지닌 것처럼, 그 안에 바탕을 지닌 타자이다. 하지만 그것을 자아도 타자도 자신한테 표상하지 않는다. 왜 그들이 둘 다 잠긴 곳이 같음(le Même)인가 하는 것이다. 공동체는 땅속의 감정 층(une nappe affective souterraine)이다. 그리고 모두 거기서는 그 자신인 원천이자 우물에서, 같은 물을 마신다. 하지만 그것을 앎 없이, 그 자신에서, 타자에서, 바탕에서, 자신을 구분함 없이.[14]

내 이웃을 나 자신같이 사랑하는 일은 결국 그와 나를 똑같이 있게 하고, 그와 나를 서로 이웃하게 한 삶을 사랑하는 일이 될 것이다. 삶의 바탕에서 그와 나는 서로 나뉘지 않고 차별되지 않는다. 그와 내가 ― 주체로서 ― 닮는 것은 그러한 바탕에서이다. 같은 삶에서 나오고, 같은 삶으로 묶인 까닭이다. 그리고 여전히 그와 나는 같은 삶에 몸을 담그고 있으며, 거기에 흠뻑 젖어 있다. 근원에서 같은 삶이기에, 같은 삶을 나눠 갖는 일 또한 있을 수 있다. 그 삶의 바탕을 이루는 것이 '촉발affection', 곧 일어남이다. 여기서 일어남은 일어나는 것ce qui affecte과 일어난 것ce qui est affecté을 모두 가리킨다. 무엇이 일어났는가? 느껴 일어났으니, 느낀 바 '감정affection'이다. 촉발, 감정, 느낌은 여기서 모두 같은 말이다. 그것은 또한 파토스pathos와 통한다. 결국, 남과 내가 공유하는 삶은 파토스적 내재적 삶이며, 우리가 본질에서 공유하는 것이 그것이기에, 그것을 떠나 있을 수 없기에, 우리가 나눠 갖게 되는 것이 또한 그러한 삶의 여러 모습의 하나이다. 곧, 기쁨이나 슬픔이나 고통 같은 것이다. 살아 있는 자들의 공동체는 결국 삶을, 파토스를 그 내용으로 한다. 삶은 우리를 모두 살아 있는 자이게 하며, 우리 자신이게 한다. 우리 자신은 영원히 솟는 샘과 같이 늘 한결같으며 늘 새롭다. 그 샘에서 우리는 같은 물을 마신다. 늘 새로 채워지는 그 물은 삶 자체이다. 삶은 자기 자신을 느끼고 그러하기를 멈추지 않는 것이요, 그 바탕에서 다른 모든 것을 느끼고 또 그러하기를 멈추지 않는 것이다. 그것은 '나타남의 본질'이자, 현상학적phénoménologique 의미에서, 그리고 초월론적transcendantal[15] 의미에서, 삶이다. 거기서는, 곧 삶의 바탕에서는 '내' 삶도 '네' 삶도 더는 있지 않다. 그러한 구분이 더는 의미 없게 된다. 그렇기에, 예를 들자면, 물에 빠진 이웃을 제 생명을 대가로 구할 수 있다. 거기에는 위험에 빠진 삶과 그것을 구하려는 즉각적인 시도, 또는 행위만이 있다. 그러하다 내가 생명을 잃을 수도 있다는 생각, 내가 죽을 수도 있다는 생각, 표상 따윈 이미 없다. 단지 삶이 문제이며, 그 삶은 더는 '내' 삶도 '네' 삶도 아닌, 우리가 모두 잠긴 곳, '같음'일 뿐이다. 단지 거기서 삶은 삶을 구하려 할 뿐이다. 그 삶이 누구의 삶인지 더는 문제가 되지 않는다. 삶은 삶에 닥친 위험을 마치 자신의 위험처럼, 어찌할 수 없는 혼동confusion 속에서, 바로 알아보고 그 위험에서 벗어나려 무언가를 아무 생각 없이, 아무것도 표상함 없이, '마치 본능처럼', 우리가 흔히 얘기하듯, 시도할 뿐이다.

네 이웃을 너 자신같이 사랑하라. 이제 나는 이 말의 의미를 알 것 같다. 삶의 바탕에서, 나와 나의 이웃은 더는 구분되지 않기에, 거기서, 그곳에 바탕을 두고, 나는 나의 이웃을 나 자신같이 사랑할 수 있다. 거기서 나와 이웃은 더는 마주 보지 않는다. 거기서 나는 나의 이웃을 더는 대상ob-jet으로서 바라보지 않는다. 같음으로 나의 이웃과 나는 나란히, 가까이 섰다. 나 자신인 것과 이웃 자신인 것의 본질을 이루는 그 같음으로, 나는 나의 이웃을 나 자신같이 사랑할 수 있다. 내가 나의 이웃을 나 자신같이 사랑하는 일은 곧 나와 나의 이웃을 모두 자기 자신인 것으로 한 삶을 그 바탕에서 사랑하는 일이 될 것이다. 이웃을 너 자신같이 사랑하라. 이 말을 다른 말로 하면, 너 자신인 것으로 한 삶을 사랑하는 것처럼, 이웃을 다시 말해 이웃 안에서 그 자신인 것으로 한 삶을 사랑하라가 될 것이다. 이 격언에서 깨쳐야 할 바는 결국 이웃 자신인 것과 나 자신인 것을 그것이게 하는 본질이 될 것이다. 본질에서 나와 구분되지 않는 나의 이웃을 사랑하는 일이 거기 관계함을 아는 일이 될 것이다. 그렇다면 이제 나는 물어야겠다. 나의 이웃이 아닌 자를 나는 마찬가지로 나 자신같이 사랑하여야 할까? 나의 이웃을 강간하거나 폭행하거나 살해한 자를 나는 그럼에도 나 자신같이 사랑하여야 할까?

여기서 나는 긍정적인 대답을 하여야 하지 않을까? 그러한 자라도 스스로 도울 수 없는Hilflosigkeit 처지에 있을 때, 나는 적어도 그자의 이웃이 되어야 하지 않을까? 아니, 엄밀히 말해, 이웃이 아닌 그자를 나 자신같이 사랑하는 일이 거기 관계하지 않는다. 나는 나의 이웃이 아닌 자를 나 자신같이 사랑할 까닭도 의무도 없다. 내가 그처럼 사랑해야 할 것은 나의 이웃이다. 스스로 도울 수 없을 때, 내가 도와야 하고 돕는 것은 나와 본질에서 같은 이웃이지, 나의 이웃이 아닌 자가 아니다. 스스로 도울 수 없고, 도움이 필요한 자는 더는 나의 이웃 아닌 자가 아닌, 나의 이웃이다. 그렇기에 내가 그를 나 자신같이 사랑하고, 사랑하여야 하지,

나의 이웃 아닌 자를 그럼에도 나 자신같이 사랑하여야 하는 게 아니다. 나의 이웃이기에 사랑할 수 있는 것이다. 이가 어떻게, 곧 어떤 조건에서, 강간하거나 폭행하거나 살해한 자를 그럼에도 나의 이웃으로서 나 자신같이 사랑할 수 있고, 사랑하여야 하는가에 관한 대답일 수 있을 것이다. 여기서 우리가 분명히 하여야 할 것은 이웃 사랑에서 그 진정한 주체와 대상이다. 그 사랑의 참된 주체와 대상은 나도 너도 아닌, 우리 둘의 가능성이자 실제성인 삶이다.

나가는 글

네 이웃을 너 자신같이 사랑하라는 말의 참뜻을 종교적 성찰이 아닌 철학적 사고를 통해 새긴 지금, 이 말을 이기주의적인 자기애를 넘어선 이타주의로 나는 이 글을 마치려는 지금 시점에서 이제 제시할 수 있을까? 하지만 거기에는 나나 남을 이롭게 하는 일이 관계하기보다는, 더 근원적으로 나와 남을 잇고 모으는 삶을 이롭게 하는 일이 관계한다고 봄이 더 옳지 않을까? 나와 남의 구분을 넘어서기에, 그와 관련해서 이기주의나 이타주의를 말하는 것이 적절하지 않은 게 아닐까? 나나 남을 중시하는 목적론적 태도 어느 것에 해당한다고 딱 잘라 말할 수 없는 게 아닐까? 거기에는 나나 남이 아닌, 삶이 삶을 이롭게 하는 일이 관계하며, 삶이 그 자체로 목적이 된다. 그러나 이는 진정한 의미에서 이타주의가 실현될 수 있는 유일한 조건이다. 진정한 의미에서 남을 사랑하는 일이 가능해지려면, 그것이 자기애와 다른 무엇이려면, 그 남은 나와 본질에서 다르지 않은 남이라는 조건에서이다. 본질에서 같은 삶이라는 조건에서이다. 이처럼 본 남은 나르시시즘의 표현으로서 나와 다르지 않은, 나와 닮은 남과는 다른 것이다. 그때 나는 이미 다른 모든 것과 구별되고 섞이지 않는 개별적이고 고유한 나이다. 그러한 나와 닮은 남을 사랑하는 일은 결국 나를 사랑하는 일에 지나지 않는다. 그러한 나가 그렇지만 모든 나일 수는 없다. 그러한 관점에서 모든 이를 내 이웃으로서 나 자신같이 사랑할 수는 없으며, 그러한 일은 일어나지 않는다. 나르시시즘의 관점에서는, 제한된 몇몇만을 내가 나를 사랑하듯 사랑할 수 있을 뿐이다. 내 이웃은 그러나 나와 흡사한 몇몇으로 한정되지 않는다. 살아 있는 모든 것이 내 이웃이요, 그들 모두와 함께 나는 아파하고 괴로워할 수 있다. 괴로움은 여기서 삶의 가장 근원적 모습의 하나이다. 그리고 만일 내게 이타애를 가장 잘 드러낸 말 중 하나를 찾으라면, 나는 '자비慈悲'에서 찾을 것이다. 사랑하고 가여워하는 마음은 모든 '중생衆生'과 곧 모든 살아 있는 무리와 관계한다. 기독교의 '연민'과 불교의 '자비', '이웃'과 '중생'이 이처럼 통하는 바가 있다고 나는 생각한다. 그 둘이 모두 중시하는 것이 바로 '삶'이라고 나는 본다.

예수는 수수께끼 같은 말을 남겼다. 예수는 그처럼 하라, 그러면 살리라고 하였다. 그처럼 하는 데서, 곧 내 이웃을 나 자신같이 사랑하는 데서, 이로움을 입고 지향되는 바가 바로 삶이겠기에, 그처럼 하라, 그러면 살리라고 말할 수 있지 않을까? 그처럼 하면, 삶을 얻고, 그렇지 않으면, 삶을 잃으리라고. 삶의 공동체에 속하느냐, 그렇지 않으면 삶을 배제한—죽음으로 비유할 수 있을—세계에 속하느냐의 문제가 되지 않을까? 그리고 이런 의미에서 폭력을 일삼는 자들과 함께, 폭력의 방관자들을 또한 살았으되 죽은 자들로 말할 수 있지 않을까? 죽은 자들의 세계에 속한 자들로? 그들의 세계에서 삶은 거부되고 유배된다.

그리고 누군가 내게 산 자의 세계와 죽은 자의 세계, 어디에 속하고 싶으냐고 묻는다면, 내 대답은 망설임이 없어야 할 것이다.

폭력과 저항, 콜트·콜텍 예술행동[1]

포스트예술 시대 개혁적 자유주의로의 전환, 시민 문화 운동의 위기에도 불구하고 일상의 이질적 다중들의 미적 행동주의는 건강하게 꽃피고 있다. 경제적 폭력에 대한 불복종운동 운동으로 시작된 콜트·콜텍 예술행동은 포스트예술 시대의 미학과 예술적 실천의 전환을 되돌아볼 긍정적 계기이다. 콜트·콜텍 공장은 장소 거점 예술행동의 근원지로서, 지난 6년간 이질적 다중들은 사진, 그림, 조각, 설치, 퍼포먼스, 음악, 다큐멘터리, 바느질, 요리, 놀이 등 다장르적 예술행동을 자발적·산발적인 통섭 속에 수행해 왔다.
예술행동은 일상의 문화 정치로서 더 많은 사람들을 끌어들이고 상호 참조와 협력의 형식을 고안하며, 성찰·즐거움·해방·책임의 경험으로 인도했다. 예술행동에서는 전문가와 아마추어, 예술과 일상, 문화와 정치, 공적 영역과 사적 영역, 장르 간 위계, 이론과 실천, 창조와 비평, 원본과 복제, 사실과 해석, 개입과 헌신, 생계와 놀이의 구분은 폐기되었다. 그리고 상호 참조, 스쾃, 페스티쉬와 하이브리드, 권리와 책임, 우연성과 역사성, 즉흥성과 진정성, 통섭과 연대 등의 새로운 미적 경계가 상상적으로 모의되기 시작하였다.

김주현

최근 1990년대 이후 약 20여 년간 한국의 포스트 담론의 역사를 되돌아보는 학술대회와 토론회가 열리고 있다. 필자는 학계의 중진들이 각자 사적/공적 역사로 살아온 이 시기를 비판적으로 되돌아보고 진지하게 공적 토론을 벌이는 것이 반가웠고, 또 이 토론의 시의적절함을 높이 평가한다. 토론의 내용에 대해서는 이견이 있지만, 아픔과 안타까움을 괄호치고, 필자는 호의적으로 이들의 토론을 경청했다.[2]

문화 운동의 역사도 마찬가지이다. 사회주의 국가들이 패러다임을 변경하던[3] 90년대 초반 예술가, 이론가, 현장활동가, 정책가들로 구성된 다양한 문화 운동[4]은 조직적 와해로부터 작품 생산의 고갈, 대중적 외면에 이르기까지 그 계보를 이어가기 어려운 상황이 되었다. 마르크스주의가 사회 운동을 일의적으로 이끌 수 없는 상황이었고, 이 암울한 변동의 시기에 대한 분석과 평가는 아직도 논쟁의 대상이다.[5] 그러나 어쨌든, 1990년대 중반부터는 '포스트 시대'를 형성하고 반영하는 새로운 시민운동 조직과 활동들이 나타나기 시작했다. 1990년대 중반 이후 한국의 시민운동은 참여연대, 환경운동연합, 한국여성단체연합 등이 만들어졌고 2000년 전후로 문화, 미디어, 환경, 인권, 평화, 여성, 복지, 노동, 섹슈얼리티 등 부문별 시민운동 단체들이 만들어졌다.

그러나 이 과정에서 시민운동은 포스트 시대의 정치성을 그리 매끄럽게 체현하지는 못했다. 문민/참여정부의 '정치적 민주화'에 대한 방심과 남용으로부터 실용 정부의 "우경화 프로젝트"[6]에 이르기까지, 시민운동과 문화 운동은 동반 퇴락했다. 산별노조 운동, 진보정당 운동 등 조직화된 대중 운동이 다중 정치 행동의 의제를 대표하지도 총괄하지도 못했다. 더불어 빠르게 변화하는 사회 변동 속에서 "시민 없는 시민운동의 악순환" 역시 문제였다.[7]

2000년대 이후 촛불집회, 희망버스, SNS 팟캐스트 등은 포스트 사회 문화정치의 새로운 경로와 방식을 보여준다. 일상에서 자발적이고 산발적으로 다양한 예술행동에 참여하는 시민들이 등장했다. 이들은 각자 관심 있는 사회적 의제에 소신을 밝히고 다양한 방식으로 실천한다. 이들은 뉴미디어, 대중예술, 소비문화, 인권, 토론, 서명, 기부, 봉사, 여가생활, 증거물보존, 이합집산적 네트워크에 익숙하다. 시민불복종, 직접 행동, 거리 문화제, 문화 지원 등은 일의적 이념에 기반한 기존의 정치 집회나 시위와는 구분된다.

이원재는 이를 90년대 중반까지의 문화 운동과 구분하여 '예술행동'으로 지칭한다. 다중 시민들이 일상에서 수행하는perform 예술행동, 문화정치, 미적 액티비즘은 민주주의 결손에 대해 시민이 느끼는 좌절감에 대한 반응이자 민주적 자력화의 활동이다. 직접 행동은 저항을 통해 대안 제도를 만드는 시민의 민주주의 사상과 실천을 재구성한다.[8] 예술행동, 문화정치, 미적 액티비즘에서 문화·예술은 정치를 선전하는 도구가 아니며, 그 자체가 정치적 행동이다.

문화 운동에서 예술행동으로 전환을 알렸던 상징적 사건은 평택 미군기지 이전 반대 운동의 대추리 현장 예술 활동이라 할 것이다.[9] 대추리가 거점 장소가 되어 이질적 타자들이 다양한 매체와 장르로 자발적·산발적·통합적·중첩적으로 이어간 예술행동은 이후 쇠고기 수입 반대 촛불시위, 용산참사 현장 예술 활동, 희망 버스 문화제 등 한국 포스트예술 시대의 예술행동의 계보로 이어졌다. 포스트 시대의 개혁적 자유주의와 조직적 시민 문화 운동의 쇠락과는 대조적으로 일상의 이질적 다중들이 벌이는 예술 행동, 문화 정치, 미적 액티비즘은 건강하게 꽃피고 있다.

포스트 사회에서도 끊임없이 문제가 발생하고, 여전히 개인적·사회적 폭력은 만연하다. 포스트 사회는 계층뿐 아니라, 인종·성별·종교·민족·섹슈얼리티·환경·인권과 같은 미시적 요건들이 복합적으로 구성되어 있으며 때문에 특정 폭력의 원인과 해결책을 단일한 인과관계로 찾아내는 것은 불가능해졌다. 그러나 그것이 폭력 분석과 저항이 불가능하다는 것을 뜻하지는 않는다. 문제는 다원성과 개방성이 저절로 폭력을 일소하거나 약화시키지 않음에도, 마치 복합적인 관계를 이유로 모든 사태를 알 수 없는 것, 그래서 해결할 수 없는 것으로 몰아가는 것이야말로, 포스트 시대를 개혁적 보수주의로 의도적으로 오해하고 변질시키는 것이라 할 수 있다.

데리다Jacque Derrida가 지적했듯이 해체destruction는 목적이 아니라 과정이다. 해체는 궁극적인 형이상학적 목적이 아니라, 지금의 복합적 상황의 문제를 바꾸는 실질적인 변화의 과정이다.[10] 다원성과 개방성이야말로 특정 폭력의 독특성을 냉철히 분석하고, 이질적이지만 이 폭력과 관련된 타자들이 각자의 위치에서 저항의 전략을 수행하는 더 급진적인 전략이다. 독특성singularity에 기반한 다원성과 개방성이야말로, 자발적 · 우연적 · 산발적 · 통섭적인 연대를 이루고 폭력을 일소하는 저항의 출발점이다.

그 중에서도 콜트 · 콜텍 예술행동은 포스트예술 시대의 미학과 예술적 실천artistic practice의 전환을 되돌아볼 긍정적 계기이다. 대추리로부터 시작된 다중의 예술행동은 콜트 · 콜텍 악기 공장의 복직 투쟁에서 진보된 양상을 보여주고 있다. 콜트 · 콜텍 공장은 장소 거점 예술행동의 근원지로서 지난 6년간 이질적 다중들은 사진, 그림, 조각, 설치, 퍼포먼스, 음악, 다큐멘터리, 바느질, 요리, 놀이 등 다장르적 예술행동을 자발적 · 산발적인 통섭 속에 수행해 왔다. 그 출발은 부당해고, 직장폐쇄, 산업재해, 성차별적 임금과 같은 경제적 폭력에 대한 저항으로 시작되었지만, 이 중소기업의 악기 공장의 2200여 일간의 긴 투쟁은 이질적 다중들이 일상에서 지속적으로 이들의 투쟁을 지지하고 연대하는 방식을 고민하게 만들었다.

즉 이질적 다중들은 일상의 문화 정치로 기꺼이 참여할 수 있는 장르를 개발하였고, 자발적, 우연적, 산발적, 통섭적인 상호 참조와 협력의 형식을 고안했다.

경제적 저항은 특정 위치에 선 사람들의 탈일상적인 것이 아니라, 복합적인 삶의 위치에서 같은 쟁점에 연대하는 이들의 지속적인 일상의 문화 정치이다. 또한 일상의 문화 정치로서 예술 행동에 참여한 모든 사람은 미적 주체이며, 미적 액티비즘의 즐거움, 현실의 구체적 문제를 비판적으로 반성하고 참여하며 행동하는 미적 즐거움을 향유한다. 즉 예술 행동을 통해 노동자, 예술가, 일반 시민들은 확장된 심미적 즐거움, 곧 성찰·사교·소통·해방·책임·협력의 즐거움을 누린다. 이 글은 포스트예술 시대의 미학을 긍정적 형식으로 제안하기에 앞서, 변화된 예술적 실천의 다각적 면모들을 살펴보는 일종의 '리포트'라고 할 수 있다. 이제 콜트·콜텍을 거점으로 한 다양한 주체들의 예술행동을 살펴보면서 포스트예술 시대 미학의 전환을 위한 밑그림을 그려보고자 한다.

2000년대 2200일의 폭력

여기 시대착오적이게도 세계 10위권의 경제력을 갖춘 한국의 2000년대에 2200일이 넘도록 복직 투쟁을 이어가고 있는 해고 노동자와 그들을 지지하는 이질적 다중들의 예술행동이 있다. 개발 독재 시대에서나 있을 법한 성별 임금 차별, 노조 활동 방해, 용역 폭력 투입, 산업 재해, 부당 해고, 직장 위장 폐쇄는 노동자 개인의 삶과 인격을 위협하고 훼손한다. 필자가 간략히 '경제적 폭력'이라 기술한 이 위협과 훼손은 사측이 공식적 해고 통지도 없이 '무기한 휴업'이 적힌 종이 한 장을 내건

2007년 3월 이래로 2013년 1월 현재까지 2200여 일간 계속되었고, 앞으로 얼마나 더 계속될지 알 수 없다. 중립적이고 전문적인 양 보이는 '고용시장의 유연성'과 같은 경제 용어나 해고의 '긴박한 경영상의 필요성'[11]과 같은 법적 용어는 굳이 해고 노동자들의 분신·단식과 같은 극단적 투쟁 형식[12]을 언급하지 않더라도, 외상 후 스트레스 장애post traumatic stress disorder를 노동자 개인의 몸과 삶에 생생하게 남겼다.[13]

통기타 콜트와 전자기타 콜텍은 청소년시절 기타 좀 잡아 봤던 이들에게는 잘 알려져 있다. 부평 공장의 콜트는 1973년 자본금 200만 원으로 시작한 후 1996년부터 2007년까지 2006년 한 차례만 적자를 내고, 매년 연속 184억 원의 흑자를 냈다. 대전 공장의 콜텍은 1996년부터 2007년까지 단 한 차례 적자도 없이 총 848억 원의 흑자를 냈다.[14] 콜트·콜텍은 해외 유명 기타인 펜더, 깁슨, 아이바네즈 등의 주문자위탁생산OEM을 도맡아 전 세계 기타 생산량의 3분의 1을 차지하기도 했다.

그러나 창문 하나 없는 작업공간에서, 기계톱에 손가락이 잘리고, 근골격계 질환에 시달리는 것은 물론, 인체에 유해하다고 알려진 유기용제를 마시며 일하다 결국엔 기관지염과 천식에 시달릴 수밖에 없는 노동자들은 법적 최저임금으로 일했다. 이들은 2006년 4월 노동조합을 설립해서 싸우는 것을 선택했다.[15] 하지만 회사는 2007년 4월 부평 공장 노동자 38명을 무더기 해고했고, 113명을 명예퇴직시켰다. 해고자 명단에는 산업재해를 당한 노동자 5명과 노조 간부들이 포함되었다. 이어 2008년 8월에는 아예 콜트 부평 공장과 대전 콜텍 공장을 폐쇄하고 남은 노동자를 모두 해고했다.[16] 이유로 내세운 것은 "경영위기와 노사 갈등"이었다.[17] 회사 측은 인도네시아로 공장을 옮겼다.[18]

이인근 노조위원장은 "20여 년을 기타를 만들기 위해 창문도 없는 작업장에서 일을 해 세계 기타시장 30% 이상을 차지하는 회사가 됐고, 박영호 사장은 한국에서 120번째의 부자가 됐는데 우리에게 돌아온 것은 해고와 직장폐쇄"라고 토로했다. 2009년 8월 서울고등법원은 박 사장에게 체불임금 미지급, 노조 간부들에 대한 해고, 여성 노동자들에 대한 차별이 부당하다며 형사유죄판결을 내렸지만 그는 교섭에 나서지 않았다.[19]

2012년 2월 23일 대법원은 콜트 악기 부평 공장의 부당 해고를 인정하고, 해고 노동자들의 전원 복직을 명령했다. 대법원은 노동자들이 회사 측이 정리해고에 대해 낸 행정소송에서 당시 해고가 긴박한 경영상의 필요성이 인정되지 않는다며 노동위원회의 구제명령이 타당하다고 판결했다. 그러나 회사 측은 법정을 비웃기라도 하듯 구제명령이 내려진 후 다시 노동자들에게 정리해고를 통보했다.[20] 그리고 또 다시 상고했다. 국가의 정당한 판결에도 사측은 불복하고 원하는 답을 얻어낼 때까지 버티면 그만이다. 송사의 괴로움을 걱정할 필요도 없다. 모든 절차는 뛰어난 전문가인 법적 대리인에게 맡기면 된다. 그러나 노동자들은 다 이긴 소송에 다시 전심전력 매달려야 한다.

놀라운 사실은 2012년 2월 23일 같은 날 오후 법원은 콜트 악기의 자회사인 콜텍의 대전 공장에서 근무하다 공장 폐업으로 해고된 노동자들에 대해서는 "부당한 정리해고"라고 한 원심을 깨고 다시 고등법원으로 사건을 돌려보낸 것이다. "기업의 전체 경영실적이 흑자를 기록하고 있더라도 일부 사업부문이 경영 악화를 겪고 있는 경우, 그러한 경영 악화가 구조적인 문제 등에 의한 것으로 쉽게 개선될 가능성이 없다면 장래 위기에 대처할 필요가 있어 잉여인력을 감축하는 것이 객관적으로 불합리한 것이라고 볼 수 없다"는 것이다. 같은 날 오전과 오후,

같은 회사 다른 공장의 판결이 이렇게 엇갈릴 수 있을까? "나쁜 정리해고를 더 나쁘게 판결한" 이날의 콜텍 판결은 '2012년 최악의 판결'로 선정되기까지 했다.[21]

그뿐이 아니다. 결국 시간, 돈, 대리인을 내세워 버티기 항소를 거듭한 사측은 결국 법정 최종 판결에서 이기고 말았다. 2012년 10월 24일 국가는 사측의 손을 들어주었다. 콜트 악기 인천 부평 공장 해고 노동자 20명이 회사를 상대로 낸 해고무효 확인 청구소송 상고심에서 법정은 2007년 4월의 해고는 무효지만, 2008년 콜트 악기의 부평 공장 직장폐쇄에 따른 정리해고는 정당하다고 판결했다. 대법원은 "콜트 악기의 공장 폐쇄는 위장 폐업이 아니라 불가피한 사정에 의한 것이므로 정리해고 요건을 갖췄다"며 노동자들의 해고 무효 확인 청구를 각하하고 2008년 이후 임금 및 퇴직금 청구를 기각한다고 판시했다.[22] 게다가 현재 농성을 벌이고 있는 콜트 악기 부평 공장을 새 소유주가 철거할 수 있는 집행명령이 떨어졌고[23] 사측은 노조 측에 2억 1천만 원의 손해배상소송까지 걸었다. 노조는 이에 대항하여 공장 단전 단수 조치에 노동조합 및 노동관계조정법 위반으로 사측을 고소해 판결을 기다리고 있지만 선고는 3차례나 연기됐다. 만일 법원이 사측의 업무방해 혐의를 받아들인다면 이는 사측이 부당노동행위를 한 것을 다시 인정하는 것이 되겠지만,[24] 지금까지의 법적 투쟁의 결과만을 본다면 6년여를 끌어온 콜트 · 콜텍 악기 노동자들의 투쟁은 패배로 끝나게 될 수도 있다.

송경동 시인은 "한진중공업, 콜트 · 콜텍 사태에서도 확인됐듯이 경영진들이 정리해고법을 악용해서 긴급한 해고 사안이 없어도 부당해고를 일삼았다. 다시는 우리 사회의 평범한 이웃과 노동자의 아픔이 없도록 정리해고 법안 자체를 전면적 폐기해 우리 사회가 골고루 나눠지고 일할 수 있는 사회가 됐으면 한다"[25]고 말한다. 해고와 폐업 이후 2200일간 콜트 · 콜텍 노동자들은 법정 투쟁과 더불어

1인 시위, 호소문발표, 유인물 배포 등 거리 투쟁과 문화제 행사를 릴레이로 이어갔다.[26] 매주 수요일 홍대 앞 라이브클럽 '빵'에서는 수요문화제가, 목요일 콜트 부평 공장에서는 해고 노동자와 지역주민 등 수많은 지지자들이 함께 먹을 것과 이야기를 나누며 다양한 활동을 벌이는 '야단법석'이 진행되었다. 매주 금요일에는 콜텍 본사 앞, 거리, 연대 집회에서 다양한 형식의 홍보전을 펼쳤다. 또한 록페스트벌, 국제악기페어 등 총 6번의 해외 원정 투쟁도 벌였다. 잠시 뒤에 살펴보겠지만, 부평 콜트 공장은 거점이 되어 수많은 예술가와 시민들을 불러들였고, 사진 · 그림 · 조각 · 설치 · 퍼포먼스 · 음악 · 다큐멘터리 · 바느질 · 요리 · 놀이 등 다각적 예술 행동이 이어졌다.

포스트예술 시대의 다중 예술행동과 문화 정치학을 다루는 이 글에서 콜트 · 콜텍 악기 공장의 직장 폐쇄와 해고가 폭력인지 여부, 그리고 콜트 · 콜텍 대표 박영호가 불법적 · 반도덕적 · 물리적 · 언어적 · 정서적 폭력을 행사하고 있는지 여부는 논의하지 않겠다. 글로벌 경제의 공장 이전, 불법 노동 쟁의, 산재 보상, 성차별이 폭력이 아니라는 주장을 증명할 부담은 후한 보상을 약속받은 사측의 법정 대리인에게 있다. 필자는 이 글에서 경제학, 법학의 전문적 논의로 그에 대한 긴 반박 논증을 펼칠 생각은 없다. 그러나 다행스럽게도 독자들은 이 논쟁의 관전 포인트일 폭력의 정의, 기준, 양태, 효과를 이 책에 실린 다른 글들에서 충분히 찾을 수 있을 것이다. 그리고 깊이 생각해 주길 바란다. 한국의 2000년대에 콜트 · 콜텍 악기 공장에서 벌어진 2200여 일이 폭력이 아닌 그 무엇인지를 말이다. 그러나 이 이야기는 결코 폭력에 스러지는 비극으로 끝나지는 않는다. 중요한 이야기는 지금부터 시작이다.

저항의 예술행동, 일상의 문화정치

복직 투쟁 2055일이던 2012년 9월 18일 콜트 노조는 기자 회견에서 "콜트 악기 부평 공장은 이제부터 괄호를 치고, '콜트 · 콜텍 기타 노동자의 집'을 함께 표기해 달라"고 요청하면서, "이제 콜트 악기 부평 공장은 수많은 만남과 소통이 이뤄지는 삶의 공간이다. 이 공간은 공방, 작업실, 미술관, 영화관, 공연장, 식당, 작은 운동장, 놀이터가 됐다. 더 이상 박영호 자본의 것이 아니다. 또 다른 구매자의 것도 아니다. 이곳에서 노동을 했고, 살아왔고, 이 공간을 가장 필요로 하는 사람들이 있다"[27]고 말했다. 부평 공장에서 해고자들을 몰아내기 위해 공장의 새 주인이 새벽에 용역들을 투입했던 그날이었다. 그리고도 또 시간이 흘렀다. 복직투쟁을 벌였던 지난 2200일간 콜트 공장에 수많은 사람들이 찾아왔고, 서로 다른 경력과 생각을 가진 다중들은 따로 또 같이 예술행동에 참여했다.

다큐멘터리 〈기타이야기〉, 〈꿈의 공장〉

다큐멘터리 영화감독 김성균은 콜트 · 콜텍 기타 노동자들의 삶과 투쟁의 과정을 2편의 영화 〈기타이야기〉(2009)와 〈꿈의 공장〉(2011)으로 기록했다. 김성균은 우연한 기회에 콜트 · 콜텍 노동자들과 인연을 맺게 되었다. 김성균 감독은 2008년 홍대 라이브클럽 '빵'에서 열리는 수요 문화제 공연을 기록하는 부카메라맨 아르바이트를 하였는데, KBS 〈추적 60분〉에서 콜트 · 콜텍의 복직투쟁을 취재했지만 외압에 의해 불방되었다는 소식을 듣고는 다큐멘터리 영화 제작을 결심하게 되었다.[28]

그는 콜트 · 콜텍 노동자들이 운이 좋다고 말한다. 20여 년 일해 온 공장에서 하루아침에 쫓겨난 해고 노동자들이 운이 좋다는 건 이상한 말이겠지만, 악기를 제작하는 노동자라는 것이 복직 투쟁에서 연대의 전선을 만들어 낼 유리한 지점이 되었다는 것이다. 콜트 · 콜텍은 기타를 만드는 공장이었기에 수많은 음악인들은 물론 타 장르의 다양한 예술가와 관객들의 관심을 얻을 수 있었고 그로부터 다양한 예술행동과 지지 운동이 산발적 · 통섭적으로 이어졌다.

다큐멘터리 〈기타이야기〉는 두 개의 축으로 구성되어 있다. 하나는 콜트 · 콜텍 노동자들의 노동 현장과 복직 투쟁 이야기이고, 또 다른 하나는 2009년 12월 9일부터 14일까지 열린 〈콜트 · 콜텍 노동자들을 위한 콘서트〉에 참여한 홍대 인디 뮤지션들의 기타와 음악에 대한 생각, 콜트 기타에 대한 추억, 콜트 · 콜텍 사태에 대한 연대와 투쟁을 다룬 이야기이다. 이 두 이야기는 처음에는 서로 단절된 것처럼 보이지만, 뮤지션들과 노동자들은 라이브클럽과 문화제에서 연주자와 관객으로 만나 결국 거리의 투쟁을 함께 하게 된다.

김성균 감독이 이 두 이야기를 병렬하면서 의도했던 것은 연결이었다. 노동과 예술, 정규직 해고자와 비정규직 음악인은 각자의 삶의 사소한, 혹은 중대한 고통과 갈등이 동시대를 함께 살아가고 있는 개인들에게 서로 연결되어 있다는 것, 노동 착취와 해고와 같은 경제적 폭력은 음악을 만들고 즐기는 뮤지션의 직업과 관객의 취미에 영향을 미친다는 것이다. 이 연결과 영향은 곧 연대를 지향한다. "No Workers No Music, No Music No life." 기타를 만드는 노동자 없이는 음악이 존재할 수 없고, 음악 없이는 삶도 없다.[29]

2년 뒤에 제작된 다큐멘터리 〈꿈의 공장〉은 한국, 독일, 일본, 미국 등에서의 해외 원정 투쟁을 보여준다. 김성균 감독은 콜트 · 콜텍 사태를 알기 전까지는 영화감독으로서 자신이 사용하는 소니나 파나소닉의 캠코더, 아리플렉스

그림 1.
김성균, 〈꿈의 공장〉, 2011, 스틸컷. ⓒ김성균

Arriflex 카메라, 조명기가 어떻게 만들어지는지 궁금증을 가져 본 적이 없었다고 말한다. 그러나 〈꿈의 공장〉에서는 국내와 해외 뮤지션들에게 만일 당신의 기타가 악기 노동자들을 착취한 결과라면, 그 기타로 만들어진 음악에 당당할 수 있는지를 묻는다. 오랫동안 펜더사의 광고모델이었던 레이지 어게인스트 더 머신Rage Against The Machine의 기타리스트 톰 모렐로Tom Morello와 보컬리스트 잭 데 라로차Zack de la Rocha는 콜트·콜텍의 노동자들과 연대하며 미국의 로스앤젤레스와 일본의 후지락 페스티벌에서 지지 공연을 펼친다. 반면 애너하임 악기페어 홍보대사인 그룹 키스의 진 시몬즈는 "고용주가 노동자를 해고했다면 다른 회사로 가서 일하면 되지 않냐?"고 야멸차게 쏘아 붙이고,[30] 록페스티벌에 참여한 가난한 기타리스트는 자신의 주머니 사정은 어쩔 수 없이 저임금으로 제작된 값싼 기타를 사지 않을 수 없다고 서글픈 고백을 한다.

독일의 록페스티벌에서 만난 거리의 한 시민은 "한국의 노동자들 때문에 독일 노동자들이 일자리를 잃었다고 생각했는데, 한국 노동자의 임금이 싼 이유가 회사가 임금을 주지 않고, 결국은 해고해 버리는 관행 때문이었다니 어이가 없다"고 말한다. 애너하임 악기페어에서 지지 서명을 한 시민은 콜트 악기에서 사용하는 유기용제들은 이미 미국에서는 금지된 것이라며, 회사가 기관지염과 천식에 걸린 노동자들에게 합당하게 보상해 주어야 한다고 분노한다.

다큐멘터리 〈꿈의 공장〉은 콜트·콜텍 대표 박영호의 연설을 비꼬아 제목으로 삼았다. 박영호는 대전의 콜텍 공장을 찬양하며 '노조 없는 꿈의 공장'이라고 연설했다. 그러나 결국 기업하기 좋은 콜텍 공장마저 폐쇄하고 노동자들을 해고하고 말았다. 이제 그의 꿈의 공장은 더 싼 임금으로 수월하게 이윤을 취할 수 있는 인도네시아 공장이겠지만 그것도 또 언제 바뀔지 모른다. 그러나 노동자들의 꿈은 다르다. 그들이 그토록 투쟁하며 돌아가기 원하는 꿈의 공장은 어떤 곳일까? 독일 록페스티벌에 참여한 한 뮤지션은 체념에 차 다음과 같이 말한다. "음악이 무엇을 할 수 있나요? 밥 딜런도 세상을 바꾸지 못했어요." 그러자 화면에 등장하지 않는 다른 뮤지션은 이렇게 답변한다. "그가 세상을 바꾸지 못했다고 어떻게 확신하죠? 그가 없었을 때 세상이 어땠을지는 모르는 거잖아요."

김성균 감독은 영화를 통해 연대를 요청할 생각은 없다고 말한다. 사람들은 수입소고기가 자신에게 직접 위협이 된다고 생각하여 촛불집회에 몰려나왔지만 용산 참사에는 무심하듯이, 이제 모든 사람들이 동참하고 지지하는 하나의 가치는 없다. 그래도 그는 반드시 콜트·콜텍이 아니더라도 사람들이 가까운 일상에 소외와 착취가 숨어 있음을 볼 수 있기를 바란다. 그것이 허접한 부채의식일지라도 동시대를 살아가는 이들이라면 '제발 가져야 할' 것이 아니겠냐고 말이다.[31] 그는 공장으로 돌아가 기타를 만들어 세상에 음악이 계속되게 하고 싶다는 콜트 · 콜텍 노동자들, 평생을 갈고닦은 노련한 솜씨로 더 좋은 기타를 만들고 싶다는 이들이 '꿈의 공장'을 되찾을 방법을 관객에게 질문하고 있다.

최소한의 변화를 위한 사진

'최소한의 변화를 위한 사진'은 2009년 용산사태 때 현장에 머물던 사진작가들로부터 시작되었다. "사진이 세상에 근본적인 변화를 일으킬 수는 없지만, 세상의 작은 사실 하나는 증언할 수 있다"는 점에서 '최소한의 변화를 위한 사진'이라는 이름을 붙였다. 그러나 이 모임은 상황에 따라, 활동에 따라 이합집산한다. 공동 작업마다 기획자, 디자이너, 사진가들이 다르게 조합되기 때문이다. 게다가 지난 4년간 선구매로 사진 달력 제작을 후원한 이들은 1052명의 개인과 128개 단체인데, 이들 역시 '최소한의 변화를 위한 사진' 그룹의 중요한 구성원들로서 매번 유동한다.

최소한의 변화를 위한 사진 모임이 2010년부터 제작한 사진 달력의 큰 제목은 〈빛에 빚지다〉이며, 매년 중요 사건을 부제로 달고 총 24개의 사진으로 달력을 제작한다. 2010년 첫 번째 달력의 부제는 '용산을 생각하다'였다. 2011년 달력은 '기륭, 우리시대 노동을 생각하다'를 부제로 달았다. 2012년 달력은 쌍용자동차 해고를 주제로 '행복할 권리를 외치다'를 부제로 달았다. 그리고 2013년 달력은 콜트 · 콜텍을 주제로 삼았는데 부제는 '꿈의 공장을 찾아서'이다. 각 부제의 권두시는 매년 송경동 시인이 맡았다. 2013년 달력의 권두시는 〈꿈의 공장을 찾아서–콜트, 콜텍 기타 만드는 노동자들을 위한 연대의 노래〉이다. 시 뒤에는 콜텍 이인근 지회장의 담담한 이야기가 짧게 실려 있다.

꿈의 공장을 찾아서

- 콜트, 콜텍 기타 만드는 노동자들을 위한 연대의 노래

송경동

경인고속도로를 타고 가다
인천으로 빠지는 길가
섬처럼 버려진 조그마한 악기공장이 있다 콜트
악기다
전자기타를 만들었다

경부고속도로를 타고 가다
대전 지나 계룡IC로 빠지면
또 문 닫힌 공장 하나가 있다 콜텍악기다
통기타를 만들었다

그곳에서 30년 동안
사람들 몰래 세상을 튜닝하며
아름다운 선율을 만들던 이들이 있다
세계 기타의 삼분의 일을 생산했다
하나같이 시골 장터 옹기처럼 수더분한 사람들
짝눈이도 있고 3급 장애인도 있다

그들은 자신의 지문을
기타 몸체처럼 잔금하나 없이 반질반질하게 만
들었다
창문 하나 없던 공장에서 유기용제를 다루며
자신의 폐를 기타통 속처럼 숭숭 구멍 내
작은 호흡에도 울리게 했다

사장은 그런 노동자들의
지문과 기침과 땀과 눈물을 화폐로 바꿔
1000억대의 자산가가 되었다 더 값싼 기계들을
찾아
공장을 인도네시아와 중국으로 빼돌렸다
화폐의 가치만이 신기루처럼 쌓여가는 세상에서
1000일째 갈 곳 잃은 사람들

지금은 문 닫힌 공장
그러나 한때 이곳은 세상의 모든 아름다운 노래
를 낳던
희망의 공장이었다 세상의 모든 혼돈을
가지런히 조율하던 사랑과 연민의 공장
세상의 모든 가녀린 목소리들을 하나로 묶던
연대의 공장이었다

노래가 노래를 배반하지 않아도 되는 세상을 위
해
삶이 삶을 배반하지 않아도 되는 세상을 위해
이 공장을 살려내라
이 공장은 우리 모두의
꿈의 공장

그림 2.

2013년 12월 달력

노순택 〈하얀 눈 위에 개들의 뽀드득〉, 충청남도 평택 대추리, 2006 ⓒ노순택

이명익 〈쌍용자동차 외곽 크리스마스〉, 충청남도 평택, 2006 ⓒ이명익

ⓒ최소한의 변화를 위한 사진

http://www.choisohan.com

송수정이 기획하고, 구화정이 기획한 2013년 사진달력에는 사진가 김인숙, 김일권, 김주원, 김지연, 김흥구, 노순택, 박김형준, 박선주, 박정훈, 박태희, 성남훈, 양희석, 안종현, 이갑철, 이규철, 이명익, 이미지, 이민규, 이한구, 임태훈, 정기훈, 정택용, 조우혜, 조재무가 참여했다. 이들은 각자 한 장의 사진을 출품했고 달력에는 매월 두 장의 사진이 실려 구매자는 매달 마음에 드는 사진 하나를 선택하거나 번갈아 감상할 수 있다.

2012년 11월부터 홈페이지에서 선구매를 시작했고 12월부터는 사진 갤러리 '류가헌'에서 오프라인으로 판매되었다. 그러나 2013년 달력 역시 새해가 시작되기도 전에 전량 매진되었다. 구매자들은 달력을 자신의 일상에 비치하며 일정을 메모하고 확인하면서 우리 사회와 이웃의 문제들을 마음에 새기고 자신의 삶의 방향을 가다듬는다. 구매량은 예술행동에 참여하는 일상의 예술행동가들이 상당수에 이른다는 것을 보여준다. 선구매 시에는 주문자의 이름을 달력 뒷장에 일일이 새겨준다. 자신의 이름이 기입된 달력을 구매한다는 것은 소비의 기념비가 아니라, 구매자가 '최소한의 변화를 위한 사진을 좋아하는' 사람으로 스스로를 정체 확인하는 자기반성이자, 그 자체로 '사회의 변화를 이끌어 내는' 예술행동이다. '최소한의 변화를 위한 사진가 모임'은 달력으로 얻은 수익금을 2012년 12월 28일 수요문화제에서 콜트 · 콜텍 해고 노동자들의 생계비로 기부했다.

달력의 사진에는 콜트 · 콜텍의 노동 현장, 투쟁 현장, 가까운 가족들이 실려 있기도 하지만, 대부분은 콜트 · 콜텍과 상관없이 노동과 삶, 예술과 여가, 인간에 대한 예의와 사회 참여를 비판적으로 반성하고, 실질적 행동을 고심하게 하는 다양한 사진들로 구성되어 있다. 사진들은 투쟁 현장의 긴박함이나 고통을 세밀하게 보여주는 리얼리즘 양식의 사진이나 콜트 · 콜텍에 대한 관심과 지지를 강박적으로 호소하는 내용주의 사진이 아니며, 사진가들 각자의 개인적 스타일과 주제 의식에 따라 '사회의 변화'를 향한 각자의 기대를 담았다.

아트어택 퍼포먼스

콜트·콜텍 노동자들과 이들을 지지하는 다중들은 콜트 악기의 해고 노동자 투쟁 2000일이었던 2012년 7월 23일을 중심으로 7월 15일부터 '2000일 주간 행사'를 마련했다. 그 중 하나가 익명의 예술가 10여 명으로 구성된 일명 '박영호 예술행동단'이 2012년 7월 23일 새벽 4시에 서울 등촌동 콜트·콜텍 본사에 행한 아트어택art attack이다.

그림 3.
박영호 예술행동단, 〈콜트·콜텍 등촌동 본사 아트어택〉, 스틸컷, 2012.7.23.
ⓒ류우종

소박한 봉투 마스크를 착용한 10여 명의 '박영호 예술행동단'은 익명의 예술가들로서, 특정 조직의 회원도, 사적으로 친분 있는 관계도 아니다. 이들은 콜트 · 콜텍에 관심을 기울여 왔던 개인들로, 이날의 아트어택에 대해 알음알음 전해 듣고 자발적, 독자적으로 참여하였다. 이들은 각자의 정체성을 밝히지도, 시간을 들여 미리 모여 이날의 예술행동 전체를 기획하거나 리허설을 행하는 등 사전 활동을 하지 않았다. 물론 당일 아트어택에 앞서 예술행동단은 퍼포먼스에 대해 서로 의견을 나눴을 것이다. 누군가는 더 길게 숙고했을 것이고 주도면밀하게 준비해 왔겠지만, 합의 과정은 매우 빠르게, 자발적이고 즉흥적으로 진행되었다. 또한 기습적인 아트어택이 끝난 뒤에는 '박영호 예술행동단'은 곧바로 해체되었다. 이날 아트어택에 앞서 퍼포머 중 한 명은 콜트 · 콜텍 투쟁 2000일의 아트어택의 이유, 내용 등을 개회 선언에서 밝혔다. 그의 마스크에는 박영호 사장의 얼굴이 새겨져 있었다.

> 우리는 지금부터 2000일 전 박영호가 콜트콜택 기타 노동자들의 공장을 일방적으로 폐쇄했던 (…) 용서받지 못할 박영호와 콜트콜택 자본에 대한 예술의 답례, 재미난 복수, 지독한 기록들을 지금부터 시작하겠습니다.

이들은 부평, 대전 공장에 공장 폐쇄, 혹은 무기한 휴업 공지문을 붙였던 회사의 행동을 패러디한다. 등촌동 본사 건물에 "박영호 자본 직장폐쇄"라는 대자보를 붙이고, 건물 전체에 접근 금지선을 둘렀고 쇠사슬로 출입문을 봉쇄하고 자물쇠를 잠갔다. 정문을 봉쇄하는 작업을 마친 이들은 환호성을 지르며 먹물이 든 물총을 쏘았다. 퍼포먼스는 15분간 빠르게 진행되었다.[32]

'예술행동'으로도 번역되기도 하는 아트어택은 감추어진 진실에 대한 사회적 고발과 실질적 문제 해결, 변화를 이끌어 내기 위해 특정 이슈의 중심에 선 개인, 집단, 장소 등에 예술적 퍼포먼스로 공격을 가하는 행동을 의미한다. 이러한 아트어택은 거리포스터나 그래피티처럼 공격의 실질적 대상 몰래, 그리고 대중들도 모르게 예술행동을 완료한 뒤 불시에 그 결과물이 공개되게끔 하는 방식을 취하기도 하고, 아니면 지하철, 거리, 광장 등 열린 공공장소에서 공격의 대상과 대중들의 시선을 모으며 한바탕의 퍼포먼스를 진행하기도 한다.

아트어택은 지역을 막론하고 예술사에서 긴 역사를 가지고 있으며, 그 형식 역시 다양하다. 그 돌발적 공격성이 성공하기 위해서는 어떠한 예술 장르보다 창의성이 요구된다. 아트어택은 공격을 받는 대상이 엄연히 존재하며, 그에 대해 명백히 실질적인 공격을 가하는 것이기에 불법이라 할 수도 있지만, 동시에 그것은 예술적 행동이기에 실질적 해악성을 증명하여 법적 처벌을 내릴 수 없는 흥미로운 해방의 지점을 만들어 낸다. 즉 예술의 이름으로 공격의 날카로움을 최대화하는 '재미와 즐거움'이 사회적 규율이나 통제가 개입할 수 없는 예술의 자율성, 곧 미적 해방과 혁신이 용인될 수 있는 경계의 한도를 결정하기 때문에, 그야말로 얼마나 많은 사람들이 공감하고 즐길 수 있는 창의적 아이디어와 정밀한 체현 기술을 갖추었는가가 법적 처벌 여부를 결정하는 기준이 된다. 만일 아트어택의 창의성과 완성도가 높지 않다면, 그 미숙함으로 인해 현장에서 퍼포머들은 곧바로 잡힐 뿐 아니라, 사후에라도 법적 처벌의 대상이 되고 말 것이다. 이날의 예술행동은 재미있는 게임이자 복수로, 유튜브에 공개된 동영상은 많은 이들의 공감과 지지를 얻었다. 물론 그날 아침 콜텍 본사 직원들은 봉쇄된 건물로 출근하느라 한바탕 소동을 겪었겠지만 직장에서 쫓겨난 공장의 노동자들의 고통만 했겠는가?

스쾃, '인천시 부평구 갈산동 421-1, 콜트 · 콜텍 전'

미술 전시 '인천시 부평구 갈산동 421-1, 콜트 · 콜텍전'은 콜트 · 콜텍 해고 노동자 투쟁 2000일을 기념하여 약 열흘간(2012.7.15.~2012.7.25.) 계속되었다. 멀리에서 찾아오는 지지자들과 노동자 관객들을 위해 밤 10시까지 전시실을 개방한 것도 통상적인 전시 방식과 다른 점이다. 전시에는 김강, 김윤환, 김수연, 김성건, 김욱, 류우종, 박정신, 백경신, 빨간 뻰데기, 성효숙, 상덕, 신혜원, 약손을 가진 사람들, 이대일, 이윤정, 이훈희, 음정희, 정혜원, 전진경, 정윤희, 전미영, 황승미 등 22팀이 참여했으며, 사진 · 조각 · 그림 · 퍼포먼스 · 비디오 · 설치 · 음악 · 시가 만난 통섭적 전시였다.

이 전시는 스쾃squat으로부터 시작되었다. 스쾃은 예술가들의 무단 점거를 뜻하는 말로, 미술가들은 비어 있는 공간을 작업실로 삼고, 그 결과물을 전시한다. 2012년 4월 28일, 전진경 작가는 콜트 공장에 들어가 작업실을 차렸다. 그러나 전진경 작가의 스쾃은 3일 만에 들통 났고 퇴거 압박에 시달리게 되었다. 공장의 경비가 새 건물주에게 보고했던 것이다. 그녀는 작업실 벽에 다음과 같이 글을 썼다.

> 나는 그림 그리는 예술가입니다. 나는요 '공생'을 하기 위해 이곳을 왔어요. 누굴 못살게 굴고 괴롭히려는 건 아닙니다. 세상과 소통이 필요한 나는 멋진 작업실을 갖고 싶었고, 1,900일이 넘게 공장마당에서 농성 중인 콜트 · 콜텍 해고 노동자들은 계속 버틸 힘과 밖으로부터의 지지가 필요하답니다. 몇 년째 텅 비어 있는 공장은 먼지와 곰팡이를 닦아줄 사람이 필요하고, 자본가는 그들의 미친 탐욕에 제동을 걸어줄 브레이크가 필요합니다. 그러니까 우린 서로가 필요합니다. 대단하잖아요! 멋지잖아요![33]

그림 4.
스캇[34] 전진경, 벽에 쓴 스캇 성명
ⓒ전진경

그림 5.
전진경, 〈여기 짐 좀 풀게요〉, 2012.
ⓒ전진경

전진경은 작업실을 만들고 페이스북을 통해 더 많은 작가들을 불러 모았다.[35] 성효숙, 전진경, 정윤희, 황승미, 약손을 가진 사람들 등은 비어 있는 콜트 공장의 곳곳을 작업실로 사용하기 시작했다. 또한 빨간 뻰데기, 신혜원, 김수연 작가도 자주 오가며 작업을 진행했고, 심상진과 몇몇 작가들은 주말에 와서 벽화를 그렸다. 성효숙 작가는 "이 공장은 아름다운 소리를 내는 악기를 만들던 곳이잖아요. 하지만 지금 생각해 보면 그 악기들의 음에 노동자들의 절규가 들어 있는 것 같고… 그래서 그걸 표현해야겠다고 생각하며 이곳으로 올 수밖에 없었어요"[36]라며 스쾃에 참여하게 된 동기를 밝혔다.

전진경은 스쾃들을 중심으로 전시를 모의하기 시작했다. 그녀는 소리를 잃은 공장, 노동자를 잃은 공장이 다시 자신의 소리와 노동을 표현할 수 있기를 바랐다. 전진경은 김강과 함께 스쾃이 현행법상 문제가 있다 하더라도 전시에서 예술 작품은 절대로 손댈 수 없고, 만약 그러한 일이 있을 경우 예술가들이 소송을 할 수 있다는 것을 변호사로부터 확인했다.[37] 또한 스쾃 중에 단전 · 단수된 공장에 용역이 쳐들어온 적이 있었는데, 이러한 상황에서 예술가가 폭행을 당한다면 용역을 처벌할 수 있다는 것도 확인했다. 전진경은 페이스북에 콜트콜텍 스쾃 전시를 다음과 같이 제안했다.

> 콜트기타공장입니다.
>
> 2008년 공장은 문을 닫았습니다. 공장주는 더 높은 이익창출을 위해 해외로 공장을 옮겼습니다. 콜트공장은 우리나라 재계순위 120위의 회사입니다. 20~30년 공장에 헌신했던 노동자들은 하루아침에 실직자가 되었습니다. 그들은 공장 마당에 천막을 치고 햇수로 5년째 공장정상화를 외치며 농성을

하고 있습니다.

기타공장은 오랫동안 비어 있었습니다.

신비하게도 텅 비어 있는 기타공장은 예술가들에게 공장점거를 욕망하게 했습니다. 현재 4명의 작가가 공장 안에 작업실을 차렸습니다. 그들의 옆 농성장 해고 노동자들의 이웃이 되어 그림을 그리고 근육 힘을 쓰고, 사진을 찍습니다.

현재 5명의 작가가 7월 15일 콜트공장 개인전을 준비하고 있습니다.

큰방, 작은방, 어두운 방, 밝은 방들이 골고루 찜 당하기를 기다리고 있습니다.

어여 오세요.

6월 30일까지 회신 기다리겠습니다.[38]

이에 응답한 작가들이 모여 작가들은 22개의 전시를 준비했다. 전진경은 "하얀 큐브에서 하는 전시가 아닌 내 이웃들의 공간에서, 그들의 인생이 들어있는 빈 공장에서 첫 개인전을 열수 있다는 것은 영광스럽기까지 하다"고 말한다. 이렇게 '부평구 갈산동 421-1, 콜트 · 콜텍전'이 열렸다. 예술가들은 만일에 벌어질 건물주의 방해를 대비해 경비의 퇴근 이후인 금요일 밤부터 전시 설치를 시작했고 일요일에 기습 오픈을 했다.

전시 오프닝에서는 콜트 · 콜텍 기타 노동자 밴드인 콜밴[39]이 공연을 했고, 콜트 · 콜텍 해고 노동자들과 작가들은 도슨트를 자처하며 관객들을 인도했다. 공장 전체가 거대한 예술작품이 되었다. 오프닝은 성효숙 작가가 만든 등을 들고 관람객들이 공장의 돌아다니는 집단 퍼포먼스를 벌였다.[40] 김강 · 김윤환 작가의 〈안녕하세요?〉는 먼지로 만들어진 글자이다. 콜트 해고 노동자 심자섭 씨는 김강 · 김윤환 작가가 직접 쓴 시를 낭송하는 퍼포먼스를 시작했다.

안녕하세요[41]
김강, 김윤환

아직 거기 있나요
거기 계속 있나요

아니
언제나 함께 있었지요.
그러나 알지 못했어요.
아니
가끔은 치워버렸지요. 싹싹
그리고 우리도, 나도 치워졌어요. 싹싹

그러나 당신은 거기에, 치워도 쓸어 버려도
싹싹, 사라지지 않고 계속 그곳에 있지요.
그리고
내가 치워진 그 자리에서
당신은 조금씩 조금씩 쌓여 갔어요.

당신은 나를 보고 있었지요?
내가 당신을 싹싹 쓸어버릴 때에도
당신은 스스로 분열해 가며 그 일부나마
내 곁에 있었지요.

나를 기억하나요
나를 보았었나요

나는 기타를 만들었어요.
당신과 더불어
당신을 가끔 싹싹 쓸어 내면서
음악을 만들 수 있는
사랑을 만들 수 있는
누군가의 외로움을 다독여 주는
기타를 만들었지요.

아
나의 노동이 음악이 되었을 때
나의 노동이 사랑이 되었을 때
나의 노동이 위로가 되었을 때
얼마나 가슴이 뻐근했던지요.

나를 기억하나요
나는 싹싹 쓸어져서, 당신과 분리되었지요.
그렇게 2000일

그동안 당신은 계속 나 없이, 우리 없이 스스로를
생성해 왔군요.

아니
우리가 사라져야만 했던 그 공장을 지키고 있었
군요.

당신은 가장 아래의 자리에서
가장 존중받지 못하는 장소에서
이미 기타를 생산하지 못하는 공장에서

어쩌면 당신은 우리를 기다렸겠지요.
그러하기에 당신은 우리 없이는 노래를 만들지
못했겠지요.

소음도 사라진,
기계도 사라진 빈 공장

나를 다시 초대하는 당신
고맙습니다.
나를 기억해 줘서
내가 싹싹 치워진 공간을 지키고 있어서
나를 기다려 주어서
그리고 2000일의 시간을 제 몸으로 부풀려가며
나에게 다시 인사를 건네주어 고맙습니다.

나는 당신을 떠날 수 없는 존재
그러나 당신을 이곳에서 다시 만날 수 있기엔
너무나 긴 시간, 너무나 긴 한숨, 너무나…

당신이 나를 부르니 나는 그런 이끌림으로
당신에게 갑니다.
그것은 사랑과도 같습니다.

빈 공장
빈 시간만큼 나를 기다려 주어
고마워요.

오늘에서야 나는 당신과 함께
인사를 할 수 있겠습니다.

이곳은 나의 장소, 나의 공장, 나의 노동, 나의 인생
이니까요.
이곳은 나의 공간이니까요.
하여, 당신과 내가 다시 사람들에게 인사를 건넬
수 있겠습니다.

너무 늦었나요?
그렇지만….
안녕하세요.

제2공장의 1층에서는 〈한겨레 21〉의 사진기자인 류우종 작가가 취재 사진전을 열었다. 2층에서는 콜트 · 콜텍 노동자 3인인 방종운 · 심자섭 · 이인근 씨가 정윤희 작가가 협업한 자료전시 '노동: 인권: 콜트 · 콜텍 Archive 展'이 열렸다. 정윤희 작가는 전시 3개월 전 스캇으로서 공장 곳곳에 숨겨 있는 노동, 착취, 투쟁의 흔적들을 발견했고 노동자들과 함께 작업을 하기로 결심했다. 그녀의 관심은 '사회적 문제에 예술이 어떻게 개입할 수 있을까'였다. 자료전시 '노동 인권: 콜트 · 콜텍 아카이브Archive 展'은 처음에는 콜트 · 콜텍 노동자들과의 심층인터뷰, 자료 확인 분석, 시각적 이미지로 재현하는 것이었는데, 콜트의 방종운 지회장이 지난 5년간 부당해고를 증명하기 위해서 서류들을 보관해 왔다는 얘기를 듣고 산더미 같은 서류와 사진으로 아카이브를 구성했다.[42]

출품 작가 성덕은 작가의 말에서 다음과 같이 말한다. "일터는 삶터다. 아저씨들이 다시 공장을 되찾는 날, 그때의 공장은 이전과 다르길 바란다."[43] 성덕의 꿈은 콜트 · 콜텍 해고 노동자들의 꿈이기도 하다. 이 전시는 그들의 꿈을 모두에게 보여주었다.

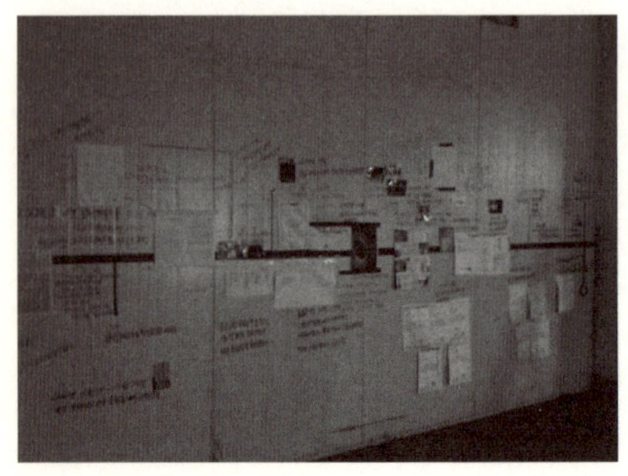

그림 6.
정윤희와 방종운, 이인근, 심자섭, 〈콜트 · 콜텍 연대기〉, '노동 인권: 콜트 · 콜텍 Archive 展' ⓒ정윤희

노동자는 예술가: 콜밴, 스마트폰 영화제, 자화상

콜트·콜텍의 복직 투쟁이 시작된 이후, 악기노동자들에 대한 지지와 관심은 사회의 각층의 다중으로 이어졌다. 특히 콜트·콜텍의 문화제에 참여하여 공연을 한 뮤지션은 총 450팀에 이른다. 그런데 이제는 기타를 만들던 노동자들이 직접 기타를 연주하고 가수로 데뷔했다.

2011년 12월 21일 저녁 7시 30분 홍대 앞 라이브클럽 클럽 '빵'에서 콜트·콜텍 기타 노동자 밴드, 콜밴의 첫 공연이 열렸다. 이 공연을 위해 콜밴은 연습실, 농성장 등에서 연습을 했다. 2008년 12월에 시작한 수요문화제에 늘 관객으로 참여했던 콜밴의 멤버 김경봉베이스, 임재춘퍼쿠션, 이인근보컬 및 기타, 장석천기타 씨는 이제 이 공연의 뮤지션이 되었다. 첫 공연장에는 대전 콜텍 노동자들, 금속노조 대전충북지부 노동자들, 인천 민주노동자연대, 온 문화연대, 일상예술창작센터 활동가들 등 관객들이 가득 찼다.[44]

그림 7.
콜밴 연주 장면,
홍대 앞 라이브클럽 빵
ⓒ콜텍노조

콜밴이 연주할 수 있는 곡은 '이씨, 네가 시키는 대로 내가 다 할 줄 아나'와 '나 어떡해' 단 2곡이다. '이씨, 네가 시키는 대로 내가 다 할 줄 아나'는 수요문화제 초반부터 참여해 온 가수 연영석의 곡으로, 콜밴은 노래 중간에 가사 이씨, 네가 시키는 대로 내가 다 할 줄 아나의 '이씨'를 '박씨'로 바꿔 부른다. 물론 박씨는 콜트・콜텍의 대표를 지칭한다. 콜밴은 데뷔 2개월 만에 3000명 앞에서 연주하는 기적을 경험했지만 사실 실력은 그저 그렇다. 앵콜 요청에도 매번 같은 노래만을 반복해서 부른다. 임재춘 씨는 해고 노동자로서 해고 노동자들 앞에서 연주하는 기분을 묻자 "노래 부르기 싫어 야유회도 안 갔던 사람인데… 이렇게 진짜 뮤지션들이 연주하는 무대에서 공연한다는 것이 부담스럽다. 하지만, 우리의 상황을 알리고 연대하기 위해 음악을 하고 있다. 음정, 박자 다 틀리지만…"이라고 말한다. 이인근 씨는 "오늘 아침에 부평구청에 갔다 왔다. 새 건물주가 공장을 헐고 가스충전소를 짓겠다고 하는데, 구청은 이를 막을 수 없다고 한다. 우리는 몸으로 막을 수밖에 없다. 이제까지의 기타가 사치였다면, 이제 자유의 기타, 해방의 기타를 현장에 돌아가 만들겠다"고 결의를 다진다.[45]

콜밴이 공연을 시작한지도 벌써 1년이 넘었다. 이들은 매주 콜트・콜텍 수요문화제에서 뿐 아니라 크고 작은 집회와 문화제에 초대 가수로서도 활동하고 있다. 콜밴은 가사를 잊기도 하고, 음이탈도 나지만, 진정성만큼은 관객의 마음을 흔들고 있다. 그것은 "콜밴의 노래에 실린 위로와 연대의 힘, 나아가 노래 그 자체가 갖고 있는 힘"[46]때문일 것이다. 그러나 종종 콜밴은 외부 공연에 펑크를 낸다. 콜트・콜텍 복직투쟁의 긴박한 상황 때문이다. 2012년 9월 18일 '희망과 연대의 날' 공연에 콜밴은 참여하지 못했다. 바로 그날 새벽 콜트 공장에서 해고 노동자들을 몰아내기 위해 용역들이 들이닥쳤기 때문이다. 보컬 이인근 씨는 "콜밴을 결성한 계기가 동지들에게 연주를 들려주고 콜트·콜텍과 다른 장투 사업장 노동자들이 연대하기 위한 것인데, (공장에 들어온 용역들을 막아내느라 오늘) 공연에 참여하지 못해 아쉽다"며 사과를 하기도 했다.[47]

2012년 9월 18일 콜트·콜텍 공장에 용역들이 몰려온 이후로 수요문화제는 홍대 앞 라이프클럽 빵이 아니라, 콜트·콜텍 공장에서 진행되고 있다. 콜트·콜텍 예술행동에서 노동자들이 스스로 예술가가 된 것은 콜밴만은 아니다. 2012년 제17회 서울 인권영화제 마지막 날, '카메라를 든 노동자, 연대를 말하다' 섹션에서 콜트·콜텍 기타 노동자들이 스마트폰으로 직접 만든 〈콜트·콜텍 농성장 이야기〉가 상영되었다. 물론 이날 쌍용자동차 노동자의 〈대한문 투쟁 이야기〉와 골든브릿지 노동자들의 〈그 뜨거운 하루—골든브릿지 투쟁이야기〉도 함께 상영되었다.

다큐멘터리 〈기타이야기〉와 〈꿈의 공장〉이 전문예술가라 할 수 있는 김성균 감독의 작품이라면, 〈콜트·콜텍 농성장 이야기〉는 이제 막 영화 제작 방법을

그림 8.
미디어 액트가 콜트·콜텍 노동자들과 함께한 스마트폰 영상 교육 및 제작 장면, 이 장면은 〈콜트·콜텍 농성장 이야기〉에 나온다. ⓒ콜트·콜텍노조

그림 9.
제17회 서울인권영화제, '카메라를 든 노동자, 연대를 말하다' 2012.5.28. 중 〈콜트·콜텍 농성장 이야기〉 스틸컷. ⓒ콜트·콜텍노조

배운 노동자들이 스마트폰으로 찍은 자신들의 이야기라는 점에서 주목할 만하다. 미디어 액트는 2012년 2월 2일, 3월 8일 두 번에 걸쳐 콜트·콜텍 노동자들에게 스마트폰 교육을 했다. 매일 매일 투쟁의 현장에 참여하고 있는 노동자들은 자신들의 스마트폰으로 투쟁 상황을 기록하고 전달하기를 원했다. 미디어 교육을 받은 후 이들은 콜밴 뮤직비디오와 농성장을 소개하는 다큐멘터리를 제작했다. 이때 제작된 스마트폰 다큐멘터리가 김경봉·장석천 씨의 〈콜트·콜텍 농성장 이야기〉와 이인근·임재춘 씨의 〈콜밴 뮤직비디오〉이다.

김경봉·장석천 씨 등의 노동자들은 콜밴이 속성으로 기타를 배웠듯, 몇 번의 교육으로 기초적인 영상 제작 기술만을 배웠지만, 스스로 영상 제작에 분명한 목적이 있었고 자신들의 일상이 영상 제작의 소재였기에, 꽤나 그럴 듯한 결과물을 만들어 낼 수 있었다. 미디어 액트 교육자들은 콜트·콜텍 노동자들과의 수업을 마치고 "기기 사용법 알기, 영상 제작방법 알기뿐 아니라 '나누고 소통하기'의 목표와 방법에 대한 고민이 조금 더 구체적으로 있어야 할 것 같다"[48]고 고민했지만, 정작 영상을 제작한 콜트·콜텍 노동자들은 명백하고 절실하게 영상 제작의 목표를 인지했으며 진정성으로 제작에 임했기에, 기술상의 미흡함에도 불구하고 인권영화로서의 의의를 갖춘 작품을 제작할 수 있었던 것이다. 이는 예술적 성과는 전문적인 교육 절차나 기술 등의 잣대로 평가할 수 없다는 것을 보여준다.

콜트·콜텍 노동자가 스스로 예술가로서 참여한 장르는 훨씬 더 많다. 이미 앞 절에서 보았듯 '인천시 부평구 갈산동 421-1, 콜트·콜텍전' 중 노동자 방종운, 이인근, 심자섭 씨는 정윤희 작가와 함께 협업하여 자료전시 '노동: 인권: 콜트·콜텍 Archive 展'에 참여했다. 그러나 꼭 전시와 같은 주류 예술 형식은 아니지만, 노동자들은 투쟁 과정에서, 그리고 공장을 지키는 일상에서 대자보를

그림 10.
콜트 방종운 지회장의 〈자화상〉,
스캇 전진경 작가 작업실 벽, 2012.
ⓒ전진경
ⓒ콜트 · 콜텍노조

만들고, 활동 보고서를 만들며 자발적으로 미술 활동을 한다. 스캇 작가들과 마찬가지로 일터였고 농성장이며 이제는 노동자의 집이 된 콜트 · 콜텍 공장의 장소, 재료, 흔적 등은 이들이 시각적 표현물로 제작할 주제이자, 소재이다. 전진경 작가의 작업실 벽에는 방종운 콜트 지회장이 막걸리 한잔 걸치고 그렸다는[49] 〈자화상〉이 있다. 그는 그림에 다음과 같은 발문을 남겼다. "나도 사랑하고 너도 사랑하고 우리도 사랑하고 그 사랑 앞에 두려울 께(게) 무엇이 있으랴."

이뿐이 아니다. 2200여 일간 투쟁을 계속해 온 노동자들의 일상은 그 자체로 예술행동이다. 매주 목요일 저녁 부평 콜트 공장에서는 해고 노동자, 예술가, 문화 활동가, 시민들이 모여 함께 음식을 만들어 나누어 먹고, 미사를 보고, 다양한 문화 활동을 한다. 야단법석과 프리마켓에서는 섬유 예술가 차강과 함께 공동으로 조각보 바느질을 하고, 콜트 · 콜텍을 상징하는 티셔츠도 만들고, 각자의 캐리커처[50]도 제작한다. 콜트 · 콜텍 농성장에 필요한 물품을 스스로 제작하기도 하고, 연대 투쟁을 위한 응원용품도 만든다. 또한 이들은 함께 음식을 만들어 나눠 먹는다. 게다가 해고 노동자 가족들은 생계를 위해 된장, 고추장을 만들어 판매하고 있기도 하다. 고전적인 예술 장르로부터 살림 공예에 이르기까지 노동자들은 일상의 예술행동을 벌이고 있다.

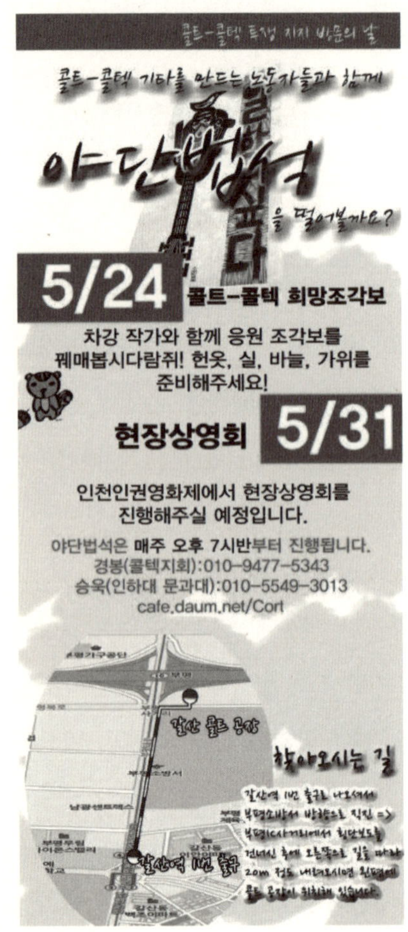

그림 11.
2012년 5월 24일 / 5월 31일 〈야단법석〉 포스터
ⓒ콜트 · 콜텍노조

그림 12.
2010년 5월 22일 〈홍대앞 프리마켓, 생활 창작 프로그램〉 포스터
ⓒ콜트 · 콜텍노조

그림 13.
2012년 12월 26일 〈수요문화제〉 포스터
ⓒ콜트 · 콜텍노조

모두가 예술가, 미적 액티비즘

콜트·콜텍 예술 행동은 경제적 불복종에서 시작되었지만, 경제적으로 직접적 관련이 없는 다중들이 자발적·우연적·산발적으로 몰려와 다장르적 통섭적 예술 행동을 6년간 계속했다. 포스트 사회에서 경제나 계급이 중심이나 토대가 아니라는 말은 더 이상 경제가 삶의 구성 요소가 아니라는 것과 동치가 아니다. 포스트 사회에서 인종, 성별, 종교, 환경, 섹슈얼리티, 민족 등이 삶을 구성하는 대등한 다원적 사슬이라면 계층이나 경제적 요소가 이 다원 사슬에서 배제되어야 할 이유는 없다. 항상은 아니지만 종종 특정 삶의 위치에서 경제는 핵심 요소로 작동하고, 그 경우에 경제가 그 위치를 구성하는 다른 요소들에게 미치는 복합적 영향을 정확히 이해할 때에만 예술행동은 새로운 위치로 옮겨가는 '해체'로 작동한다.

포스트 시대는 유일한 관점과 목표로 삶을 분석하거나 구획할 수는 없지만, 서로 다른 위치에 선 다중은 각자에게 쟁점이 되는 사안에 대해 연대하고 공동 행동을 벌여나간다. 그 행동의 방식은 직접적인 정치 행동으로부터 예술행동, 일상의 문화 정치로 다양하게 이루어질 수 있다. 온화한 얼굴로 말로만 개방성과 다원주의를 떠드는 것은 스스로를 진보적인 양 포장하고 위안하는 개혁적 보수주의 일 뿐이다. 한 개인이, 한 조직이, 하나의 투쟁이 모든 문제를 완전무결하게 해결할 수 없다고 해서, 각자의 문제를 해결하지 않고 내버려둬도 된다는 뜻일 리는 없다. 다원성과 개방성은 날카롭게 삶의 독특한 위치를 구성하는 관계를 뜻한다. 각자의 독특한 위치에서 직접적 정치 행동이든, 간접적 예술행동이든, 나아가 더 상상력 넘치는 복합적 행동주의를 창안할 때이다. 포스트 사회에서도 경제적 폭력과 그로부터 침탈된 삶은 여전히 사회적·예술적 의제이다.

콜트 · 콜텍 거점의 복합적 예술행동은 2013년 1월 레드앙의 2012년 좌파 예술상에서 2부문을 석권하였다. '인천시 부평구 갈산동 421-1, 콜트 · 콜텍 전'은 미술 부문 수상작으로 성정되었고, '콜밴'은 신인상을 수상하였다. 한 해의 예술 행동을 결산하는 자리에서 이토록 관심을 받고 높은 평가를 받을 만큼, 콜트 · 콜텍은 다각적 개인들의 자발적 · 산발적 · 통섭적 예술행동의 상징이 되었다.

콜트 · 콜텍 예술 행동은 전문가와 아마추어, 예술과 일상, 문화와 정치, 공적 영역과 사적 영역, 고급 예술과 대중 예술, 창조와 비평, 원본과 복제, 사실과 해석, 개입과 헌신, 생계와 놀이의 구분을 폐기한다. 또한 상호 참조, 스콧. 페스티쉬와 하이브리드, 반복적이고 증폭적인 창조, 화답과 협업, 즉흥성과 우연성, 통섭, 연대, 책임 등의 미적 경계를 상상적으로 모의한다. 이 글은 '예술'의 개념과 평가의 기준을 변경할 것을 요구하는 포스트예술 시대의 변화된 예술 실천의 중심 사례로 콜트 · 콜텍 예술행동을 담았다. 이제 콜트 · 콜텍에서의 예술 행동, 일상의 문화 정치, 미적 액티비즘을 공정하게 고려할 미학의 전환을 논의할 순서이다. 포스트예술 시대 미학의 긍정적 형식은 후속 연구를 통해 제안하고자 한다.

후 주

폭력과 희생양 — 르네 지라르의 폭력론

1 이 글은 2013년 자음과모음의 ≪알≫지에 실린 것을 수정 · 보완한 것이다.

2 발터 벤야민, 최성민 옮김, ≪역사의 개념에 대하여 폭력비판을 위하여 초현실주의 외≫, 길, 2009, 77-117쪽.

3 여기서 언급한 폭력론은 우리말로 번역이 된 것들이다. 지젝, 이현우 · 김희진 · 정일권 옮김, ≪폭력이란 무엇인가≫, 난장이, 2008; 슈미트, 김항 옮김, ≪정치신학≫, 그린비, 2010; 데리다, 진태원 옮김, ≪법의 힘≫, 문학과 지성사, 2004; 아감벤, 김항 옮김, ≪예외상태≫, 새물결, 2009.

4 지라르, 김진식 옮김, ≪그를 통해 스캔들이 왔다≫, 문학과지성사, 2007, 15쪽.

5 위의 책, 16쪽.

6 지라르, 김진식 옮김, ≪나는 사탄이 번개처럼 떨어지는 것을 본다≫, 문학과 지성사, 2004, 70쪽.

7 위의 책, 70쪽.

8 황수진, 〈학교 다니는 저는 늘 왕따였어요〉, ≪상담사례연구집≫ 1/1, 2011, 158-188쪽.

9 이춘재 · 곽금주, ≪학교에서의 집단 따돌림: 특성 및 실태≫, 서울: 집문당, 1999.

10 ≪나는 사탄이 번개처럼 떨어지는 것을 본다≫, 22쪽.

11 ≪낭만적 거짓과 소설적 진실≫(김치수 · 송의경 옮김, 한길사, 2001)의 1장 제목이 "삼각형의 욕망"이다.

12 ≪그를 통해 스캔들이 왔다≫, 19, 21쪽.

13 ≪나는 사탄이 번개처럼 떨어지는 것을 본다≫, 74쪽.

14 지라르, 김진식·박무호, ≪폭력과 성스러움≫, 민음사, 1993, 122쪽.

15 ≪나는 사탄이 번개처럼 떨어지는 것을 본다≫, 90쪽.

16 ≪그를 통해 스캔들이 왔다≫, 27쪽.

17 위의 책, 27쪽.

18 위의 책, 30쪽.

19 ≪폭력과 성스러움≫, 78쪽.

20 ≪나는 사탄이 번개처럼 떨어지는 것을 본다≫, 208쪽.

21 지난 6월에 한국을 방문했던 지젝은 29일 오전에 쌍용자동차 분향소를 방문하였다.

22 파스칼 메르시어, 전은경 옮김, ≪리스본행 야간열차≫, 들녘, 2007, 262쪽.

23 Yasmine Musharbash, "Boredom, Time, and Modernity: An Example from Aboriginal Australia," *American Anthropologist*, 109. 2(Jun 2007), pp. 307-317 참조 바람.

불통과 폭력, 그리고 소통 프로젝트 — 프리모 레비의 증언 프로젝트를 중심으로

1 이 글은 ≪수사학≫ 제17집(2012.9.)에 게재된 원고를 대폭 수정한 것이다.

2 Levi, Primo, *The Drowned and The Saved*, New York: Vintage Book, 1998, p. 98.

3 수용소에서 이탈리아계 유태인들은 "일할 줄 모르고, 빵을 도둑맞고, 아침부터 밤까지 얻어맞는" 사람들로 통한다. 따라서 독일인들은 그들을 "왼손만 두 개"라는 별명으로 불렀다. 심지어 이탈리아 사회에 동화된 유태인들 대부분은 이디시어를 모르고 성장했기 때문에 폴란드 유태인들까지 그들을 무시했다고 레비는 전한다. 레비, 프리모(Levi, Primo), 이현경 옮김, ≪이것이 인간인가≫, 파주: 돌베개, 2007, 70-71쪽. 이후에 인용되는 레비의 한국어와 영문 텍스트는 저자명, 책제목 중 일부, 페이지순으로 표기하기로 한다.

4 레비, ≪이것이 인간인가≫, 115쪽.

5 같은 쪽.

6 Levi, *The Drowned*, p. 94 참조.

7 레비, 프리모, 이소영 옮김, ≪휴전≫, 파주: 돌베개, 2010, 34쪽.

8 위의 책, 36쪽.

9 Felman, Shoshana, "The Return of the Voice: Claude Lanzman's Shoah," Shoshana Felman and Dori Laub, *Testimony: Crises of Witnessing in Literature, Psychoanalysis and History*, London: Routledge, 1991, p. 81.

10 Insana, Nina N, *Arduous Tasks: Primo Levi, Translation and the Transmission of Holocaust Testimony,* Toronto: U of Toronto P, 2009, p. 51.

11 레비, ≪이것이 인간인가≫, 34쪽.

12 위의 책, 57-58쪽.

13 위의 책, 57쪽.

14 위의 책, 167쪽.

15 위의 책, 171쪽.

16 Insana, *ob. cit.*, p. 50 재인용.

17 Bertoletti, Isabella, "Primo Levi's Odyssey: *The Drowned and the Saved*," *The Legacy of Primo Levi*, Ed. Antonio Pugliese, New York: Palgrave Macmillan, 2005. p. 111.

18 레비, ≪이것이 인간인가≫, 163쪽.

19 위의 책, 163쪽.

20 같은 쪽.

21 같은 쪽.

22 위의 책, 111쪽.

23 같은 쪽.

24 위의 책, 175쪽.

25 Felman, Shoshana, *ob. cit.*, p. 85.

26 레비, ≪이것이 인간인가≫, 173쪽.

27 Insana, *ob. cit.*, p. 51.

28 Levi, *The Drowned* , p. 89.

29 *Loc. cit.*

30 *Loc. cit.*

31 *Loc. cit.*

32 *Ibid.,* p. 105.

언어폭력 — 언어의 잉여물들

1 Maurice Merleau-Ponty, *Signes*, Gallimard, 1960, p. 345: 메를로-퐁티는 이 책의 한 논문 〈마키아벨리에 관한 노트〉에서 마키아벨리의 말을 인용한다. 마키아벨리는 처음부터 폭력을 '힘과 함께 하는 싸움'을

막기 위한 '법과 함께 하는 싸움'으로 정의하는데, 메를로-퐁티는 이러한 마키아벨리를 인간성(humanité)의 조건을 잘 알고 있었던 합리적인 인물로 평가한다.

2 Paul Ricoeur, La violence, éd. *Desclée de Brouwer*, 1967, p. 87, "Semaine des intelellectuels catholiques".

3 Maurice Merleau-Ponty, *La prose du monde*, Gallimard, Paris, 1969, pp. 182-183.

4 이 글에서 파롤과 말이 다소 혼동되어 사용되는 것처럼 여겨질 수 있다. 파롤이 개별적 언어를 지칭하면서, 공통 문법으로서의 랑그와 구분된다면 우리는 파롤 가운데서도 주로 '말', 음성과 몸짓을 수반하는 말의 문제에 집중하려고 한다.

5 '(비)소통'에 비를 괄호로 묶은 이유는 소통을 목적으로 하는 대화가 필연적으로 소통을 실패하게 만든다는 사실을 함축하기 위해서다. 소통을 목적으로 하는 말은 이미 간접화법이라고 볼 수 있는데, 왜냐하면 그 말을 뒷받침하는 어떤 공동체적 사유가 확고하게 자리 잡기 때문이다. 이 경우에 서로 다른 공동체적 기반에 충실한 말들은 서로 충돌할 수밖에 없다. 그러한 말들은 닫힌 말들이다.

6 모리스 메를로-퐁티, 남수인 · 최의영 역, ≪보이는 것과 보이지 않는 것≫, 동문선, 141쪽.

7 질 들뢰즈, 김재인 역, ≪천 개의 고원≫, 새물결, 2001, 152쪽, 각주 13: 언어와 관련해서, 유사한 질문으로부터 시작한다고 할지라도 들뢰즈의 생각과 메를로-퐁티의 생각은 상당한 차이를 보인다. 인간에 있어서 표현을 강조한다고 할지라도 메를로-퐁티는 들뢰즈처럼 문화적 상수를 완전히 배척하지는 않는다. 그는 제도화된 언어를 부정하려는 것이 아니다. 그가 반대하는 것은 우연성의 요소를 끌어들이지 않으면서 언어를 구축하려는 모든 시도들이다.

8 Maurice Merleau-Ponty, *La phénoménologie de la perception*, Gallimard, 1945, p. 214(국역본 286).

9 메를로-퐁티는 파롤을 말하는 파롤(parole parlante)과 말해진 파롤(parole parlée)로 구분한다. 여기서 몸짓이 참여하는 파롤은 전자의 파롤이며, 이것이 발화의 순간에서 포착되는 말이라고 할 수 있다.

10 Maurice Merleau-Ponty, *op. cit.*, p. 214(국역본 286).

11 *Ibid.*, p. 207(국역본 277).

12 슬픔과 분노를 표현하는 정서적 몸짓은 각 문화마다 다를 수 있다. 이는 아직 애매한 몸짓의 의미가 제도화되는 과정에 우연적인 요소가 개입한다는 것을 증명한다. "중요한 것은 그들이 자신들의 몸을 사용하는 방식, 정서 안에서의 그들의 몸과 그들의 세계의 동시적인 형태화이다. 심리생리학적 장비는 다수의 가능성들이 열려 있도록 놓아둔다. (…) 말들처럼 감정들과 열정적 행동들은 창안된다. 부성(父性)처럼 인간의 몸에 기입되는 듯이 보이는 것들조차 사실상 제도들이다." 위의 책, p. 220(국역본 294).

13 Françoise Dastur, *Chair et langage: essais sur Merleau-Ponty*, Encre Marin, 2001, p. 51.

14 모든 시작하는 말과 몸짓이 제도화되는 것은 아니다. 마치 아방가르드적 예술 표현이 장르가 되기 위해서 감상자들의 공감이라는 우연적 요소가 필요한 것처럼 어떤 말들과 몸짓들은 고함과 무의미한 몸짓으로 남아 있지 않기 위해서는 타인들과의 예상치 않은 결합이 필요하다.

15 라캉의 용어인 대타자는 주체를 결정하는 상징적 질서를 의미하며, 언어와 법의 대리자로서 나타난다.

대타자는 단편적인 개인적 말들이 보편적 언어와 진리의 차원을 가질 수 있도록 보증한다.

16 레나타 살레클, 이성민 역, ≪사랑과 증오의 도착들≫, 도서출판 b, 1998, 194쪽.

17 프랑스어 redondance와 reste는 모두 잉여라고 번역되지만 그 의미는 정반대에 놓인다. redondance는 넘쳐나는 과잉을 지시하고, reste는 규범적 전체 속에 들어가지 못한 나머지를 지시한다. 이 두 가지 잉여는 각각 질 들뢰즈의 ≪천 개의 고원≫과 장-자크 르세르클의 ≪언어의 폭력*La violance du langage*≫에서 빌려온 것이다. 특히 장-자크 르세르클은 잉여(reste) 이론을 발전시키면서 언어 내적인 잉여들을 발굴하는데, 여기에 들뢰즈와 가타리가 말하는 다수 집단의 언어를 위협하면서 끊임없이 생성되는 소수 집단의 언어가 포함된다.

18 질 들뢰즈, 김재인 역, ≪천개의 고원≫, 새물결, 2001, 156쪽.

19 위의 책, p. 150: "최초의 언어, 또는 차라리 언어를 채우고 있는 최초의 결정물은 전의(轉義)나 은유가 아니라 간접화법(discours indirect)이다."

20 위의 책, p. 164.

21 그리하여 들뢰즈에게 말하는 '주체'는 없다. 오로지 기계적, 자동적인 수행들만이 있을 뿐이다.

22 이러한 과잉적 제스처는 폭력적인 언어가 함축하는 증오, 혐오와 같은 정서를 수반한다. 언어가 정서와 섞이는 원인을 파롤이 애초에 물질성을 가지고 있었으며, 그것으로 회귀하려는 경향을 갖기 때문이라고 장-자크 르세르클은 설명한다. "언어가 물질적인 것은, 파롤의 물리학이 존재하기 때문이 아니라 단어들이 언제나 외침으로 돌아가겠다고 위협하기 때문이며, 단어들이 화자의 신체를 움직이는 폭력적인 정서를 운반하기 때문이며, 단어들이 그 위에 기입되고, 일반적으로 그것과 섞이기 때문이다." Jean-Jacques Lecercle, *La violence du langage*, PUF, 1996, p. 102.

23 *Ibid.*, p. 251.

24 질 들뢰즈, 김재인 역, ≪천개의 고원≫, 새물결, 2001, 174쪽.

25 카프카는 유태인이면서 체코에 거주했고 독일어로 글을 썼다. 이러한 분열적 상태는 그를 소수파적 언어로 만들었으며, 독일어에 있어서 어떤 변수로 기능했다.

26 질 들뢰즈, 앞의 책, p. 270.

27 위의 책, p. 271.

28 Maurice Merleau-Ponty, *La prose du monde*, p. 187: "그것은 이차적인 나-자신, 나를 위한 두 번째 거주지일 뿐이다. 그러나 타자인 어떤 나가 있다. 그 나는 다른 곳에 자리 잡고 내 중심 자리에서 나를 내려오게 한다."

29 메를로-퐁티는 ≪지각의 현상학≫에서 부모의 압력에 의해 연인과 억지로 헤어지게 된 후 실어증에 걸린 소녀를 소개한다. 이 소녀는 표현의 기능을 잃어버렸는데, 이는 연인과의 관계를 차단당함으로써 세계와의 관계를 스스로 차단한 것이며, 소녀의 이러한 결정은 몸짓으로서의 파롤의 상실이라는 결과로서 나타난다.

30 Maurice Merleau-Ponty, *op. cit.*, pp. 199-200.

31 위의 책, p. 28: "내가 들을 때 내가 분절된 소리들에 대한 청각적 지각을 갖는다고 말하지 않아야 하며 담화가 내 안에서 말해진다고 말해야 한다. 그것은 나를 호출하고 나는 반향한다. 그것은 나를 감싸고 내게 거주한다. 그래서 나는 나로부터 존재하는 것이 무엇인지, 그것으로부터 존재하는 것이 무엇인지를 더 이상 알 수 없는 지점에까지 이른다."

32 메를로-퐁티가 폭력을 이야기하지 않은 것은 아니다. 그는 ≪휴머니즘과 폭력≫과 〈마키아벨리에 대한 노트〉에서 폭력의 보편성에 대해 말하는데, 인간은 신체를 가지고 있기 때문에 폭력은 불가피하다는 것이다, 즉 신체를 가지고 있는 주체는 위협받고 있다고 느낄 수밖에 없기 때문에 그 공포를 이제는 거꾸로 타자를 향해 투사한다. 여기서 감지되는 것은 사르트르에서 발견하는 대자적 의식과 대상화의 위협을 받는 몸 간의 갈등이다. 폭력이 보편적인 이상 어떠한 폭력인가를 문제 삼아야 한다고 말하면서, 메를로-퐁티는 미래적 전망이 현재에 개입되어있는 폭력을 긍정적으로 평가한다. 이러한 생각은 후기의 저작인 ≪변증법의 모험≫에서 수정된다. 하지만 언어에 초점을 맞추는 이 글에서 그의 사상적, 이론적 변화에 대해 논의하는 것은 불필요해 보인다.

33 위의 책, pp. 197-198.

34 Maurice Merleau-Ponty, *La phénoménologie de la perception*, p. 403(국역본 525): "우리는 세계-개별자 안으로의 우리의 삽입으로서 조망들과 관점을 이해해야만 하며, 지각을 참된 대상의 구성으로서가 아니라 사물들에의 우리의 내속관계로 이해해야만 한다. 의식은 자신 안에서, 감각적 장들과 모든 장들의 장으로서의 세계와 함께 본래적인 과거의 불투명성을 발견한다."

35 발터 벤야민, 최성만 역, ≪발터 벤야민 선집 5: 역사의 개념에 대하여, 폭력비판을 위하여, 초현실주의 외≫, 도서출판 길, 2008, 98-99쪽.

36 위의 책, p. 93.

'행복한 가족' 신화와 폭력

1 〈'잠'만 자는 신인류, 초식남〉, ≪한겨레 21≫, 2009.5.6.

2 이종영, ≪사랑에서 악으로≫, 이행총서, 2004, 12쪽.

3 기텐스, 다이애너, 안호용 · 김홍주 · 배선희 옮김, ≪가족은 없다: 가족 이데올로기의 해부≫, 일신사, 1997, 15쪽 재인용.

4 불, 맬컴, 김정한 옮김, 〈생명정치적인 것의 벡터들〉, ≪뉴레프트 리뷰≫, 2009, 421쪽 재인용.

5 위의 책, 422쪽.

6 기틴스, 앞의 책, 245쪽.

7 〈솔로족, 싱글족, 홀로서기족…'1인 가구' 유형들〉, ≪시사저널≫, 2011.2.9.

8 바우만, 지그문트, 조은평 · 강지은 옮김, ≪고독을 잃어버린 시간≫, 파주: 도서출판 동녘, 2012, 94쪽.

9 메이야수, 클로드, 김봉률 옮김, ≪자본주의와 가족제 공동체: 여성 · 곡창 · 자본≫, 까치, 1989, 216쪽.

10 기틴스, 앞의 책, 240쪽.

11 1955년에서 1964년에 태어난 약 900만 명의 사람들

12 호네트, 악셀, 문성훈 · 이현재 · 장은주 · 하주영 옮김, ≪정의의 타자≫, 파주: 나남, 2009, 249쪽.

13 위의 책, 250쪽.

14 푸코, ≪성의 역사 — 쾌락의 활용≫, 187쪽.

15 〈다시 가족이다: EU · 일본 "국가가 가족 대체 못해"…가족중심 정책으로 U턴〉, ≪조선일보≫, 2013.1.1.

16 고선주, 〈가정 '융 · 복합' 시대 신개념 공동체, '제2의 가족'이 늘어난다〉, ≪시사저널≫, 2011.2.9.

17 호네트, 앞의 책, 263쪽.

18 2011년 기준 5년 동안 '처리'된 무연고 사망자의 시신은 450여 구였고, 가족이 시신 인수를 거부한 '가족이 있는 무연고 사망자'가 174명이었다(≪조선일보≫, 2011.7.14.).

19 뵈르기에르, 앙드레, 정철웅 옮김, ≪가족의 역사 1≫, 서울: 이학사, 2001.

20 메이야수, 앞의 책, 213쪽.

21 위의 글, 〈다시 가족이다—EU · 일본 "국가가 가족 대체 못해"…가족중심 정책으로 U턴〉.

22 그리어, 저메인, 이미선 옮김, ≪여성, 거세당하다≫, 텍스트, 2012, 303쪽.

23 위의 책, 290.

24 벡-게른스하임, 엘리자베트, 박은주 옮김, ≪가족 이후에 무엇이 오는가≫, 새물결, 2005, 83쪽.

25 이종영, ≪사랑에서 악으로≫, 새물결, 2004, 62쪽.

26 기틴스, 앞의 책, 239쪽.

27 어린아이가 부모에 대해 느끼는 사랑의 욕망과 적대적 욕망의 총체가 오이디푸스 콤플렉스이다. 어머니에게 집착하고자 하는 남자아이의 무의식적 오이디푸스 욕망에서 갈등은 시작된다. 어머니에 대한 아이의 집착에 대해 아버지는 거세 위협으로써 응답하기 때문에 아이와 아버지의 싸움이 시작되는 것이다. 요컨대 프로이트가 말하는 세대 간의 갈등의 핵심이 바로 오이디푸스 콤플렉스이다. 그런데 아이, 어머니, 남근, 아버지라는 네 명의 인물이 나오는 오이디푸스 콤플렉스의 보편성에 대한 주장은 가족구조의 보편성에 대한 주장에 다름 아니다. 가부장제적 가정에서 자란 자녀들만이 정상가족일 수 있다는 이데올로기가 개입되어 여러 종류로 구성된 가족을 예외적으로 놓고 있는 것은 시대적 착오적임에도 불구하고 지배적인 담론이다. 정신분석학에서 오이디푸스 콤플렉스를 극복해 내지 못하는 사례는 얼마든지 있음에도 불구하고 가족의 다양성을 편향적으로 나누는 것 자체가 오류일 뿐이다. 다양한 가정 출신의 결핍된 자녀들이 주체를 이루는 가족이 나오면서 '정상적인 가족'에 대한 인식을 바꾸고 사랑이란 영원히 지속되지

않고 관계가 끝나 이별하는 것이 삶에 있어 정상적 사건이라는 것을 수용할 수 있어야 한다. 이것이 새로운 사회화의 독자성이다.

28 이종영, 앞의 책, 11쪽.

29 부모 없이 조부모와 함께 사는 가정

30 안성모, 〈가정 '융·복합' 시대 신개념 공동체, '제2의 가족'이 늘어난다〉, ≪시사저널≫ 111호, 2011.2.9.

31 그리어, 앞의 책, 286쪽.

32 기턴스, 앞의 책, 244쪽.

33 〈일본 '한지붕 다세대' 공존형 주택 유행〉, ≪조선일보≫, 2013.1.1.

34 불, 앞의 책, 427쪽.

35 호네트, 앞의 책, 265쪽.

가정폭력 담론의 재구축—가정폭력 피해자 담론과 역량강화 연속선

1 이 글은 이화여대 한국여성연구원에서 발간하는 ≪여성학 논집≫ 28집 1호(2011년)에 게재된 글을 수정·보완한 글이다.

2 Muehlenhard and Kimes, "The social construction of violence: the case of sexual and domestic violence", *Personality and Social Psychology Review*, 3(3), 1999, p. 238.

3 Morrison, Adele M., "Changing the Domestic Violence (Dis)Course: Moving from White Victim to Multi-Cultural Survivor", *University of California Davis Law Review*, 39(3), 2006, p. 1081.

4 Tierney, Kathleen J., "The Battered Woman Movement and the Creation of the Wife Beating Problem", *Violence Against Women,* Claire M, Renzetti and Raquel Kennedy Bergen(eds.), New York: Rowman and Littlefield Publishers, Inc., 2005.

5 Morrison, *op. cit.*, p. 1078.

6 Muehlenhard and Kimes, *op. cit.*, p. 234.

7 Morrison, *loc. cit.*

8 Walker, Lenore E., *The Battered Woman Syndrome,* New York: Springer, 1984; __________, *The Battered Woman,* New York: Harper and Row, 1979.

9 Schechter, Susan, *Women and Male Violence*, Boston: South End Press, 1982, p. 24.

10 Lamb, Sharon, "Constructing the Victim: Popular Images and Lasting Labels", *New Versions of Victims: Feminists Struggle with Concept,* New York: New York University Press, 1999, p. 116.

11 Dunn, Jennifer L., "The Politics of Empathy: Social Movements and Victim Repertoires", *Sociological Focus*, 37(3), 2004, pp. 235-250; Mahony, Martha R., "Victimization or Oppression? Women's Lives, Violence, and Agency", *The Public Nature of Private Violence,* New York: Routledge, 1994, pp. 59-92.

12 Kelly, Liz, *Surviving Sexual Violence,* Minneapolis: University of Minnesota Press, 1988; Hoff, Lee Ann, *Battered Women as Survivors,* London: Routledge, 1990.

13 Dunn, Jennifer L., *loc. cit.*: ________, "'Victims' and 'Survivors': Emerging Vocabularies of Motive for 'Battered Women' Who Stay", *Sociological Inquiry*, 75(1), 2005, pp. 1-30.

14 Dunn, *loc. cit.*; Berns, Nancy, "My Problem and How I Solved It", *The Sociological Quarterly*, 40(1), 1999, pp. 85-108.

15 Mahony, Martha R., "Victimization or Oppression? Women's Lives, Violence, and Agency", *The Public Nature of Private Violence,* New York: Routledge, 1994, p. 67.

16 Schneider, Elizabeth M., "Battered Women and Feminist Lawmaking", New Heaven and London: Yale University Press, 2000, p. 76.

17 Lamb, *op. cit.*, p. 109.

18 Jenkins, *op. cit.*, p. 110.

19 베틀, ≪쉼터가 인신매매 집이라고?≫ 제51호, 1991 참조.

20 여성가족부(2010), http://www.mogef.go.kr/korea/view/policy/policy01_06_01.jsp(검색일: 2010.7.20.)

21 「가정폭력방지법」 제정 과정에 관한 자세한 논의는 이현숙 · 정춘숙(1999), ≪여성인권운동사≫, 서울: 한울, 106-180쪽 참조.

22 Peter, Tracey, "Domestic Violence in the United States and Sweden: A Welfare state typology comparison within a power resources framework", *Women' Studies International Forum*, 29, 2006, pp. 96-107.

23 여성가족부, "심각한 가정폭력에 적극 대응, [가정폭력방지종합대책] 마련", 여성가족부 보도자료, 2011.5.24.

24 이미혜, "가정폭력은 생명의 위협에 대한 즉시성의 문제다", 가정폭력 피해지원 시스템의 문제와 과제, 2006 한국여성의전화연합 가정폭력추방 연속토론회 3차 자료집 발표문, 2006.9.21.

25 「가정폭력방지법」은 제8조 보호시설의 업무에서 "자립자활교육의 실시와 취업정보의 제공"을 명시함으로 피해자들이 폭력으로부터 벗어나 사회 복귀를 할 수 있도록 지원하는 것이 보호 정책의 일환임을 분명히 하고 있다.

26 예를 들어 여성가족부의 2011년도 운영 실적에 따르면, 피해자의 자립 지원(취업 알선, 직업훈련소 연계, 퇴소 후 거주지 알선)은 전체 지원의 4.1%에 불과해 2010년도의 5.9%보다 더 감소된 추세를 보였다. 반면 개인상담 · 심신단련과 같은 심리 · 정서적 지원은 전체의 49.1%를 차지하며, 전년 대비 증가 추세를 보이고 있다.

27 장수옥(2007)은 "가정폭력 피해자 보호시설 운영 현황 및 과제: 재정문제를 중심으로", 〈변하지 않는 쉼터의 현실 고민을 말한다〉 가정폭력문제 제2차 열린포럼 자료집 발표문(2007.7.13.)에서 "서류상 재산이 있다고 해도 자신의 힘으로 재산을 관리할 수 있는 피해 여성은 드물고, 재산이 있다는 이유로 폭력 상황에서 긴급하게 도망 나온 피해 여성의 서비스 이용을 제한하는 것은 문제"라 지적하고 있다.

28 Terry, Geraldine, "Poverty reduction and violence against women: exploring links, assessing impact", *Development in Practice,* 14(4), 2004, pp. 469-480.

29 전옥희(2009), "가정폭력피해여성지원활동의 성과와 고민", 여성의 전화 2009년 정책토론회자료집.

30 McDermott, M. Joan and James Garofalo, "When Advocacy for Domestic Violence Victims Backfires", *Violence Against Women,* 10(11), 2004, pp. 1245-1266; Kasturiangan, Aarati, "Empowerment and Programs Designed to Address Domestic Violence", *Violence Against Women,* 14(12), 2008, pp. 1465-1475.

31 Morrison, *op. cit.*, pp. 1108-1109.

32 Hanna, Cheryl, "No Right to Choose: Mandated Victim Participation in Domestic Violence Prosecutions", *Harvard Law Review,* 109(8), 1996, pp. 1849-1910; Kasturiangan, *loc. cit.*.

33 Tuerkheimer, Deborah, "Recognizing and Remedying the Harm of Battering: A Call to Criminalize Domestic Violence", *The Journal of Criminal Law and Criminology,* 94(4), 2004, pp. 959-1031; Burke, Alafair S., "Domestic Violence as a Crime of Pattern and Intent: An Alternative Reconceptualization", *The George Washington Law Review,* 75(3), 2007, pp. 552-612; Hanna, Cheryl, "The Paradox of Progress: Translating Evan Stark's Coercive Control Into Legal doctrine for Abused Women", *Violence against Women,* 15(12), 2009, pp. 1458-1476.

34 한국여성정책연구원의 '2010 한국의 성인지 통계'에 의하면, 2009년 가정폭력 기소율은 10.4%로 10년 전의 22.3%보다 오히려 감소하였다.

35 상담조건부 기소유예의 문제점에 대해서는 이호중, 〈가정폭력 사건의 상담조건부 기소유예제도에 대한 비판적 분석〉, ≪형사정책연구≫ 제16권 제2호, 2005, 171-210쪽 참조.

36 Burke, *op. cit.*, p. 566.

37 Burke, *loc. cit.*, Hanna(2009), *loc. cit.*.

38 Foucault, Michel, *Discipline and Punish: The Birth of Prison,* London: Penguin Books, 1977.

엄마의 폭력—모성의 폭력, 폭력의 모성

1 Ehrenreich, Barbara, "Oh, those family values", *Time,* July 18, 1994. (http://www.time.com/time/magazine/

article/0,9171,981112,00.html)

2 ≪마더쇼크≫에서는 15~20초의 시간에도 무의식의 영역까지 미치는 광고의 영향력에 빗대어, 엄마의 영향력을 "24시간 켜져 있는 광고"라고 비유한다. EBS 〈마더쇼크〉 제작팀 지음, ≪마더쇼크≫, 중앙북스, 2012.

3 루이 쉬첸회퍼, ≪당신은 어떤 어머니입니까?≫, 한스미디어, 2004.

4 메넨데즈 사건의 경우 피의자인 형제는 주로 아버지의 폭력을 존속살해의 이유로 들었으며, 여성이 표면상의 가해자로 보이는 보빗 사건의 경우, 남편의 폭력과 학대가 인정되어 아내는 정당방위로 무죄를 선고받았다.

5 쉬첸회퍼, ≪당신은 어떤 어머니입니까?≫, 31쪽.

6 예를 들어 아드리엔 리치(Adrienne Rich)는 어머니들의 헌신적인 사랑을 "자연적"인 것으로 간주하는 "모성 제도의 비가시적인 폭력"을 비판하였다. 엘리자베스 바댕테르(Elisabeth Badinter)는 17세기에서 20세기에 이르는 사회사적 고찰을 통해, 많은 주요한 개념들이 그러하듯, 모성도 자연스런 본능이 아닌 사회, 국가적 필요에서 고안된 '역사적 개념'임을 주장하였다. 아드리엔 리치, 김인성 역, ≪더 이상 어머니는 없다: 모성의 신화에 대한 반성≫, 평민사, 1995; 엘리자베트 바댕테르, 심성은 역, ≪만들어진 모성≫, 동녘, 2009.

7 ≪마더쇼크≫, 22쪽.

8 위의 책, 28쪽.

9 위의 책, 266쪽.

10 법륜, ≪엄마수업≫, 휴, 2011.

11 세라 블래퍼 허디, 황희선 옮김, ≪어머니의 탄생: 모성, 여성, 그리고 가족의 기원과 진화≫, 사이언스북스, 2010, 61쪽.

12 위의 책, 61쪽.

13 ≪마더쇼크≫, 33쪽에서 재인용.

14 위의 책, 33쪽에서 재인용.

15 모성의 이데올로기적 숭배와 더불어 자본주의 체제하에서 전업주부의 가사/육아 노동은 환금성 노동에 비해 경제적으로 저평가되고, 여성의 전업주부 기간은 '경력단절'로 취급된다. 이경아, ≪엄마는 괴로워: 우리 시대 엄마를 인터뷰하다≫, 동녘, 2011, 24쪽.

16 허디는 진화적 관점에서 볼 때 아기도 엄마의 보살핌을 이끌어 내기에 긍정적인 방향, 즉 '기를 만한 가치가 있는 아기'가 되기 위해 토실토실한 팔다리와 몸통을 가지는 쪽으로 진화하였다고 주장한다. ≪어머니의 탄생≫, 746-747쪽.

17 이경아, 위의 책, 43쪽에서 재인용.

18 위의 책, 43쪽.

19 위의 책, 32쪽에서 재인용.

20 허디, 앞의 책, 782-783쪽.

21 Friedan, Betty, "A woman's civil right", *Penguin book of historic speeches*, Ed. Brian MacArthur, London: Penguin, 1995, pp. 455-458.

22 이훈구, ≪미안하다고 말하기가 그렇게 어려웠나요≫, 이야기, 2001.

23 신형철, 〈어떤 사랑의 실패에 대하여〉, ≪씨네21≫ (http://www.cine21.com/news/view/mag_id/70784).

24 퇴근 후 아들을 바라보는 아버지 프랭클린의 얼굴은 다정한 관심과 사랑으로 가득 찬 반면, 하루 종일 케빈과 지낸 어머니 에바의 얼굴은 피로와 좌절감이 한계까지 차오른 모습으로 대조를 이룬다.

25 영화의 원작 소설에서는 여러 육아 도우미들이 케빈을 돌보도록 고용되었으나 애착을 형성하지 못하는 과정을 보여줌으로써 케빈이라는 아이의 다루기 어려운 특이성을 좀 더 분명히 보여주고 있으나 영화에서는 엄마가 육아를 전담하는 것으로 설정, 에바의 출산 후 고립감을 좀 더 강조해 보여준다.

26 허디, 앞의 책, 189쪽.

27 ≪조선일보≫는 2013년 신년특집으로 〈다시 가족이다〉라는 연재기사를 기획하여, 영국에서 탁아소에서 자란 아이들이 면역력이 떨어지고 사망률이 높았다는 등의 사례를 통해 육아가 가족 중심으로 이루어져야 한다고 주장하였다. (http://news.chosun.com/site/data/html_dir/2013/01/01/2013010100105.html)

28 제인 구달의 유명한 침팬지 플로(Flo)의 일생은 이것을 보여주는 적절한 예이다. 무리 내에서 최상위의 사회적 지위를 확보한 플로는 다른 암컷보다 많은 새끼들을 낳았으며, 생존율도 월등하게 높았다. 플로의 지위는 그녀의 맏딸인 피피(Fifi)에게 승계되었으며 이 딸도 똑같은 혜택을 누렸다. 허디, 앞의 책, 100-102쪽.

29 위의 책, 189쪽.

30 이렇게 가정으로 되돌아간 엄마의 일부는 자신의 인생을 기회비용으로 한 자녀의 성공을 위해 교육일정을 적극적으로 계획하고 관리하는 '헬리콥터 맘'이 된다.

31 론줄리 의원은 딸과 동행한 이유에 대해 "임신과 직업, 사회생활과 가사를 병행할 수 없는 모든 여성을 위해 딸과 함께 이 자리에 왔다"고 대답하였다.

32 허디, 앞의 책, 283쪽.

청소년 폭력의 뿌리

1 최근에 필자는 동일한 주제에 관하여 스피노자의 철학과 정신의학의 청소년 연구를 접목시켜서 논문을 발표한 바 있다. 〈자학과 정체성〉, ≪대동철학≫ 제61집, 2012, 393-412쪽. 아래의 글은 이 논문의 정신의학적 부분을 몇몇 첨감과 함께 큰 변형 없이 정리한 것임을 밝혀 둔다.

2 필립 장메 교수는 청소년 전문 정신의학자로서 학생들의 정신건강 증진과 자살 예방을 위한 〈취약 청소년 보호관리〉 협동과정의 책임자이기도 하다. 이 협동과정을 통해 장메 교수는 다양한 정책 전문가들을 교육하고 청소년 문제에 대한 인식과 정보를 교환하는 장(場)을 구성함으로써 프랑스의 청소년 정신건강 정책 및 학생 자살 예방에 힘쓰고 있다.

필자가 주로 참조하고 활용한 장메 교수의 저작들은 다음과 같다.

- *L'adolescence*(청소년기), Bien-être, 2002.
- *Les nouveaux ados*(새로운 청소년들), Canuel, Brigitte(direction), 2006, "Le corps", pp. 51-67.
- *Paradoxes et dépendance à l'adolescence*(청소년기의 모순과 의존성), Yakaba.be, 2009.
- *Pour nos ados, soyons adultes*(우리의 청소년들을 위하여 어른이 됩시다), Odile Jacob, 2010.
- *Évolution des problématiques à l'adolescence*(청소년기 문제들의 진화), Doin, 2010.
- *Adolescences*(청소년기), La découvertes, 2012, "Besoin", pp. 35-60.

3 *Adolescences*(청소년기), "Besoin", p. 35.

4 프로이트적 관점에서 본다면 유아기의 거세 콤플렉스와 오이디푸스 콤플렉스로 인한 억압이 망각되었다가 청소년기에 재현된다고 할 수 있을 것이다.

5 스피노자는 참된 의심과 거짓 의심을 구분한다. "나는 정신이 사로잡혀 있는 진짜 의심을 말하는 것이지, 사람들이 정신이 의심하지도 않는 것을 의심하고 있다고 인정할 때처럼, 말로 이루어지는 것을 우리가 확인하는 그러한 의심을 말하는 것이 아니다." ≪지성개선론≫, 77절. *Spinoza OEuvres complètes*, Paris, Gallimard, La Pléiade, 1954. 이 글에서 스피노자의 관점으로 데카르트의 의심 개념을 비판하려는 것은 아님을 밝혀 둔다. 데카르트의 의심 개념의 의미와 그에 대한 스피노자의 비판에 관해서는 별도의 철학적 논의가 필요할 것이다.

6 이현복 역, ≪성찰≫, 문예출판사, 1997, 34쪽. "…내가 영혼에 귀속시켰던 것 가운데 나에게 속하는 것은 없을까? 우선, 영양을 섭취하거나 걷는다는 것은 어떨까? 나는 지금 어떠한 신체도 갖고 있지 않으므로 이것들은 허구적인 것(figmenta)에 지나지 않는다. 감각한다는 것은 어떨까? 이것도 물론 신체 없이는 일어날 수 없고, 나는 또 꿈속에서 많은 것을 감각하고 있다고 믿었지만 나중에 감각하지 않았음을 깨달은 적이 있었다." ≪성찰≫, 46쪽. 제2성찰에서 이러한 고찰을 실행하기 전에 이미 데카르트는 제1성찰에서 신체의 부재를 가정했다. 제6성찰에 가서야 비로소 상상을 매개로 신체의 실재성이 논의된다.

7 *Pour nos ados, soyons adultes*, p. 24.

8 잠시 후에 살펴보겠지만, 실제로 청소년이 자기만의 것, 자신의 힘으로 통제가 가능한 것을 추구한다는 것은 폭력성을 이해하기 위해 매우 중요하다. 무능력과 관련된 내면적 혼란이 극심한 청소년에게 자살은 최후의 보루가 될 수 있다. 대부분의 자살 청소년은 "죽은 채로 존재하기"를 시도한다.

9 프랑스 철학자 모리스 블롱델은 그의 주저 ≪행동≫을 다음과 같이 시작한다. "인간의 삶은 의미가 있는가? 인간은 운명이 있는가? 나는 행동한다. 행동이 무엇인지도 모르고, 살겠다고 소망한 적도 없고, 내가 누군지, 심지어 내가 존재하는지도 모르는 채 나는 행동한다." *L'Action. Essai d'une critique de*

la vie et d'une science de la pratique, in *Maurice Blondel. Oeuvres complètes I*, Paris, PUF, 1995, t. I, p. 15. 그리고 블롱델은 몸의 문제는 실천적으로 접근할 때 해명될 수 있다는 생각을 피력했다. "활동이 생각을 따를 때는 어떻게 이 활동이 수행되는지 알 필요가 없다. 부조화와 저항이 있을 때는 그것을 알 필요가 있다." p. 189.

10 *Les nouveaux ados*, "Le corps", p. 55.

11 *Pour nos ados, soyons adultes*, p. 30.

12 ≪에티카≫, 4부, 정리 57, 주석.

13 여러 제도적·환경적 차이로 인해 서양 청소년들에 비해 국내 청소년들에게는 피어싱이나 문신이 활성화되지는 않았으나 국내에서도 미성년기를 넘긴 후에 피어싱이나 문신에 집중하는 젊은이들을 많이 찾아볼 수 있다. 그리고 흔히 "일탈" 청소년들이라 불리는 이들은 몸에 자학의 흔적을 남기는 경우가 많다.

14 "새로운 위상"을 갖는 것은 청소년 통과 의례, 즉 입사 의례의 핵심적 측면이다. 이전의 삶을 죽이고 새로운 세계에 통합됨을 상징한다. 반 겐넵, 전경수 역, ≪통과의례≫, 을유문화사, 2000년, 125-126쪽. 반 겐넵(Arnold van Gennep, 1873~1959)은 서구에서 최초로 "통과 의례"라는 표현을 사용하여 개념화한 프랑스의 인류학자이다.

15 *Pour nos ados, soyons adultes*, p. 110.

16 *Pour nos ados, soyons adultes*, pp. 110-111.

17 안정남 역, ≪야생의 사고≫, 한길사, 1996, 376-377쪽.

18 *Évolution des problématiques à l'adolescence*, p. 26.

19 필자는 최근에 모리스 블롱델의 행동철학의 관점에서 이러한 점을 이론화한 바 있다. 〈블롱델의 행동철학에서 자유와 몸의 관계: 스피노자 철학과의 비교를 중심으로〉, ≪근대철학≫ 제7권, 33-55쪽.

20 *Pour nos ados, soyons adultes*, p. 111.

21 *Ibid.*, p. 40. 이러한 관점에서 자살 예방을 위해 매우 중요한 것은 청소년이 '공시성'에 빠지지 않고 '통시성'을 인정하도록 이끌어야 한다는 것이다. 즉 생각의 순서를 잡아줘야 한다.

22 *Évolution des problématiques á l'adolescence*, p. 77.

23 이러한 점을 고려할 때, 자살을 우울증의 결과로 간주하기보다는, 우울의 도래를 막으려는 행동으로 볼 필요가 있다. 만일 이러한 진단이 타당하다면 자살 예방 설문조사 방법에도 대거 변화가 있어야 하고, 조기개입을 위한 새로운 방안을 마련해야 할 것이다.

24 물론 이 영화를 여성인권 문제 등의 다른 방향에서 해석하는 관점도 가능하겠다.

소녀들의 폭력, 왕따— 소녀들의 '관계' 폭력의 구조와 문학적 성장교육

1 김옥엽, 〈전라북도 지역 청소년 집단 따돌림에 대한 실태조사 연구〉, ≪원광대학교 대학원 논문집≫ 23, 1999, 85-124쪽 참조.

2 온라인 초등 전문학습 사이트인 노벨피아(http;//www. nobelpia. com)에서 2012년 7월 31일부터 8월 19일까지 초등학생 977명을 대상으로 설문조사를 실시한 결과이다.

3 김원중, 〈왕따: 의미, 실태, 원인에 관한 종합적 고찰〉, ≪상담학 연구≫ 5권 2호, 2004, 452-453쪽.

4 김원중, 위의 글, p. 460.

5 박진영 · 채규만, 〈집단 따돌림 피해 및 가해 아동의 관련 변인 분석〉, ≪한국심리학회지≫ 30권 1호, 2011, 61쪽.

6 레이철 시먼스, 정연희 역, ≪소녀들의 심리학≫, 양철북, 2011, 60쪽.

7 위의 책, p. 60.

8 박영희, 〈여자 청소년의 심리적 발달 과정에 관한 연구〉, ≪청소년학연구≫ 3권 제1호, 1996, 51쪽.

9 류인균, 〈왕따 가해자도 우울증에 걸린다〉, ≪동아일보≫, 2013.1.29.

10 레이철 시먼스, 앞의 책, 145쪽.

11 지영환, ≪외침≫, 형설, 2012, 89쪽.

12 베이글녀란 '베이비 페이스(Baby face)+글래머(Glamour)'의 합성 신조어이다. 청순한 얼굴과 볼륨 있는 몸매를 가진 여성, 즉 청순미와 성숙미를 동시에 갖고 있는 여성을 일컫는다. 배우 신세경이 대표적인 예라 할 수 있다.

13 레이철 시먼스, 앞의 책, 170-172쪽 참조.

14 김옥엽, 앞의 글.

15 문선이, ≪양파의 왕따 일기 1≫, 파랑새, 2001.
______, ≪양파의 왕따 일기 2≫, 파랑새, 2012.

16 이윤학, ≪왕따≫, 문지아이들, 2006.

폭력과 교육— 학교폭력에 대한 법정책의 의미와 한계

1 정부 통계에 의하면, 우리나라 청소년들의 43.6%는 우울 · 정서적 문제를 안고 있고, 21.8%가 주의력 결핍과잉 행동장애(ADHD) 증상을 보이며, 인터넷 중독 성향을 보이는 비율도 3.5%에 달하고 있다.

또한 청소년들의 우울증 경험률이 37.4%, 자살 생각률이 19.3%, 자살 시도율이 5.0%로 나타나고 있어 청소년 정신건강에 대한 국가차원의 정책이 필요하다.

2 현재 전국적으로 각급 학교에 CCTV 10만여 대가 학교폭력과 사고를 예방하기 위해 설치되어 있다. 학교 안팎을 드나드는 사람이나 차량을 식별하기 위해서는 100만 화소 이상이어야 하지만, 지난해 감사원이 17,000여 대를 표본 조사한 결과 97%가량이 50만 화소 미만이라 식별 기능이 크게 떨어지는 것으로 드러났다. 319개 학교는 교문 등 출입이 빈번한 곳을 촬영하지 않고 엉뚱한 방향으로 설치된 사례가 적발되기도 했다. 나무나 조명에 막혀 아예 제 기능을 못하는 것도 있었다. 안전한 통학로 확보를 위해 학교 밖 인도와 도로 상황까지 살피는 것은 엄두도 내지 못하는 상황이다.

3 2012.4.19. 교육과학기술부 보도자료와 2012.11.16. 국무총리실 관계부처합동 보도자료 참조.

4 심한 욕설(37.9%) > 집단 따돌림(13.3%)〉물건(돈) 빼앗김(12.8%) 순을 보인 1차 조사와 유사한 경향을 보이고 있다.

5 청예단(청소년폭력예방재단)이 서울 시내 초·중·고등학생 3,277명, 학부모 503명, 교사 390명 등 총 4,170명을 대상으로 하여 실시한 설문조사에 의하면, 청소년폭력의 심각성에 대해 학생 84.4%, 학부모 88.2%, 교사 70.1%로 나타나 학생, 학부모, 교사 모두 청소년폭력의 심각성에 대해 인식을 하고 있는 것으로 보인다. 그러나 학생, 학부모가 생각하는 심각성 보다는 교사의 심각성이 낮아 교사와 직접 피해를 당하는 학생, 학부모와는 차이가 있다. 그리고 학생의 경우는 54.7%가 폭력을 당할 위험성을 경험하였다고 하고 있어 학생 중 반 이상이 폭력의 위험에 노출되어 있다고 볼 수 있다. 학교폭력으로 인해 피해를 입은 학생들 10명 중 약 3명이 고통을 호소하였고, 그 중 30%는 '피해 후 죽음을 생각한 적이 있다'고 응답하였으며, 또한 피해 학생 10명 중 5명이 학교폭력 피해 후 등교를 거부하고 있는 것으로 나타나는 등 학교폭력의 심각성이 잘 드러나고 있다.

6 학교폭력이란 개념은 일반적으로 연구자들의 관심에 따라 학교폭력이 발생하는 장소, 가해와 피해의 대상, 학교폭력의 내용에 따라 개념을 다르게 정의하고 있어서 모든 사람들이 동의할 수 있는 학교폭력의 이론적 개념을 도출하기는 쉽지 않다. 폭력이 일어나는 장소와 관련하여 서로 다른 견해도 많지만, 대부분의 학자는 학교 내에서 발생하는 폭력이나 학교주변과 등하교 길에서 발생하는 폭력으로 학교폭력의 개념을 다소 제한적으로 사용하고 있다. 「학교폭력 예방 및 대책에 관한 법률」 제2조는 "학교 내외에서 학생을 대상으로 발생한 상해, 폭행, 감금, 협박, 약취·유인, 명예훼손·모욕, 공갈, 강요·강제적인 심부름 및 성폭력, 따돌림, 사이버 따돌림, 정보통신망을 이용한 음란·폭력 정보 등에 의하여 신체·정신 또는 재산상의 피해를 수반하는 행위"로 규정하고 있다.

7 관계부처합동, 학교폭력근절 종합대책, 2012.2.6.

8 학교폭력예방법에 대해서는 이승현, 〈「학교폭력 예방 및 대책에 관한 법률」의 개정 내용 및 개선방안〉, ≪형사정책연구≫ 제23권 제2호, 2012; 김현철, 〈「학교폭력 예방 및 대책에 관한 법률」의 개선방안〉, 한국법교육학회, 2010 참조.

9 2013.2. 경찰청 브리핑.

10 경찰청은 학교폭력 예방 및 근절을 위해 2013년 정기 인사 시 정보부서 및 기동대의 인력을 감축하여 학교전담경찰관 167명을 증원 배치하였으며, 이로써 학교폭력 업무만을 전담하는 학교전담경찰관은 기존 514명에서 681명으로 늘어났다. 이들 학교전담경찰관은 담당 학교를 주기적으로 방문하며 범죄예방교육, 학교폭력대책자치위원회 참석, 가 · 피해 학생 상담 및 선도 업무 등 학교폭력 업무만을 담당하며, 특히, 금번 배치된 167명은 일진경보학교(102개교, 교과부 주관) 등 학교폭력 고위험 학교 1~7개교씩 담당하여 해당 학교에 상주 또는 준상주 개념으로 근무하게 되고, 기존 514명은 일반 학교(1인당 약 20개교)를 대상으로 홍보와 교육 등을 담당하는 '선택과 집중' 방식에 따라 운영하여 효과를 극대화할 방침이다. 아울러 각 지방청에서도 2월 20일 전후 '2013 학교전담경찰관 발대식'을 개최하여 이들에게 임무와 역할을 구체적으로 부여하고 학교폭력 근절 의지를 새롭게 다질 계획이다. 전담경찰관 전문성을 강화하기 위해 전국 학교전담경찰관 워크숍을 개최하고, 전문교육 기회를 확대하는 한편, 전문자격증 취득을 위해 지속 지원해 나갈 방침이다. 또한, 경찰청에서는 관련 부처와 긴밀히 협의, 학교전담경찰관 1인당 10개교 담당 체계를 확립하기 위해 2014년까지 단계적으로 총 1,138명을 확보해 나간다는 복안을 세우고 있다.

11 그 밖에, 각급 학교 및 교사 · 학부모 대상 눈높이 범죄예방교육을 집중 실시하고, 특히 다문화가정 자녀 · 장애인 학생 · 소외 지역 아동복지센터나 보육원 학생들을 대상으로 찾아가는 예방교육을 실시하는 등 학교폭력 피해 우려가 높은 사회 취약 계층에 대해 세심하게 배려해 나갈 계획이다. 경찰청에서는 사안별 맞춤형 처리, 선도 프로그램 강화 등을 통해 청소년에 대한 낙인효과를 최소화하고 재범 방지를 위해서도 지속 노력해 나갈 계획이다. 학교폭력 가해 학생에 대해서는 선도와 처벌 대상으로 분류하여, 일진 등 처벌대상에 대해서는 교육 당국과 관련 정보를 공유하고 해체 등 강력 대응하는 한편, 경미초범 등 선도대상에 대해서는 훈방 · 즉결심판을 적극 청구하고 처분 및 선도 방향을 공정하고 합리적으로 결정하기 위해 의사 · 변호사 · 교사 · NGO 등 외부 전문가가 참여하는 선도심사위원회를 운영할 계획이다. 아울러, 선도 프로그램 대상을 소년범의 30%(2012년 12%) 수준으로 확대하고, 가해 학생 맞춤형 정신과적 치료 및 장기 케어 등을 보완한 표준 '선도 · 치료 프로그램'을 개발하는 등 선도 프로그램을 활성화하여 가해 학생의 재범 방지 및 학교로의 조기 복귀를 지원해 나갈 것이라고 밝혔다. 향후 경찰청은, 학교폭력 피해 경험률 감소를 목표로 정책을 지속적으로 점검 · 보완해 나가는 한편, 학교 · 가정 · 사회와 협력하여 지속적으로 강력히 대응하여, 학생이 학교폭력으로부터 안전한 환경을 조성하는 데 최선의 노력을 경주해 나갈 방침이다.

1 Rupa Subramanya, "Delhi Rape: Why Did No One Help?", *THE WALL STREET JOURNAL*, January 5, 2013.

2 슬라보예 지젝, 이현우 · 김희진 · 정일권 옮김, ≪폭력이란 무엇인가≫, 난장이, 2012, 131쪽.

3 한겨레에 실린, 진화심리학자 전중환의 글을 따르면, 인간의 이타성은 이기적 유전자에 따른다. "종종 유전자가 행하는 가장 '이기적인' 일은 진정으로 이타적인 행동을 만드는 심리적 적응을 설계하는 것이다. 자식, 배우자, 혹은 친구에 대한 사랑은 우리 인간의 관점에서 참으로 숭고하고 이타적인 희생일 수 있다. 생물학자들이 사랑이라는 심리적 적응을 포함하여 그 모든 적응들을 만드는 유전자들을 이기적이라 은유한다는 사실과 상관없이 말이다." 〈우리는 이기적으로 태어나지 않았다〉, ≪한겨레≫, 2013.2.19., 31면.

4 Freud, "L'esquisse d'une psychologie scientifique", in *La naissance de la psychanalyse*, PUF, Paris, 1973, p. 336; 임진수 옮김, 〈과학적 심리학 초고〉, ≪정신분석의 탄생≫, 열린책들, 2005, 262-263쪽.

5 나는 이를 〈같아지기 개념과 그 철학 바탕〉, ≪철학과 현상학 연구≫ 제49집, 2011년 여름호에서 논한 바 있다. 여기서 '함께-느낌'은 'pathos-avec'를 옮긴다. 미셸 앙리의 ≪물질 현상학≫을 번역한 박영옥은 이를 '공-정념'으로 옮긴다. 파토스(pathos)는 '받다'를 뜻하는 그리스 말 'paschein'에서 유래하는데, 미셸 앙리는 이를 삶의 본질로 본다. 삶의 본질로서 파토스는 삶의 '수동성(passivité)'을 얘기하며, 근원적인 의미에서 이해한 '고통(souffrance)', '촉발(affection)'과 바꿔 쓸 수 있는 용어이다. 공동체의 기본 개념인 'pathos-avec'는 말 그대로 '함께-받음'이다. 고통스러워하는 자와 함께 고통스러워하는 일, 슬퍼하는 자와 함께 슬퍼하는 일, 기뻐하는 자와 함께 기뻐하는 일 따위, 이 모든 것이 나와 같은 타자와 함께 받는 일이다. 받는 일은 내 안에 그리고 다른 이 안에 수동적 삶이며, 그 삶을 나눠 갖는 일이 '함께-받음'이다. 그런데 받는 일은 무엇으로 일어나는가? 느끼는 일을 통해서다. 그 느끼는 일을 끊임없이 겪는 일, 그 겪음을 수동적으로 당하는 일이 곧 받는 일이다. 내가 생각하기에, 'pathos-avec'의 가장 자연스러운 번역은 '함께-받음'이나 '공-정념'보다는 '함께-느낌'이 아닐까 싶다. Pathos-avec에 ≪물질 현상학≫은 그 마지막 장을 내어준다.

6 이 용어에 처음으로 주목한 이는 아마도 자크 라캉일 것이다. 1959~1960년도에 있었던 세미나에서 그는 프로이트의 〈과학적 심리학 초고〉를 그의 방식으로 새롭게 풀이하며, 프로이트의 용어 Nebenmensch에서 Das Ding(물)이라는 개념을 끄집어내 온다. 라캉을 따르면, Das Ding은 Nebenmensch에서 분리된 것으로 주체와 가장 내밀한(intime) 관계를 지니면서도 아주 낯선(étranger) 것으로 남는다. Neben-mensch에서 'neben'은 '분리(séparation)'를 그리고 'mensch'는 '정체성(identité)'을 뜻한다. 라캉의 풀이는 매우 독특함에도, 프로이트를 올바로 옮긴다고 나는 보지 않는다. 라캉의 시각은 프로이트를 라캉화한다. 나는 여기서 라캉의 풀이를 조금도 따르지 않았다. Nebenmensch에 관한 라캉의 풀이와 관련해서는, *L' éthique de*

la psychanalyse, Le séminaire Livre VII, Seuil, Paris, 1986, pp. 64-65를 참조하라.

7 Monique Schneider, "En-deçá de l'objet, La proximité et l'éthique originaire", in *Figures de la subjectivité*, CNRS, Paris, 1992, p. 196.

8 Freud, *op. cit.*, pp. 348-349; 임진수 옮김, 앞의 책, 262-263쪽. 이 인용과 관련해서, 슈나이더는 자신의 글에서 자신의 번역을 가져온다. 나는 여기서 슈나이더의 번역을 따랐다. Monique Schneider, *op. cit.*, pp. 200-201.

9 미셸 앙리는 "본디 나 자체로 있기에 나는 다른 이와 구별된다."고 말한다. 그가 잇기를, "그리고 나는 나의 자기-촉발(auto-affectivité) 속에서 그리고 그로써 본디 나 자체로 있다. 촉발성 속에서 그리고 모든 삶을 자신과 관계에 놓는 촉발성으로써 자기-있음이 바로 삶을 삶이게 하고 이와 함께, 자신의 근본적 개체성이 지닌 절대적 충분성 속에서, 다른 삶에 그것을 대립시키는 것이다." *Phénoménologie de la vie, Tome I, De la phénoménologie*, PUF, Paris, 2003, p. 51.

10 라캉을 말을 빌리면, 프로이트는 말 그대로 "놀라 소스라쳤다." 그 이유를 라캉은 그의 주요 개념인 '주이상스(jouissance)'와 '물(Chose)'과 관계에서 찾는다. "내 자신 안에 심장보다 내게 더 가까이 있는(être prochain) 게 무엇이냐? 그 심장은 다름 아닌 내가 감히 다가서지 못하는 내 주이상스(jouissance)이다. 왜냐하면, 내가 그것에 다가서자마자 — ≪문명 속 불안≫의 의미가 바로 거기 있다 — 헤아릴 수 없는 공격성이 솟는다. 그 앞에서 나는 물러선다, 그리고 그것을 내게로 돌린다, 그리고 그것은 사라진 법의 자리에서, 물(Chose)의 극단에서 경계를 건너지 못하도록 막는 것에 그의 무게를 주러 온다. […] 내 이웃의 주이상스, 그의 해로운 주이상스, 그의 심술궂은 주이상스, 그게 바로 내 사랑에 진정한 문제로 주어지는 것이다." Lacan(1986), p. 119, 220. 라캉의 이 인용문을 이해하려면, 주이상스와 사물에 관한 그의 개념을 먼저 어느 정도는 이해해야 한다. 김석이 정리한 그 의미를 적으면 다음과 같다. 물(Chose, Ding): "의미의 영역을 넘어 실재계에 속하는 것으로, 욕망이 겨냥하는 잃어버린 대상을 말한다. 쾌락 원리는 주체로 하여금 물로부터 일정한 거리를 둔 채 물의 주의를 맴돌게 만드는 일종의 보호 작용이다. 하지만 물은 끊임없이 주체의 욕망을 불러일으키므로 주체는 계속해서 그것에 도달하고자 한다. 나중에 물은 '오브제a'로 연결된다. 물은 한마디로 포착이 불가능한 대상이다." 주이상스(jouissance): "쾌락 원리를 넘어 잃어버린 대상인 물에 도달하려는 욕망의 절대적 향유 의지를 말한다. 주이상스는 상징계의 법을 통해 금지되어 있지만 사실은 말하는 주체가 도달할 수 없는 원천적으로 불가능한 쾌락이다. 주이상스가 발생하는 것도 주체가 상징계에 진입하면서 느끼는 결여 때문인데, 주이상스는 죽음 충동의 양상으로 발현된다." 김석, ≪프로이트 & 라캉 무의식에로의 초대≫, 김영사, 2010, Epilogue3, 키워드 찾기. 라캉의 개념으로서 주이상스(jouissance)는 쾌락(plaisir)과 구분된다. 주이상스를 우리말로 옮기면 '향유' 또는 '누림' 또는 '즐거움'이 될 것이다.

11 Freud, *Malaise dans la civilisation*, PUF, Paris, 1992, pp. 64-65; 김석희 옮김, ≪문명 속의 불만≫, 열린책들, 1997, 300쪽.

12 그런데 여기서 모독죄를 행한 것은 다름 아닌 삶이다. 모독죄는 여기서 삶이 삶한테 가하는 '자기모독죄(auto-fanation)'에 해당한다.

13 프로이트는 충동이 겪는 한 운명으로서 '자기 자신한테 되돌아감(retournement sur la personne propre)'을 얘기한다. Freud, "Pulsions et destins des pulsions", in *Métapsychologie*, Gallimard, Paris, 1996, p. 24; 김석희 옮김, 〈본능과 본능의 변화〉, ≪무의식에 관하여≫, 열린책들, 1997, 114쪽 참조.

14 Michel Henry, *Phénomnénologie matérielle*, PUF, Paris, 1990, p. 178; 박영옥 옮김, ≪물질 현상학≫, 자음과모음, 2012, 250-251쪽. 옮긴이는 내가 '순수 느낌(pure épreuve)'으로 옮긴 것을 '순수 시련'으로 옮겼다. 하지만 여기서 épreuve를 '시련'으로 옮겼을 때, 그 의미가 제대로 전달되지 않는다. '시련'에는 게다가 부정적인 어감이 강하다. 삶은 그러나 무엇보다도 먼저 즐겁고 긍정적이다. 자신을 낳는 속에서, 자신을 끊임없이 느끼는 속에서, 삶은 자신을 그리고 자신의 커짐을 즐기고 좋아한다.

15 삶은 초월적(transcendant)이지 않고, 초월론적(transcendantal)이다. 삶은 밖에 있지 않고, 안에 있다. 따라서 초월적 대상(objet transcendant)과 달리 내재적(immanent)이다. 삶은 '밖에 있다'는 뜻에서가 아니라, '앞서고 환원되지 않는다'는 뜻에서 '넘어선 것', '초월한 것'이며, 그에 대한 논의(logos)를 스스로 가져온다. 다시 말해, 삶은 스스로 그 자신을 밝힌다. 따라서 삶은 — 우리가 '존재적(ontique)'인 것과 '존재론적(ontologique)'인 것을 구분하듯 — '초월론적'이라고 말할 수 있을 것이다. 지향성(intentionnalité)이 대상을 — 대상의 '어떻게'를 — 밝혀주기에 초월론적인 것과 마찬가지로, 삶은 초월론적이다. 삶은 스스로 그 자신을 밝히고, 그럼으로써 지향성의 '어떻게'를 또한 밝혀준다. 따라서 삶은 지향성보다 더 궁극적인 의미에서, 초월론적이다. 삶은 다른 모든 경험을 앞서지만, 그 자체로 근원적 경험이다. 따라서 모든 경험이 아닌, 다른 모든 경험을 앞선다는 의미에서만, '선험적'이라는 표현을 쓸 수 있을 것이다. 또는, 앞에서 든 것과 같은 이유로, 그보다는 '선험론적'이라는 표현이 더 나을 것이다. 그러나 보통 '초월적'이라고 옮기는 'transcendant'과 어원을 같이하므로, 'transcendnatal'을 '선험론적'이라고 옮기기보다는 '초월론적'으로 옮기는 것이 더 좋다고 나는 생각한다. 게다가 그랬을 때, 선험적 경험(expérience transcendantale)이란 표현을 피할 수 있을 것이다. 이 용어(transcendantal)의 번역(선험적/초월론적)과 관련한 논의를 나는 〈앙리의 몸 철학과 후기 메를로-퐁티의 살 개념과 키아슴〉에서 전개한 바 있다. ≪철학 · 사상 · 문화≫ 제13호, 동서사상연구소, 2012.1., 4-5쪽.

폭력과 저항, 콜트 · 콜텍 예술행동

1 이 글에 도판 사용을 허락해 준 김성균 · 노순택 · 이명익 · 전진경 · 정윤희 작가와 최소한의 변화를 위한 사진, 콜트 · 콜텍 노조에 깊이 감사드린다. 이 글에 실린 몇몇 작품은 2013년 2월 공장에 투입된

용역들에 의해 파괴되었다. 작가들은 소송을 준비 중이다.

2 필자는 90년대 초반 문화 운동가의 길을 걸었다. 활동가로서 노동 현장에서의 무력한 패배, 가슴 아픈 사상 투쟁, 사적이고 공적인 배제, 비난, 조롱을 겪었던 경험이 이 주제를 탐구하는 것을 매번 미루게 하였다. 너무 복잡해서, 너무 소중해서, 너무 아파서, 결코 입 밖에 낼 수 없는 이야기들이 있다. 그럼에도 이제는 더 이상 미룰 수 없다는 다급함 속에, 문화정치학으로 돌아왔다. 향후 몇 년간 필자의 중심 연구 과제가 될 것이다.

3 김정한, 〈한국에서 포스트맑스주의의 수용 과정과 쟁점들〉, 고려대민족문화연구원, ≪민족문화연구≫ 57호, 2012, 57쪽.

4 이동연, 〈≪문화/과학≫의 이론적 실천과 문화 운동의 궤적들〉, ≪문화/과학≫ 70호, 2012, 149쪽.

5 대부분의 학자들은 한국에서 포스트 담론이 시작된 이후 학계와 실천의 주도적 경향을 '위장된 다원성과 개방성'으로 인식하고 있으며, 필자 역시도 이러한 인식에는 이견이 없다. 그러나 필자는 90년대 초반 포스트 담론이 시작되고 성행한 이유와 과정에 대해서는 최근 90년대 이후 한국의 포스트 담론의 역사를 회고하고 분석하는 인문학자들과는 견해를 달리한다. 그러나 이 글에서는 이에 대한 필자의 입장을 밝히지 않겠다.

6 이원재, 〈예술, 행동하라! 시민운동과 예술행동의 연대기〉, ≪문화과학≫ 71호, 2012, 86쪽.

7 그러나 시민운동과 문화 운동의 퇴락은 사회 전반의 보수화라는 외적 조건뿐 아니라 열악한 처우나 전략의 부재 탓이기도 하다. 한편에서 어떤 시민운동가들은 체제 내 기득권자가 되었지만 다른 한편에서 또 다른 시민 단체는 지속 가능한 활동을 확보하기 어려울 정도로 열악한 상황에 머물러 있었다. 그야말로 시민운동은 양극화되었던 것이다. 위의 글, 87쪽.

8 에이프릴 카터, 조효제 역, ≪직접행동: 21세기 민주주의, 거인과 싸우다≫, 서울: 교양인, 2007, 32쪽.

9 이원재, 앞의 글, 94-95쪽.

10 자크 데리다, ≪에코그라피: 텔레비전에 대하여≫, 파주: 민음사, 2002.

11 이승길, 〈경영상해고의 '긴박한 경영상의 필요성'에 관한 소고〉, ≪아주법학≫ 6권 1호, 2012.

12 "2007년 12월11일 몸에 인화성 물질을 끼얹고 분신자살을 기도한 이동호 콜트 노조 사무장은 부모의 만류에도 끝까지 투쟁의 중심에 서왔다." 김도형, 〈콜트 '부당 해고'-콜텍 '파기환송', 대법원 엇갈린 판결〉, ≪한겨레신문≫, 2012.2.23.; http://www.hani.co.kr/arti/society/labor/520454.html (검색일: 2012.12.24.), "회사의 정리해고에 맞서 노동자들은 공장에서 천막농성을 진행하는 등 복직투쟁을 벌였다. 15만 볼트의 전류가 흐르는 송전탑에 올라가 단식농성을 벌이기도 했고…", 장호영, 〈콜트-콜텍 엇갈린 판결, 제2의 부러진 화살〉, ≪부평신문≫, 2012.2.26.; http://www.bpnews.kr/news/articleView.html?idxno=20363 (검색일: 2012.12.24.)

13 정진주, 〈정리해고와 PTSD: 쌍용자동차 노동자 사례〉, ≪대한직업환경의학회 학술대회 논문집≫ 11호, 2012.

14 손봉석, 〈세계 기타시장 점유율 30% 기업의 이면에는〉, ≪경향신문≫, 2009.4.1.; http://news.khan.co.kr/kh_news/khan_art_view.html?artid=200904011925471&code=940702 (검색일: 2012.12.24.)

15 나난, 〈콜트 노동자 기소, 여기가 프랑스라면〉, ≪미디어스≫, 2009.5.6.; http://mediaus.tistory.com/1678 (검색일: 2012.12.24.)

16 이대희, 〈6년을 이 악물고 싸웠는데…, 대법 콜트 정리해고 정당〉, ≪프레시안≫, 2012.10.24.; http://www.pressian.com/article/article.asp?article_num=30121024154107 (검색일: 2102.12.24.)

17 김도형, 앞의 글.

18 이대희 앞의 글.

19 나난, 앞의 글.

20 이대희, 앞의 글.

21 유정인, 〈걸림돌 판결: 나쁜 정리해고 판례 더 나쁘게 한 콜텍 판결〉, ≪주간경향≫ 1005호, 2012.12.18.; http://newsmaker.khan.co.kr/khnm.html?mode=view&code=115&artid=201212111422211&pt=nv (검색일: 2012.12.24.)

22 이대희, 앞의 글.

23 실제로 2012년 9월 콜트 공장에 용역들이 들이닥쳤다.

24 이대희, 위의 글.

25 김도형, 앞의 글.

26 손봉석, 앞의 글.

27 이장열, 〈콜트악기 부평공장, 이제는 노동자의 집〉, ≪인천in.com≫, 2012.9.18.; http://incheonin.vps.phps.kr/news/news_view.php?sq=16712&thread=001003000&m_no=1&sec=4 (검색일: 2012.12.27.)

28 한아름, 〈영화 꿈의 공장 김성균 감독〉, ≪민족21≫, 2011.11., 81쪽.

29 김수정, 〈우리의 노동 없이는 당신의 음악도 없다: 콜트·콜텍 노동자 다큐 영화 '기타(其他)Guitar이야기' 김성균 감독〉, ≪미디어오늘≫, 2010.7.14.; http://www.mediatoday.co.kr/news/articleView.html?idxno=89609 (검색일: 2012.1.5.)〉

30 김성균, 〈세상을 바꾸는 또 다른 대화, 예술〉, ≪비정규노동≫ 89, 2011, 103-104쪽.

31 김성균, 〈제발 좀 그래라〉, ≪미디어스≫, 2009.6.18.; http://www.mediaus.co.kr/news/articleView.html?idxno=7017 (검색일: 2013.1.5.)

32 김지훈, 〈예술의 이름으로 해고폭력에 '똥침'〉, ≪한겨레신문≫, 2012.7.23.; http://news.naver.com/main/read.nhn?mode=LSD&mid=sec&sid1=102&oid=028&aid=0002150925 (검색일: 2013.1.4.)

33 전진경, 〈스콧이 이렇게 힘든 거였나요?〉, ≪프레시안≫, 2012.8.12.; http://www.pressian.com/article/article.asp?article_num=60120810095636 (검색일: 2013.1.3.)

34 스콧에 참여한 예술가들을 지칭하는 말.

35 김강, 〈꽃이 피고 토끼가 뛰는 공장〉, ≪시사인≫ 254호; http://www.sisainlive.com/news/articleView.html?idxno=13819 (검색일: 2012.7.30.)

36 성효숙, 〈아름다운 음악의 뒷면에는 노동자의 피눈물이…〉, ≪프레시안≫, 2012.7.30.; http://www.pressian.com/article/article.asp?article_num=60120730101330 (검색일: 2013.1.3.)

37 김강, 위의 글

38 전진경, 앞의 글.

39 콜밴의 예술행동에 대해서는 다음 절에서 다룰 예정이다.

40 성효숙, 앞의 글.

41 김강 · 김윤환, 〈아직 거기 있나요, 거기 계속 있나요〉, ≪프레시안≫, 2012.8.15.; http://www.pressian.com/article/article.asp?article_num=60120814101514 (검색일: 2013.1.3.)

42 정윤희, 〈착취당하는 삶에 신물나면 이곳에 오시라〉, ≪프레시안≫, 2012.8.16.; http://news.naver.com/main/read.nhn?mode=LSD&mid=sec&sid1=102&oid=002&aid=0001985598 (검색일: 2013.1.3.)

43 성덕, 〈나는 왜 공장을 점거하고 코끼리를 만들었는가〉, ≪프레시안≫, 2012.8.2.; http://www.pressian.com/article/article.asp?article_num=60120801182053§ion=03 (검색일: 2013.1.3.)

44 김행미, 〈그 밴드가 오직 한 곡만 연주하는 이유_ 콜밴, 감동의 첫 무대에 서다〉, ≪개미스폰서≫, 2011.12.26.; http://socialants.org/?p=360 (검색일: 2012.12.28.)

45 콜밴, 〈수요문화제, 연주 전 토크쇼〉, 2012.4.25.; http://tvpot.daum.net/clip/ClipView.do?clipid=41322040&rtes=y (검색일: 2013.1.3.)

46 성지훈, 〈콜트-콜텍의 예술적 연대...콜트 농성장 예술 작업실을 가다〉, ≪참세상≫, 2012.6.19.; http://www.newscham.net/news/view.php?board=news&nid=66572 (검색일: 2012.1.13.)

47 성지훈, 위의 글.

48 넝쿨, 〈콜트 · 콜텍 노동자, 스마트폰 영상으로 말하다〉, ≪미디어스≫, 2012.9.4.; http://www.mediaus.co.kr/news/articleView.html?idxno=27503 (검색일: 2013.1.13)

49 성지훈, 앞의 글.

50 콜트 · 콜텍 노동자들이 그린 자신의 캐리커처는 이 글의 [그림 9] 김경봉 · 장석천 씨의 스마트폰 다큐멘터리 〈콜트 · 콜텍 농성장 이야기〉의 스틸컷에서 확인할 수 있다.

찾아보기

ㄱ

가정보호의 문제 124, 125
가정폭력 142
가정폭력 담론 113, 123
가정폭력 담론의 재구축 129
가정폭력 비범죄화 134
가정폭력 재개념화 122, 132, 137, 139
가정폭력 제도화 138, 139
가정폭력방지법 125
가정폭력의 본질 128, 132
가정폭력추방운동 116
가족 신화 142
가족 이데올로기 11
〈가족의 탄생〉 94
≪감정코칭≫ 142, 151
개혁적 보수주의 254
경제적 폭력 126
고속성장 8
관계 갈등을 통한 자기 성장 198
관계의 무기화 192
관계적 폭력 183
국가개입 138
권력화 193
그리어Germaine Greer 106

ㄴ

나르시시즘(자기애) 231, 232, 241, 242, 244, 249, 250
〈내 딸 서영이〉 101
내부 증인 51
내재성 240
느리게 사는 주택 111

ㄷ

다원주의 284
다중 255
대타자 75

대행부모 155, 156
데리다Jacques Derrida 10, 22
동일시 235, 240
들뢰즈Gilles Deleuze 11, 41, 68

ㄹ

라거Lager(수용소) 43
라거 은어Lager jargon(수용소 은어) 44
라웁Dori Laub 51, 52
라일리John C. Reily 154
라캉 75, 238
랑그 70, 71
레비 10, 43
레비나스 149
레비의 자살 63
로스, 필립 68
론줄리Licia Ronzulli 157
르세르클, 장-자크 80, 81
리쾨르, 폴 66

ㅁ

≪마더 네이처≫ 146
≪마더쇼크≫ 144, 145, 151
맘 147, 148, 153
매 맞는 아내 증후군 117
맥마흔Martha Mcmahon 148, 149
메넨데즈Menendez 사건 143
메를로-퐁티 11, 67
메이야수Claude Meillassoux 96
멘데스, 샘 69
모방 29, 34, 38, 40
모방적 욕망 30, 39
모성 150, 153, 156, 157
모성 신화 143, 144, 157
모순 164
몸 163
몸짓 72, 73
무언의 코기토 83
무연고 사망자 101
≪무연사회≫ 93
문화 운동 252
문화정치 253
미적 액티비즘 253
믿지 못하는 잠재적 증인 61

ㅂ

반스Brenda Barnes 144
방관과 침묵 194
법륜 스님 145, 146
법제화 122, 127
베버Max Weber 36
벡-게른스하임Elizabeth Beck-Gernsheim 112
벤야민Walter Benjamin 10, 22, 37, 38, 87, 89
보빗Bobbitt 사건 143
보호 167
볼비John Bowlby 146, 155
부모 161
부문별 시민운동 252
부벡Diemut Bubeck 149
비물리적이고 비신체적이며, 비언어적 188

ㅅ

사법 시스템의 한계 133
사춘기 161
사회구조적 원인 118
사회문제화 113-115
사회적 조건 120
살레클, 레나타 75
삶 240, 241, 243-250
새올행정 시스템 127
생존자 118-121, 131
서사적 대화 61
선한 사마리아인 법 232, 233
성마른 사회 7
성적 폭력 6
세대 공존형 주택 111
소극적 폭력 6
소녀적 폭력 179
소렐Georges Sorel 22
소수파 68
소쉬르 71
소시오패스 153
소통 프로젝트 53
소통불능 43
소포클레스Sophocles 26
수직파 103
수평파 103
쉬첸회퍼Louis Schutzenhöfer 143
슈미트Karl Schmitt 22
슈타인라우프 55
스스로 자기 자신을 도울 수 없음(Hiflosigkeit) 234, 248
스윈턴Tilda Swinton 154
스쾃 271
시민불복종 253
≪신곡≫ 57
신적 폭력 23
신체적(육체적) 폭력 124, 133-135, 207
신형철 153
심리적 · 정서적 폭력 13
심리적인 거리 9

ㅇ

아감벤 37
아렌트Hannah Arendt 10, 22, 37, 112
아우슈비츠 10, 43
아트어택 269
알고 있는 희생자 61
알튀세르, 루이 11, 95
앙리, 미셸Michel Henry 245, 246
애착 이론 146
≪양파의 왕따 일기≫ 190
〈어떤 사랑의 실패에 대하여〉 153
언어의 물질성 66
언어폭력 11
엄마 역할 12
≪엄마냄새≫ 145
≪엄마는 괴로워≫ 148
≪엄마수업≫ 142, 145
에런라이크Barbara Ehrenreich 142
엘리아스Norbert Elias 36
여학생들의 왕따 179
역량강화 129-131

역량강화 연속선 129, 131, 132, 135, 136
연민 234, 235, 250
예술행동 253
오디세우스 62
오이디푸스 왕 32, 33
오이디푸스적 가족소설 구조 108
오이코스 96
O. J. 심슨 사건 143
왕따 27, 36, 38, 39, 208
욕망 28, 29, 40
워킹 푸어 94
유서 203
은밀한 폭력성 182
의존욕구 168
≪이것이 인간인가≫ 46
이경아 148
이기심(이기주의) 231, 232, 241, 244, 249
이웃 233-244, 246-250
이은석 152
이타심(이타주의) 231, 232, 241, 242, 249
이현수 145
이훈구 152
익명적 X 84
≪익사한 자와 구조된 자≫ 46
인권교육 222
인성교육 213
입사 의례 162
잉여 76, 77

ㅈ

자살 161
자율 167
자학 161
자학 성향 12
≪장수대국의 청년보고서≫ 93
전형적인 희생자(피해자) 115, 116, 133
정리해고 257
정서적 폭력 6
정신적 태만 64
정체성 12, 168
제도화된 언어 67
젠더 문화 교육 189
조손가정 109
주체 119, 120
주체/피해의 이분법 121, 136
죽음충동 35
증언공동체 57
증언 프로젝트 43
지라르Rene Girard 5, 10, 22-24
지젝Slavoj Zizek 10, 22, 37, 38, 142, 231
지혜로운 교사의 개입 195
직접 행동 253
진생쿠키 148
집단 따돌림 27, 208
집단화와 동일시 193

ㅊ

차이 35, 38, 39
차이내기 37
착한 소녀에 대한 사회적 명령 188
청소년 161
초감정 151

촉발(성) 240, 246
촛불시위 253

ㅋ

카포kapo 48
〈케빈에 대하여〉 102, 103, 106, 153
콜트·콜텍 254

ㅌ

타자 238-240, 242, 245
타자의 욕망 41
탈인간화 48
통과 의례 162
통섭적 284
통제 135
트라우마 52

ㅍ

파괴적 본성 5
파롤 67
파토스 240, 247
퍼포먼스 274
펠만Shoshana Felman 52
포스트 담론 251
포스트예술 254
폭력 161
폭력의 연속선 136
폭력적 방법의 은폐화 193
푸코Michel Foucault 41
프로이트 5, 35, 146, 234, 237-239, 241-243, 245
프리단Betty Friedan 150, 154
피콜로 57
피해자 비난논리 117, 118

ㅎ

하우스 푸어 98
하이데거 73
학교폭력 177, 201
학교폭력 근절 13
학교폭력 실태조사 204
학생자살 201
학습된 무력감 117
해방욕구 168
해체 284
해프틀링Haftling 49
행함의 공동체 84
허디Sarah Blaffer Hrdy 146, 150, 155-157
현대적 바벨 47
호네트Axel Honneth 112
홀로코스트 52
화행 72
환상 75
후천성 가족 94
휴르비넥 49
≪휴전≫ 46, 49
희생양 23-25, 32-34, 36